Konstanze Fritsch &
der Sprecher*innenrat der Bundesarbeitsgemeinschaft
der Jugendhilfe im Strafverfahren in der DVJJ (Hrsg.)

Fallkonferenzen im Jugendstrafrecht

Wenn schon, dann richtig!

Handbuch für die Praxis

MG 2023
Forum Verlag Godesberg

Gefördert vom:

Bundesministerium
für Familie, Senioren, Frauen
und Jugend

Bibliographische Information der Deutschen Nationalbibliothek

Die Deutsche Nationalbibliothek verzeichnet diese Publikation in der Deutschen Nationalbibliografie; detaillierte bibliografische Daten sind im Internet über [http://dnb.d-nb.de] abrufbar.

Impressum

Herausgeber*innen:
Konstanze Fritsch & der Sprecher*innenrat der Bundesarbeitsgemeinschaft Jugendhilfe im Strafverfahren (BAG JuhiS) in der DVJJ: Pamela Busse, Stefanie Glück, Daniela Kundt, Jürgen Kusserow, Michael Reckfort, Andrea Schmidt

Lektorat und Satz:
Dr. Elke Flatau, Lektorat Kopfnote, Einhausen

© 2023 Forum Verlag Godesberg GmbH, Mönchengladbach
Gesamtherstellung: Books on Demand GmbH, Norderstedt
Printed in Germany
0942-3516 (ISSN)
978-3-96410-034-4 (Printausgabe)
978-3-96410-035-1 (Online-Ausgabe/PDF-Dokument)

Vorwort

Als sich die Justizminister*innen der Länder 2011 dafür ausgesprochen haben, „dass die Durchführung von Fallkonferenzen im Kontext von Jugendstrafverfahren durch geeignete Maßnahmen gefördert wird",[1] gab es bereits vielfältige Formen der einzelfallbezogenen Zusammenarbeit als selbstverständlicher Teil der Umsetzung von JGG und SGB VIII. Zusätzlich existierten diverse Modelle sogenannter spezieller Fallkonferenzen meist für besonders problematische Fallkonstellationen. Die Deutsche Vereinigung für Jugendgerichte und Jugendgerichtshilfen e. V. (DVJJ) verfasste in diesem Zusammenhang bereits 2014 eine Stellungnahme, in der sie konstatierte, dass eine intensive Zusammenarbeit, regelmäßige und verbindliche Kooperation zwischen den am Jugendstrafverfahren beteiligten Institutionen und Kenntnis der jeweiligen Arbeitsweisen und Personen von großer Bedeutung für eine bundesweit fachlich gute Praxis sei, bei einzelfallbezogener Zusammenarbeit allerdings Klarheit über zahlreiche Punkte hergestellt werden muss.[2]

Am 10.06.2021 sind als Teil des KJSG (Gesetz zur Stärkung von Kindern und Jugendlichen) eine Ergänzung des § 52 SGB VIII sowie ein neuer § 37a JGG in Kraft getreten, die die sogenannten Fallkonferenzen gesetzlich regeln, wobei der Begriff „Fallkonferenzen" im Gesetz vermieden wird. Aus diesem Anlass hat die DVJJ in diesem Jahr ihre Stellungnahme von 2014 aktualisiert.[3]

Seit der Änderung des § 52 SGB VIII und des § 37a JGG sind die „gemeinsamen Konferenzen oder vergleichbaren gemeinsamen Gremien" folglich ein gesetzlich ausdrücklich vorgesehenes Instrument der Jugendhilfe und des Jugendstrafverfahrens, das gesetzlich sehr vage formuliert ist und sich den Anforderungen und Erwartungen der Interdisziplinarität stellen muss. Daraus ergibt sich die Notwendigkeit, die rechtlichen Grundlagen der (möglichen) beteiligten Berufsgruppen zu kennen und planvoll vorzugehen.

---

1   Beschluss auf der 82. Konferenz der Justizministerinnen und Justizminister am 18. und 19. Mai 2011 in Halle (Saale), TOP II.2, Behördenübergreifende Zusammenarbeit und Datenschutz.

2   Positionspapier der DVJJ zu sogenannten Fallkonferenzen 2014, online verfügbar unter: https://www.dvjj.de/aktuelles/2014/01/20/positionspapier-der-dvjj-zu-sogenannten-fall-konferenzen/ und in diesem Band abgedruckt auf S. 225–233.

3   Positionspapier der DVJJ zu sogenannten Fallkonferenzen 2022, online verfügbar unter: https://www.dvjj.de/wp-content/uploads/2022/08/Positionspapier-Fallkonferenzen_final_SE.pdf und in diesem Band abgedruckt auf S. 235–243.

Daher freue ich mich sehr, dass der Sprecher*innenrat der Bundesarbeitsgemeinschaft Jugendhilfe im Strafverfahren (BAG JuhiS) gemeinsam mit Konstanze Fritsch diesen Band zusammengestellt hat. Die Beiträge von Vertreter*innen der verschiedenen Berufsgruppen dienen der Klärung dessen, was
unter Fallkonferenzen verstanden werden kann, der Unterstützung bei ihrer
Durchführung und damit einer fachlich guten Umsetzung der neuen Regelungen. Der umfangreiche Anhang mit Arbeitsmaterial für die Praxis bietet den
Fachkräften bundesweit eine praxisorientierte Unterstützung in der Arbeit.
Deutlich wird schon anhand des Umfangs dieses Bandes, dass die Zusammenarbeit sorgfältig organisiert und gestaltet werden muss, wenn sie ihre vielfältigen
Zwecke erreichen soll, und dass bei Weitem noch nicht alle offenen Fragen geklärt sind. Insofern versteht sich dieser Band auch als Beitrag zum fachlichen
und fachpolitischen Diskurs.

Ich bin mir sicher, dass diese Publikation auf viele aufmerksame Leser*innen nicht nur innerhalb der Jugendhilfe im Strafverfahren, sondern auch bei
Vertreter*innen der anderen am Jugendstrafverfahren beteiligen Berufsgruppen sowie außerhalb der Praxis stoßen wird.

Prof. Dr. Theresia Höynck
Vorsitzende der DVJJ

Vorwort

Unter Fallkonferenzen werden in der Regel institutionenübergreifende Gespräche verstanden, an denen verschiedene Professionen teilnehmen. Sie dienen entweder auf einer übergeordneten Ebene der Zusammenarbeit unabhängig vom Einzelfall oder konzentrieren sich direkt auf Jugendliche und Heranwachsende, die durch Straftaten aufgefallen sind. In der Praxis werden unterschiedliche Bezeichnungen verwendet. Schon allein diese vielen verschiedenen Begrifflichkeiten zeigen, wieviel Klärungsbedarf besteht. Wir haben uns in diesem Handbuch bemüht, die Begriffe aus den Vorlagen der Justizminister*innenkonferenz und den Gesetzesbegründungen zu verwenden: einzelfallbezogene vs. fallunspezifische Fallkonferenzen und fallübergreifende Kooperation.

Die Befürworter*innen einzelfallbezogener Fallkonferenzen versprechen sich kurze Wege, schnelle Lösungen und wollen die Verantwortung für erzieherisches Handeln auf mehrere professionelle Schultern verteilen. Die Skeptiker*innen befürchten das Verschwimmen der fachlichen Grenzen zwischen den Berufsgruppen, die Dominanz der strafrechtlichen Sanktionen und den Verlust von professionellem Handeln.

Das Thema *Fallkonferenzen* erhitzt die Gemüter von Fachkräften – vor allem sozialpädagogischer. Die Intention zu und die Etablierung von diesen Treffen waren bisher in den allermeisten Fällen von der Polizei ausgegangen. Die Mitarbeitenden der Jugendhilfe verhielten sich überwiegend zurückhaltend bis abwehrend. Die strengen datenschutzrechtlichen Regelungen der Sozialgesetzbücher setzen einen sehr engen Rahmen für die besonders schützenswerte Gruppe der Jugendlichen und Heranwachsenden. Außerdem hatten sie doch mit der Hilfekonferenz im Rahmen des Hilfeplanverfahrens bereits ein Instrument, hilfreiche Unterstützer*innen hinzuzuziehen – auch aus der Jugendstrafrechtspflege oder der Polizei. Wozu also ein neues Werkzeug? Wäre es nicht sinnvoller, die alten zu schärfen?

Bereits 2011 haben sich die Justizminister*innen der Länder auf ihrer Konferenz dafür ausgesprochen, „dass die Durchführung von Fallkonferenzen im Kontext von Jugendstrafverfahren durch geeignete Maßnahmen gefördert wird."[1]

---

[1]   Ministerium für Justiz und Gleichstellung des Landes Sachsen-Anhalt, Geschäftsstelle der Justizministerkonferenz (Hrsg.): 82. Konferenz der Justizministerinnen und Justizminister am 18. und 19. Mai 2011 in Halle (Saale). TOP II.2 *Behördenübergreifende Zusammenarbeit und Datenschutz*. Magdeburg 2011.

Zu diesem Zeitpunkt gab es bereits diverse Modelle so genannter Fallkonferenzen, hinter denen sich vielfältige Formen der einzelfallbezogenen Zusammenarbeit verbargen. Es ging aber immer um institutionenübergreifende Gespräche, die sich mit Einzelpersonen, meist war die Zielgruppe auf Mehrfach-
und Intensivtäter*innen beschränkt, beschäftigten.

Eine grundlegende Diskussion über die Notwendigkeit fallübergreifender
Kooperation – wie Runde Tische, Präventionsräte, Arbeitskreise oder Ähnliches
– gab es hingegen kaum. Zu deutlich waren die Unterschiede der rechtlichen
Voraussetzungen, Handlungsweisen und Abläufe und das Bedürfnis nach Informationen dazu. Eine grundlegende Zusammenarbeit zwischen den Berufsgruppen war bereits in einzelnen Gesetzen, Ausführungsvorschriften oder
Dienstanweisungen geregelt. Es lag auf der Hand, dass das gegenseitige Wissen
voneinander nur hilfreich sein kann. Einzig die Abwägung von Aufwand und
Nutzen ließ die Eine oder den Anderen zögern.

Die Deutsche Vereinigung für Jugendgerichte und Jugendgerichtshilfen
e. V. (DVJJ) verfasste 2014 (aktualisiert 2022) eine Stellungnahme, in der sie
konstatiert, dass eine intensive Zusammenarbeit, regelmäßige und verbindliche
Kooperation zwischen den am Jugendstrafverfahren beteiligten Institutionen
und Kenntnis der jeweiligen Arbeitsweisen und Personen von großer Bedeutung für eine fachlich gute Praxis sei. Auch ohne ausdrückliche Regelung würden Zulässigkeit und Notwendigkeit fallübergreifender Konferenzen soweit ersichtlich nicht in Frage gestellt. Einzelfallbezogene Konferenzen hingegen be-
gegneten gravierenden fachlichen und rechtlichen Einwänden, jedenfalls dann,
wenn – wie häufig – zentral oder auch Ermittlungsanliegen verfolgt würden.
Sehr sorgfältig müsse geklärt werden, welche Funktion bzw. welches Ziel einzelfallbezogene Fallkonferenzen haben sollen. Die Bedenken gegenüber institutionalisierten einzelfallbezogenen Fallkonferenzen bedeuteten nicht, dass Absprachen unter den professionellen Akteur*innen mit angemessener Beteiligung der Betroffenen nicht sinnvoll und richtig sein könnten. Es bedürfe jedoch
immer einer genauen Überlegung im Einzelfall, wer dabei mit genau welchem
Ziel zu welcher Frage wann einzubeziehen sei.

Das Inkrafttreten des Kinder- und Jugendstärkungsgesetzes (KJSG) setzte
das 2011 von der JMK formulierte Anliegen dann im § 52 SGB VIII um. In der
Begründung der Bundesregierung zum Entwurf eines Gesetzes zur Stärkung
von Kindern und Jugendlichen (KJSG)[2] heißt es zum § 52 SGB VIII, es gäbe
einerseits den Sozialdatenschutz mit seinen klaren Grenzen, andererseits aber

---

2   Deutscher Bundestag, 19. Wahlperiode, Drucksache 19/26107.

„durchaus Spielräume für eine gelingende, enge Kooperation zum Zweck der zielorientierten Erfüllung des Auftrags der Kinder- und Jugendhilfe".[3] Unter bestimmten Bedingungen erlaubt die Regelung also grundsätzlich eine Datenübermittlung – sofern der Erfolg der zu gewährenden Leistung nicht in Frage gestellt, die Freiwilligkeit nicht beeinträchtigt, das Vertrauensverhältnis nicht erschüttert wird und ein Bedarf an Beratung und Abstimmung mehrerer Stellen im Interesse des jungen Menschen besteht.

Einzelfallbezogene Fallkonferenzen sind demnach möglich. Deutlich wird in Begründung und Gesetzgebung aber, dass die Jugendhilfe (im Strafverfahren) die Richtung bestimmt, ob die Fallkonferenzen das zweckmäßige, angemessene und geeignete Mittel zur Umsetzung des Jugendhilfeauftrags sind – im Interesse und in Abstimmung mit den jungen Menschen.

Das neue Werkzeug ist nun also da – viele Fragen aber bleiben. Unabhängig von der Diskussion darum, ob dieses Instrument zusätzlich benötigt wird, möchten die Autor*innen dieses Handbuches Fachkräften praktische Unterstützung anbieten, wenn sie Fallkonferenzen durchführen wollen oder müssen. Deshalb kommt es auch zu dem Titel: Wenn schon, dann richtig! Dieses Handbuch soll eine Unterstützung dabei sein, in ein – oft unübersichtliches – interdisziplinäres Handlungsfeld mehr Struktur zu bringen.

Das vorliegende Handbuch gliedert sich in drei Hauptteile: Der erste Beitrag beschäftigt sich mit der behördenübergreifenden Zusammenarbeit bei fallübergreifender Kooperation. Das Wissen der Beteiligten über die anderen Professionen (Stakeholder) ist die Grundvoraussetzung für jegliche Arten der Zusammenarbeit. Dabei geht es um Rechtsgrundlagen, Arbeitsstrukturen, Aufträge und Zielsetzungen. Dieses Wissen ist die Voraussetzung dafür, Handlungsweisen miteinander abzustimmen. Das Subsidiaritätsprinzip darf dabei aber nicht in Frage gestellt werden. Darüber hinaus wird mit der Kenntnis über die Grundlagen der beteiligten Institutionen im besten Fall zumindest eine Toleranz produziert, so dass keine „Seite" versucht, die andere politisch zu dominieren, ihre Bedeutung in Frage zu stellen oder ihre Arbeit zu konterkarieren.

In Teil zwei haben Mitarbeitende diverser Institutionen und Bundesländer ihr Wissen, die Möglichkeiten und Schwierigkeiten zur Durchführung von interdisziplinären Fallkonferenzen zusammengetragen. Sie alle arbeiten lange in beruflichen Zusammenhängen, in denen sie mit anderen Professionen zu tun haben. Häufig freundschaftlich verbunden, nicht immer einer Meinung, manch-

---

3 Deutscher Bundestag, 19. Wahlperiode, Drucksache 19/26107, S. 105.

mal emotional involviert, aber immer in einer offenen Auseinandersetzung zum Thema Kooperation.

Prof. Dr. Klaus Riekenbrauk aus Düsseldorf beschreibt die Grundlagen des Datenschutzes, der für einzelfallbezogene Fallkonferenzen einen engen Rahmen setzt, aber durchaus Möglichkeiten zulässt. Dr. Annemarie Schmoll und Dirk Lampe aus München bringen die Sichtweise der jungen Menschen und ihrer Familien ein, um die es im SGB VIII zwar geht, die aber allzu oft in den Diskussionen zum Thema Fallkonferenzen vergessen werden. Die dann folgenden Beiträge stellen ausführlich die Bereiche derjenigen Berufsgruppen dar, die hauptsächlich bei einzelfallbezogenen Fallkonferenzen angesprochen werden. Prof. Dr. Brigitta Goldberg aus Bochum widmet sich den Sichtweisen der Jugendhilfe im Strafverfahren, die aus Sicht der Herausgeber*innen von der Neuerung im § 52 SGBVIII hauptsächlich betroffen sein werden. Tilman Wesely als Polizeioberkommissar in Hannover, Corinna Seel als Sozialarbeiterin in der Bewährungshilfe in Stuttgart, Maxi Wantzen als Staatsanwältin in Itzehoe, Verina Speckin als Fachanwältin für Strafrecht in Rostock und Bill Borchert aus Berlin als Sprecher der Bundesarbeitsgemeinschaft der Jugendanstaltsleitungen und besonderen Vollstreckungsleitungen der DVJJ haben die Sichtweisen ihrer Berufsgruppen in Beiträgen dargestellt und erläutert.

Zusätzlich zu den oben genannten teilnehmenden Institutionen kommen für einzelfallbezogene Fallkonferenzen möglicherweise noch solche in Betracht, die in Einzelfällen an den Entscheidungen mitwirken könnten: Schulsozialarbeit, Psychotherapie, Ausländerbehörde, Jobcenter, Ambulante Sozialpädagogische Angebote. Da diese Themen aber auf sehr spezifische Lebenssituationen zugeschnitten sind und deshalb nur partiell eine Rolle spielen, haben wir kurze Zusammenfassungen zu den wahrscheinlichsten anderen Themenfeldern zusammengetragen. Auch hierbei wurden wir von Expert*innen der entsprechenden Berufsgruppen unterstützt: Prof. Dr. Frank Häßler, Konstantin Fritsch, Thomas Tanne, Stephan Drießen, Beyza Atasoy, Henning Bramkamp, Ulrich Brüggemann und Sebastian Las Casas dos Santos stellvertretend für die BAG Ambulante Sozialpädagogische Angebote der DVJJ.

Alle Autor*innen haben die eigenen berufsspezifischen Brillen auf. Was sie dadurch sehen, ist dementsprechend unterschiedlich. Aber wenn alle das Gleiche sehen, sehen auch alle das Gleiche nicht. Die daraus erwachsenen Kontroversen machen Spaß, liefern Stoff für Diskussionen und sind Ihnen, liebe Kolleg*innen, hoffentlich ein hilfreiches Handwerkszeug, das Ihnen Argumente liefert und neue Sichtweisen eröffnet.

Im dritten Teil finden Sie Vorlagen, die mit unterschiedlichen Fachexpert*innen entwickelt wurden und explizit für die praktische Anwendung zur Verfügung stehen. Bedienen Sie sich dort gern.

Aufgrund der unterschiedlichen Rollen und Handlungsaufträge werden die beteiligten Akteur*innen mitunter vor vielfältige Herausforderungen gestellt. Es bedarf daher einer sorgfältigen Organisation und verbindlicher Durchführungsabsprachen. Der Sprecher*innenrat der BAG Jugendhilfe im Strafverfahren (Pamela Busse, Stephanie Glück, Michael Reckfort, Andrea Schmidt und Jürgen Kusserow) beschreibt mit praktischen Hinweisen den Ablauf und die Tätigkeiten zur Durchführung einzelfallbezogener Fallkonferenzen. Er richtet das Augenmerk auf die Sensibilisierung in diesem Bereich und will damit eine Grundlage schaffen, die Qualität des Instruments der einzelfallbezogenen Fallkonferenzen zu sichern. Die Vorlage einer Geschäftsordnung ist die schriftliche Grundlage zur Durchführung derselben.

Die notwendige Belehrung von jungen Menschen und ggf. ihren Personensorgeberechtigten und ihre Einwilligung in die Weitergabe ihrer Daten sind als basale Grundlage ungemein wichtig bei der Durchführung von Fallkonferenzen. Die Vorlagen wurden unter der Beratung von der Abteilungsleiterin der Abteilung II Frau Dr. Claudia Federrath und dem Referenten für öffentliches Gesundheitswesen, Soziales und Kinder- und Jugendhilfe Patrick Gössling (beide beim Berliner Beauftragten für Datenschutz und Informationsfreiheit) von Konstanze Fritsch erstellt. Sie können diese Vorlagen gern gleich nutzen.

Im Glossar erläutern wir noch einmal die wichtigsten Begriffe aus den verschiedenen Berufsgruppen und Institutionen, die in diesem Zusammenhang und vor allem in diesem Handbuch auftreten.

Es ist uns, den Autor*innen dieses Handbuchs, ein Anliegen, Ihnen eine Handreichung zu liefern, mit der Sie praktisch arbeiten können. Sie ist ein Beispiel dafür, wie Angehörige verschiedener Berufsgruppen aus unterschiedlichen Institutionen und aus einer Vielzahl von Bundesländern, gemeinsame Handlungsabläufe professionell zu strukturieren versuchen. Sie haben ihre Erfahrung und ihr Wissen nicht nur eingebracht, sondern auch gemeinsam am Thema weitergedacht. Ich danke ihnen allen!

Berlin, im Februar 2023
Konstanze Fritsch

Inhaltsverzeichnis

Teil 3 – Arbeitsmaterialien

Anhang

Teil 1

Fallübergreifende Kooperation

Jeder mache, was er kann, nur nicht das vom Nebenmann – Zur Koproduktion bei fallübergreifender Kooperation

Konstanze Fritsch

Die Zusammenarbeit von verschiedenen Berufsgruppen erlangt im Hinblick auf Fallkonferenzen eine besondere Bedeutung. Um einzelfallbezogene Fallkonferenzen datenschutzkonform und zum Nutzen von jungen Menschen durchführen zu können, müssen die rechtlichen Grundlagen, Arbeitsziele und Hierarchien bekannt und geklärt werden.

Der folgende Beitrag setzt sich mit dem konkreten Vorgehen bei einer ressortübergreifenden Zusammenarbeit auseinander. Wie können Sie vorgehen, worauf müssen Sie achten? Welche vorhergehenden Überlegungen und Abstimmungen werden zwischen den potentiellen Partner*innen im Strafverfahren benötigt? Sie finden im Beitrag Anregungen für die praktische Arbeit, die im Alltag anwendbar sind.

1   Einführung

Die Zusammenarbeit in der Jugendstrafrechtspflege beschäftigt die Beteiligten schon mehr als zwei Jahrzehnte, hat aber durch die Diskussion um Fallkonferenzen und die daraus folgende Gesetzesänderung noch einmal an Fahrt aufgenommen. Alle Berufsgruppen überlegen, wer mit wem wie kooperieren kann und darf. Die Zusammenarbeit verspricht neben einer Kostenersparnis auch eine Reduzierung der Arbeitsbelastungen für die einzelnen Berufsgruppen.

Der § 81 SGB VIII verpflichtet die Jugendhilfe zur strukturellen Zusammenarbeit mit anderen Institutionen, deren Tätigkeit sich auf die Lebenssituation junger Menschen und ihrer Familien auswirkt, z. B. mit Familien- und Jugendgerichten, den Staatsanwaltschaften sowie den Justizvollzugsbehörden, den Polizei- und Ordnungsbehörden, Schulen und Gesundheitsdiensten, der Agentur für Arbeit usw.

Die Neuregelung des § 52 SGB VIII beinhaltet eine Vorschrift, nach der das Jugendamt auch mit anderen öffentlichen Einrichtungen und sonstigen Stellen, wenn sich deren Tätigkeit auf die Lebenssituation des Jugendlichen oder jungen Volljährigen auswirkt, zusammenarbeiten soll, soweit dies zur Erfüllung seiner ihm dabei obliegenden Aufgaben erforderlich ist. Hierbei klärt der letzte Teil des Satzes die Grundlage zur Einberufung „einer gemeinsamen Konferenz oder vergleichbaren gemeinsamen Gremien oder in anderen nach fachlicher Einschätzung geeigneten Form": Innerhalb der Grenzen des Sozialdatenschutzes gebe es „durchaus Spielräume für eine gelingende, enge Kooperation zum Zweck einer zielorientierten Erfüllung des Auftrags der Kinder- und Jugendhilfe [...] soweit dadurch der Erfolg einer zu gewährenden Leistung nicht in Frage gestellt wird."[1] Die Datenweitergabe muss zur Erfüllung der Aufgaben der Jugendhilfe im Strafverfahren erforderlich sein, nicht nützlich, interessant oder gewollt, sondern erforderlich. Dies wird unter den fachlichen Gesichtspunkten von Freiwilligkeit und Vertrauensprinzip fachlich zu begründen sein. Schon an dieser Stelle gibt es den Hinweis auf die unverändert weiter geltenden Datenschutzvorschriften, die das Wort „erforderlich" ebenfalls als Grundprinzip für eine Datenerhebung anführen. „Fallkonferenzen sind allgemein zulässig, sofern darin keine Daten zu bestimmten oder bestimmbaren Personen ausgetauscht werden. Dies betrifft etwa die Klärung grundsätzlicher Verfahrensweisen oder allgemein rechtlicher Fragen, sofern sich daraus keine Rückschlüsse auf eine bestimmte oder bestimmbare Person ziehen lassen. Ferner stellt die behördenübergreifende Erörterung grundsätzlich geeigneter Interventionsmaßnahmen (auch der Jugendhilfe) zu allen Teilnehmern bekannten persönlichen oder sachlichen Verhältnissen in der Regel keine Datenübermittlung dar. Sofern keine konkreten Entscheidungen erkennbar in Aussicht gestellt werden, können Fallkonferenzen auf dieser Grundlage ebenfalls durchgeführt werden."[2]

Laut § 37a JGG können Jugendrichter*innen und Mitarbeitende der Jugendstaatsanwaltschaft in gemeinsamen Gremien „zum Zweck einer abgestimmten Aufgabenwahrnehmung fallübergreifend mit öffentlichen Einrichtungen und sonstigen Stellen, deren Tätigkeit sich auf die Lebenssituation junger Menschen auswirkt, zusammenarbeiten, insbesondere durch Teilnahme an gemeinsamen Konferenzen und Mitwirkung in vergleichbaren gemeinsamen Gremien." Bei einzelfallbezogenen Fallkonferenzen ist diese Zusammenarbeit nur für die Jugendstaatsanwälte und -anwältinnen möglich.

---

[1] Deutscher Bundestag, Drucksache 19/26107, S. 105.

[2] Anlage zum Bericht der gemeinsamen Arbeitsgruppe aus Vertreterinnen und Vertretern der Arbeitsgruppe des Strafrechtsausschusses „Behördenübergreifende Zusammenarbeit und Datenschutz" und der Arbeitsgemeinschaft der Obersten Landesjugend- und Familienbehörden (AGJF) unter Beteiligung von Vertretern und Vertreterinnen des Deutschen Jugendinstituts e. V. sowie des Bundesministeriums der Justiz und des Bundesministeriums für Familie, Senioren, Frauen und Jugend., 2013, S. 1.

Die Mitwirkung der Polizei in Fallkonferenzen steht zwar außer Frage, taucht aber bisher nicht in den Polizeigesetzen der Länder auf. Gelegentlich gibt es Erlasse oder Richtlinien, die eine Teilnahme vorsehen. Die Vorschläge für die Neufassung der Polizeilichen Dienstvorschrift (PDV) 382 – Bearbeitung von Jugendsachen – enthalten aber Inhalte zu der Teilnahme an diesen.

Der fachliche Diskurs zwischen unterschiedlichen Berufsgruppen bietet den Vorteil, über den Tellerrand zu blicken und von den anderen Sichtweisen zu profitieren. Einzelfallbezogene Fallkonferenzen verlangen aber darüber hinaus klare Absprachen zu Einzelfragen, auf die an dieser Stelle nicht weiter eingegangen werden soll. Diese Absprachen setzen voraus, dass die Beteiligten sich gut auskennen in den rechtlichen Grundlagen und Arbeitsaufträgen der anderen Berufsgruppen, ihren Hierarchien, Methoden, Erwartungen und Erfolgsdefinitionen. Vor einer einzelfallbezogenen Fallkonferenz muss also immer eine fallübergreifende Zusammenarbeit stehen. Bei fallunspezifischer Zusammenarbeit geht die notwendige Akzeptanz dieser Strukturen sogar noch weiter: Beschäftigte bei Polizei und Justiz hatten schon immer weniger Schwierigkeiten als Professionelle eines Fachgebietes anerkannt zu werden als Sozialarbeiter*innen. In der im Einzelfall relevanten Konstellation der Fallkonferenz entscheidet aber die Jugendhilfe, ob das Instrument geeignet ist, den erzieherischen Anspruch des JGG zu unterstützen und gleichzeitig das Vertrauensverhältnis nicht zu gefährden. Und gerade diese beiden letzten Punkte machen einen vom Einzelfall unabhängigen Austausch im Vorfeld so wichtig.

Die berufliche Rollenklarheit muss während der gesamten Zusammenarbeit beibehalten und transparent gemacht werden. Das Legalitätsprinzip der Staatsanwaltschaft und der Polizei muss thematisiert werden, damit Jugendliche, Heranwachsende und ihre Eltern wissen, was sie wem mit welchen Folgen erzählen (können). Genauso wichtig ist die Klarheit über datenschutzrechtliche Bestimmungen. Die Standards der Zusammenarbeit sollten institutionell vereinbart, aber auch von den Mitarbeitenden getragen werden. Gemeinsames Tun hat letztlich einen Wert an sich – weil wir alle, wenn auch unterschiedliche, Teile des gleichen Systems sind.

Der Bericht der Arbeitsgruppe betont darüber hinaus: „[...] wie die einzelfallbezogene Konferenz so entbindet aber auch die fallübergreifende Kooperation die Jugendhilfe nicht von der Pflicht, die jungen Menschen und die Personensorgeberechtigten ausreichend am Hilfeprozess zu beteiligen."[3]

---

3   Bericht der Arbeitsgruppe, 2013, S. 10.

Damit müssen also auch die Tätigkeiten und Vorgehensweisen bei einer fallübergreifenden Zusammenarbeit transparent und nach außen vertretbar sein.

2   Begriffsklärungen und Vorüberlegungen

Worte bestimmen Bewusstsein. Deshalb ist es wichtig, sich vor einer möglichen Zusammenarbeit damit auseinanderzusetzen, welchen Charakter das gemeinsame Tun haben soll. Denn dieser bestimmt die Regeln und Vorgehensweisen. Dazu bieten sich Begriffsklärungen an, wobei Zusammenarbeit der Oberbegriff ist. So kann unterschieden werden zwischen Kooperation, Koproduktion und Netzwerk.[4] In der Praxis werden diese oft synonym verwendet, da die Grenzen fließend sind. Bei genauerem Hinsehen werden die Unterschiede aber ebenfalls deutlich, so dass die Verständigung darüber bei den Beteiligten für Auseinandersetzung und Klärung sorgen kann. Vor allem bei Berufsgruppen, die in der Jugendstrafrechtspflege aktiv sind, ist eine solche Reflexion gewinnbringend, da die Aufgabenstellungen der einzelnen Akteur*innen und Institutionen sehr unterschiedlich sind. Häufig entsteht dabei auch in den eigenen beruflichen Zusammenhängen eine fachliche Diskussion.

3   Praktisches Vorgehen

Im Folgenden werden einige Fragen aufgelistet, die für die Planung und Durchführung der Zusammenarbeit von verschiedenen Berufsgruppen wichtig sind. Viele davon gelten für alle beruflichen Felder der Zusammenarbeit, manche nur für das hier relevante Feld. Ich kenne die Antworten darauf nicht. Das können nur Sie beantworten. Aber Sie wissen ja: Manchmal ist die richtige Fragestellung schon ein großer Teil der Lösung.

3.1   Was wollen Sie erreichen? – Eigene Zielklärung

Zuerst sollten Sie die Frage beantworten, warum es aus Ihrer Sicht Handlungsbedarf gibt? Soll es am Ende die Möglichkeit einzelfallbezogener Fallkonferenzen oder andere Formate geben? Geht es um Kommunikationsstrukturen? Abbau von Vorurteilen? Welche Art der Zusammenarbeit gibt es schon? Was hat

---

4   Erläuterungen dazu im Glossar.

sich geändert? Was passiert, wenn nichts passiert? Welchen Nutzen haben Sie, hat jede*r Beteiligte persönlich?

Die Zielklärung ist ein wichtiger Schritt, um sich selbst klar zu machen, was Sie eigentlich wollen und brauchen. Im späteren Verlauf werden Sie sich auf Kernpunkte einigen müssen. Jetzt geht es erst einmal nur um Sie und Ihren Auftrag.

3.2   Wen brauchen Sie dazu? – Teilnehmende und Partner*innen

Gute Analysen sind das Fundament für eine erfolgreiche Zusammenarbeit. Wenn Sie den Auftrag oder den Wunsch haben, mit anderen Institutionen zu sprechen, stellen Sie sich einige Fragen, bevor Sie aktiv werden: Wer möchte, dass Sie zusammenarbeiten und warum? Wer arbeitet noch am Thema, das für Sie wichtig ist? Wer tut es nicht, sollte aber dabei sein? Welche Institution brauchen Sie, um zielgerichtet an Ihren Fragestellungen zu arbeiten? Gibt es bereits Personen, die Sie sich zur Teilnahme wünschen? Der Bericht der o. g. Arbeitsgruppe empfiehlt für die fallunspezifische Zusammenarbeit, dass mindestens Vertreter*innen von Jugendhilfe, Polizei und Staatsanwaltschaft teilnehmen. Jugendrichter*innen sollten die Möglichkeit zur Teilnahme bekommen.[5] Fangen Sie mit den Teilnehmenden an, die Ihnen einfallen. Sie können jederzeit Personen dazu holen. Vielleicht haben die anderen Beteiligten noch Vorschläge? Jegliche Formen der Zusammenarbeit sind keine feststehenden Gebilde, sondern Systeme, die jederzeit nach Notwendigkeit und Thema angepasst werden können. Suchen Sie sich zuerst Verbündete, mit denen Sie das Thema noch einmal auf Notwendigkeit, Aktualität und Form prüfen können.

3.3   Welche Form der Zusammenarbeit ist die richtige?

Wenn Sie geklärt haben, was Sie mit wem bearbeiten wollen, können Sie festlegen, welche Form der oben genannten Möglichkeiten am besten zu Ihrem Ziel passt: Kooperation, Koproduktion oder ein Netzwerk? Bedenken Sie dabei, wieviel Eigenverantwortung und Gestaltungsspielräume jeweils notwendig sind. Müssen Dinge entschieden werden und in institutionelle Strukturen implementiert werden? Wie verbindlich soll das Ergebnis umgesetzt werden? Sollen die Treffen anlassbezogen oder regelmäßig stattfinden?

---

5   Bericht der Arbeitsgruppe, 2013, S. 13.

Wenn diese Fragen beantwortet sind, können Sie loslegen. Suchen Sie sich Ihre Ansprechpersonen, schreiben Sie eventuell Institutionen an und vereinbaren Sie erste Treffen sowie im Anschluss ein gemeinsames Auftakttreffen mit allen Beteiligten. Klären Sie unbedingt mit den Institutionen, was beschlossen werden soll. Wer soll teilnehmen? Jemand aus der Arbeitsebene oder jemand, der Entscheidungen treffen darf? Klären Sie die Hierarchien und achten Sie diesbezüglich auf Ausgewogenheit unter den Teilnehmenden.

4   Konkrete Umsetzung

Nun geht es darum, in Ihrem Zusammenschluss eine gemeinsame Basis zu entwickeln. Welches professionelle Selbstverständnis haben die Beteiligten? Diese Fragen müssen innerhalb der einzelnen Professionen klar sein, aber auch interdisziplinär miteinander abgeglichen werden. Dabei spielen Fragen der eigenen Professionalität eine zentrale Rolle. Sie gehen eine Beziehung auf Zeit miteinander ein. Damit kennen sich Jugendhilfe, Polizei und Justiz, aber auch Schule, Psychiatrie und andere Professionen aus. Es werden Zwangskontexte entstehen, in denen Sie die Haltung Ihrer Institution vertreten müssen, obwohl Sie persönlich vielleicht anderer Meinung sind. Wie wollen Sie damit umgehen? Berufliche Identität und Überlebensstrategien im Alltag spielen bei der Umsetzung und für zusätzliche Aufgaben ebenfalls eine wichtige Rolle. Erfahrungsgemäß wird bei Formen der Zusammenarbeit eher vorausgesetzt, dass sich alle mit den verschiedenen Voraussetzungen der Berufsfelder auskennen. Manchmal scheitert daran später die Umsetzung, weil sich die Beteiligten über die Auswirkungen der einzelnen Teilaspekte doch nicht im Klaren waren. Können z. B. aufsuchende Sozialarbeit und Polizei ein gemeinsames suchtpräventives Projekt durchführen? Können die Leitungen der Institutionen, Ihre Vorgesetzen, das mittragen? Passen ein akzeptierender sozialpädagogischer Ansatz und eine Null-Toleranz-Strategie der Polizei zusammen? Was bedeutet das im Alltag? Wie soll das konkret gestaltet werden?

4.1   Rolle und Funktion in der Gesellschaft

Klären Sie die rechtlichen Vorgaben der einzelnen Berufsgruppen und die daraus resultierenden Aufgaben. Die Unterschiedlichkeit schon der Berufsfelder Jugendhilfe und Polizei/Justiz bietet Spielraum für sehr ausführliche thematische Auseinandersetzungen, Definitionen und Diskussionen, z. B. zu:

- Altersgrenzen im SGB VIII und JGG
- Vertrauensschutzprinzip und Schweigepflicht vs. Legalitätsprinzip, ggf. Opportunitätsprinzip, ggf. Subsidiaritätsprinzip
- Beziehungsarbeit: dauerhaft und tragfähig vs. Ermittlungen bestimmen die Kontaktdauer
- Ziel: Unterstützung der Entwicklung zur eigenverantwortlichen und gemeinschaftsfähigen Persönlichkeit, dazu bei Bedarf: „Hilfe-Ermittlungen" vs. „Wahrheits-Ermittlungen", Straftaten vorbeugen
- „Anwalt des Kindes" vs. Unparteilichkeit vs. Kontrolle
- Freiwilligkeit vs. Unfreiwilligkeit
- Beteiligung (Mitbestimmung) vs. Fremdbestimmung

Sie müssen sich diese rechtlichen Regelungen bewusst machen, denn auf deren Grundlage legen Sie später die Vereinbarungen für die Kommunikation fest. Machen Sie sich bewusst, dass Sie unterschiedliche Aufgaben und Rollen haben. Welche Leitbilder hat ihre Berufsgruppe, ihr*e Arbeitgeber*in, ihre Institution? Wie definieren Sie Erfolg? Diversität ist eine Bereicherung, macht aber die Zusammenarbeit oft schwieriger. Einfache Lösungen für komplizierte Fragestellungen gibt es meist nicht.

4.2   Selbstreflexion

4.2.1 Menschenbilder und Berufung

Wir alle haben unsere Berufe ausgesucht, weil wir bestimmte Menschenbilder verinnerlicht haben. Unsere Berufe beeinflussen dann wiederum unsere Menschenbilder. Wenn wir ausschließlich mit Menschen zu tun haben, die sich abweichend verhalten, stellen sich automatisch Fragen wie: Sind eigentlich alle Jugendlichen kriminell? Können Menschen von Grund auf böse sein? Sind sie eigentlich gut, tun nur manchmal falsche Dinge? Können junge Menschen erzogen werden? Hilft Bildung, Delinquenz zu verhindern, oder doch eher Strenge? Was ist wichtiger zu lernen: Selbstbestimmung oder Gehorsam, Legalbewährung oder Schulbesuch? Bei dieser Diskussion reden wir nicht über die Wirklichkeit, sondern über unsere Überzeugungen und Glaubenssätze. Danach richten wir unser Handeln aus. Machen Sie sich bewusst, dass Sie in Ihrer Tätigkeit nur einen Ausschnitt der Realität sehen, und gleichen Sie diesen mit einem Feld ab, in dem sich junge Menschen „normal" verhalten. Vielleicht fragen Sie bekannte, die außerhalb der Jugendstrafrechtspflege arbeiten, wie sie junge Menschen sehen? Wenn wir in interdisziplinären Zusammenhängen Ideen entwickeln wollen, müssen Menschenbilder und Haltungen mal mehr (bei der Kooperation), mal weniger (bei Koproduktion oder Netzwerkarbeit) anschlussfähig sein.

Unseren Beruf haben wir uns gewählt. Wir haben überlegt, welche Tätigkeit wir ausüben wollen, haben unterschiedliche Ausbildungen absolviert oder sind erst auf Umwegen zu dem gekommen, was wir heute als Beruf angeben. Hinter der Berufung steht darüber hinaus noch die ideologische Bewertung, sich damit zu identifizieren, es als sinnvoll zu erachten und sie obendrein gern zu machen. Finden Sie Mitstreiter*innen, deren Beruf auch ihre Berufung ist, haben Sie eine sehr gute Möglichkeit, gemeinsam innovative und kreative Ideen zu entwickeln und umzusetzen. Gleichzeitig birgt dies die Gefahr, sich nicht abgrenzen zu können und möglicherweise Dinge zu tun, die nicht dem eigenen Auftrag entsprechen. Für die Zusammenarbeit ist es aber wichtig, sich nur im eigenen, gelernten Kompetenzbereich zu bewegen.

Selbstverständlich müssen Professionelle in diesen Berufsfeldern damit argumentieren, keine Vorurteile zu haben. Sie sind schließlich Profis – und doch mangelt es zum Teil an Vertrauen in die gegenseitige Arbeit. Sozialarbeitenden wird vorgeworfen, Gewalt zu bagatellisieren auf ihrer sozialpädagogischen Kuschelwiese. Polizist*innen würden aus Korpsgeist Fehlverhalten von Kolleg*innen dulden. Staatsanwaltschaft und Ausländerbehörde seien per se ausländer- und/oder jugendfeindlich. Wir haben alle Bilder im Kopf, aber über Vorurteile muss offen gesprochen werden, sonst wird jeder Einzelfall sie verfestigen und eine Zusammenarbeit unmöglich machen.

4.2.2 Anekdotische Evidenz

Lebensbedingungen junger Menschen verändern sich. Damit ändert sich nicht nur jugendtypisches Verhalten, sondern auch jugendtypisches Fehlverhalten. Alle am Strafverfahren beteiligten Akteur*innen können das Leben Jugendlicher und Heranwachsender maßgeblich beeinflussen. Diese Auswirkungen sollten nachhaltig und wissenschaftlich fundiert ausgelöst werden. Neue Erkenntnisse aus den unterschiedlichen Wissenschaften, Änderungen gesetzlicher Voraussetzungen oder der Austausch von evaluierten Erkenntnissen sind wichtig, um an einer solch wichtigen Schnittstelle nach aktuellem und bestem Wissen zielgerichtet agieren zu können. Die Beweg- und Hintergründe, aber auch die Inhalte der Eingriffe dürfen sich nicht aus anekdotischer Evidenz oder individuellen Ansichten speisen. Generalisierungen, die ihren Ursprung in einer gefühlten Anhäufung von wirksamen Ergebnissen oder eigenen (Jugend-) Erfahrungen haben, sind keine ausreichende Basis für professionelle Entscheidungen. Erkenntnisse, die sich daraus nähren, dass jemand jemanden kennt, bei dem das geholfen hat (und diese Erfahrungen häufen sich mit den Berufsjahren), sind nicht verlässlich genug, um nachhaltig und wirkungsvoll in einem hochsensiblen, eingriffsintensiven Bereich zu arbeiten. Es reicht nicht, intuitiv das Richtige zu tun. Es muss auch fachlich begründet werden können. Aus Macht erwächst große Verantwortung.

4.2.3 Der Erziehungsbegriff in Fallkonferenzen

Unter der Überschrift Fallkonferenzen sollten Sie sich vor allem über Ihr Verständnis von Erziehung austauschen. Der Erziehungsbegriff ist einer der zentralen Begriffe, der die Jugendhilfe und die Strafverfolgungsbehörden verbindet – eine vermeintlich gute Basis, um junge Menschen zu begleiten und möglichen Fehlentwicklungen vorzubeugen. Individuell angestrebte Erziehungsziele oder die dazu verwendeten Mittel prägen sehr unterschiedliche, subjektive Auffassungen davon, was eine gute bzw. richtige Erziehung ausmacht. Es existiert kein allgemein anerkannter Erziehungsbegriff. *Die* Erziehung gibt es nicht; Wertfreiheit kann an dieser Stelle nicht existieren. Als Erziehungsmittel zur Umsetzung des § 1 Abs. 3 SGB VIII werden genannt: Förderung junger Menschen in ihrer individuellen und sozialen Entwicklung zur selbstbestimmten und gleichberechtigten Teilhabe an der Gesellschaft, Vermeidung von Benachteiligungen, Beratung und Unterstützung von Eltern und anderen Erziehungsberechtigten bei der Erziehung, Schutz von Kindern und Jugendlichen vor Gefahren für ihr Wohl. Aufgabe der Jugendhilfe ist es auch, dazu beizutragen, positive Lebensbedingungen für junge Menschen und ihre Familien sowie eine kinder- und familienfreundliche Umwelt zu erhalten oder zu schaffen.

Das Jugendstrafverfahren und seine Rechtsfolgen sind vorrangig am Erziehungsgedanken auszurichten. Die Rechtswissenschaft hat mit der Übernahme des fachfremden Erziehungsbegriffs auch dessen Probleme übernommen. Das JGG spricht häufig über Erziehung. Nach § 10 Abs. 1 S. 1 JGG sollen Weisungen die „Erziehung fördern und sichern". Die Jugendstrafe wird nach § 18 Abs. 2 JGG so bemessen, dass die erforderliche erzieherische Einwirkung möglich ist. Nach § 52a Abs. 1 S. 2 JGG muss die Untersuchungshaft nicht angerechnet werden, wenn dies aus mehreren, u. a. „erzieherischen Gründen" nicht gerechtfertigt erscheint. Die Mitarbeitenden der Jugendgerichte und der Jugendstaatsanwaltschaft sollen laut § 37 JGG erzieherisch befähigt und in der Jugenderziehung erfahren sein. Sie sollen über Kenntnisse auf den Gebieten der Kriminologie, Pädagogik und Sozialpädagogik sowie der Jugendpsychologie verfügen.

Die Polizei hat in vielen Bundesländern die Jugendsachbearbeitung etabliert, die aktuelle gesellschaftliche Entwicklungen und pädagogische Erkenntnisse in die polizeiliche Jugendsachbearbeitung einbeziehen soll.

In all diesen Beschreibungen wird auf die Begrifflichkeit nicht weiter eingegangen, geradeso als wäre das Verständnis darüber allgemein und stimmig. Das Gesetz selbst setzt sich weder mit dem Begriff der Erziehung noch mit den Mitteln zur Erreichung der Erziehungsziele auseinander. Für sich selten ändernde Gesetze ist dies bei sich gleichzeitig schnell verändernden gesellschaftlichen Bedingungen nachvollziehbar. Subjektive Denk- und Handlungsweisen sind dadurch immer legitimiert. Nahezu unbestritten ist die Ansicht, dass Erziehung unabwendbar mit Lernen verbunden ist. Konformes wie abweichendes Verhalten ist in jedem Fall durch direkte oder indirekte Interaktion mit anderen Personen und Institutionen erlernbar. Durch deren Einwirkung, die Übung in entsprechenden Situationen und die Gewöhnung an vorgegebene Regeln werden Charaktere junger Menschen geformt, d. h. sie werden erzogen. Diese Interaktion wird bestimmt durch Handlungen der Erziehenden, und zwar sowohl durch das aktive Handeln wie durch das unterlassene. Beides mit dem Ziel, bei der zu erziehenden Person ein bestimmtes Verhalten hervorzurufen. Letzteres wird natürlich durch die Wertvorstellungen und Vorbilder eben dieser Personen und Institutionen bestimmt. Erziehungsmittel oder -maßnahmen müssen durchgängig für die Erreichung des Erziehungsziels angewandt werden, da einmalige Handlungen nur schwer geeignet sind, ein bestimmtes Verhalten oder eine Eigenschaft des jungen Menschen hervorzurufen. So kann ein Sozialpädagoge einer Jugendlichen während des Kontaktes innerhalb einer Betreuungsweisung wiederholt begründet erklären, warum diese sich in einer bestimmten Art und Weise anderen gegenüber verhalten soll, um damit deren Gerechtigkeitsgefühl zu schärfen oder es erlernen zu lassen. Die Richterin vermag dies aber nicht, da sie nur einmalig die Möglichkeit hat, auf den jungen Menschen einzuwirken. Sie wird darüber hinaus mit großer Wahrscheinlichkeit das Wissen über diese Form des Verhaltens voraussetzen, ihre Anweisung nicht oder nur kurz begründen und somit vermutlich keinen Lernerfolg erzielen, sondern höchstens den viel zitierten „heilsamen Schock". „[...] es ist damit [mit der Erziehung – Anm. d. Autorin] wie mit allen theoretischen Vorschriften und Anweisungen für das Praktische: Die Regel verstehn ist das erste, sie ausüben zu lernen ist das zweite. Jenes wird durch Vernunft auf einmal, dieses durch Übung allmählich gewonnen." (Arthur Schopenhauer)

Vielleicht macht diese Sichtweise noch einmal deutlich, warum die Notwendigkeit der Fallkonferenzen eine Beurteilung durch die Jugendhilfe erforderlich machen. Sie ist es, die die pädagogischen Voraussetzungen erfüllt, Verhaltensveränderungen (nicht nur Legalbewährung) durch dauerhafte Kontakte zu begleiten.

4.2.4 Erfolge und Erwartungen

Wie erfolgversprechend sich eine Zusammenarbeit darstellt, ist wesentlich für die Motivation der Einzubeziehenden. Aber was ist Erfolg für die am Jugendstrafverfahren beteiligten Berufsgruppen?

Am 12. Januar 2013 fand im Rahmen einer Tagung in Bad Boll eine Arbeitsgruppe unter dem Titel *Erfolgsvorstellungen in Justiz, Jugendhilfe und Polizei* statt.[6] Dabei diskutierten Vertreter*innen aus Jugendhilfe, Polizei und Justiz, was den Erfolg in ihrer täglichen Arbeit ausmacht. Sicher, es war nur eine kleine Gruppe Berufsvertreter*innen, die ihre subjektive Sichtweise wiedergaben und nicht für alle ihre Kolleg*innen und Institutionen sprechen konnten und wollten. Aber ein paar beispielhafte Ausschnitte der Antworten auf diese Frage machen deutlich, wie schwer eine gemeinsame Definition von Erfolg ist – fernab von dem menschlich nachvollziehbaren, aber nicht rechtlich belegbaren Wunsch, dass es jungen Menschen besser gehen soll.

Für die Jugendhilfe waren Erfolgskriterien:

- Verhinderung krimineller Karrieren
- Jugendliche können ihren Alltag selbst bewältigen und übernehmen Verantwortung
- Hilfestellungen beim „Erwachsenwerden"
- Täter-Opfer-Ausgleich
- Vertrauensverhältnis
- Justiz vom Sinn der vorgeschlagenen Maßnahmen überzeugen
- Junge Menschen zum Nachdenken/zur Auseinandersetzung mit der Tat bringen
- Erreichen entwickelter Ziele
- Teilhabe am gesellschaftlichen Leben

---

6 (Wie) kann man wissen, was wirkt? 11. bis 13. Januar 2013, Evangelische Akademie Bad Boll in Zusammenarbeit mit der DVJJ e. V.

Die Beschäftigten der Polizei gaben als Erfolgsfaktoren an:

- Quantität/Fallzahlen
- Qualität/Aufklärungsquote in Verbindung mit der Verurteilungsquote
- Ideeller Erfolg ist schwer messbar ...
- Erfolgsvorstellungen sind unterschiedlich und dürfen/sollen es auch sein!

Die Vertreter*innen der Justiz definierten Erfolg so:

- Arbeit schnell erledigt – wenig offene Fälle
- vernünftige Kommunikation vor Gericht
- Verständnis – „Akzeptanz"
- Interessenausgleich zwischen allen Beteiligten
- Opfer fühlt sich wahrgenommen und verstanden
- Senkung Rückfallquote/positiver Bewährungsverlauf
- Schaffung von Veränderungsbereitschaft

Was kann der Erfolg der Zusammenarbeit sein: die Konzeption oder Konzept-
überprüfung von (schon vorhandenen) Fallkonferenzen, veränderte Arbeitsweisen oder bessere Kommunikationsstrukturen, Standards der Zusammenarbeit?
Auch die Festlegung kleinteiliger Schritte auf dem Weg zum Ziel kann Erfolg
versprechen und begünstigt realistische Erwartungen, die zu weniger Enttäu-
schungen führen.

4.2.5 Vision, Mission und Leitbild

Eine Vision beschreibt eine Vorstellung davon, wie etwas in Zukunft aussehen
soll. Im Zusammenhang mit fallübergreifender Kooperation heißt das: Welche
Zusammenarbeit wollen Sie als gemeinsame Vision anstreben? Alle Mitstreiter*innen sollen sich an ihr orientieren können. Was fällt Ihnen im Rahmen der
Jugendstrafrechtspflege als Vision ein? Was ist das übergeordnete Ziel? Eine Vision ist etwas Positives, was die Gruppe motiviert. Thema und Zeitpunkt führen
zu zwei Prozessfragen:[7] Wofür soll die Vision stehen – für die Gruppe, das Projekt, die Zusammenarbeit? Für welchen Zeitpunkt soll die Vision stehen: drei,
fünf oder zehn Jahre? Die Vision dient den Mitarbeitenden zur Identifikation
und mobilisiert sie in Bezug auf die Zielerreichung.

Die Vision wird durch die Mission gesichert. Die Mission enthält die strate-
gischen Ziele und hilft dabei, die Vision zu verwirklichen. Welchen Nutzen hat

---

7   König & Volmer, 2008, S. 423.

das Handeln in einer fallübergreifenden Kooperation? Hierzu können Sie Prioritäten festlegen und niederschreiben, was Ihnen wichtig ist. In welchem Gebiet wollen Sie tätig werden? Was sind Ihre Kompetenzen? Welche Werte sind Ihnen dabei wichtig und sollen von allen eingehalten werden? Nach welchen Prinzipien wird vorgegangen? Wenn Sie diese Fragen gemeinsam beantwortet haben, können Sie auf dieser Grundlage ein Leitbild entwickeln, das Ihnen als Gruppe entspricht. Ein Leitbild formuliert Ihre Vision aus und bildet die Grundsätze Ihres gemeinsamen Handelns. „Das Erstellen eines Leitbildes ist kein einfacher Prozess. Er ist deswegen nicht einfach, weil es hier nicht darum geht, irgendeinen Text zu erstellen, sondern einen Text, der das Team beziehungsweise die Mitarbeiter emotional anspricht, mit dem sie etwas verbinden können, der Energie freisetzt und motiviert."[8]

Jetzt haben Sie Rahmenbedingungen geschaffen und können praktisch loslegen. Sie wissen, woran Sie aneinander sind. Sie haben bereits (hoffentlich erfolgreich) geübt, kontrovers zu diskutieren, Commitments zu schließen und sind inhaltlich auf einem umfassenden Kenntnisstand.

4.3   Fragestellungen, Planung und Umsetzung

Womit wollen Sie anfangen? Egal, welche Art der Zusammenarbeit, es gibt immer klar abgesprochene Vorleistungen: Sie geben (z. B. Wissen oder Ressourcen) ab und profitieren selbst davon, dass andere das auch tun. Was Sie nicht tun dürfen, ist tauschen. Niemand kann die Aufträge anderer Berufsgruppen ausfüllen und übernehmen. Dazu sind die Institutionen und ihre Aufträge zu unterschiedlich. Jede*r tue, was er*sie kann, nur nicht das vom Nebenmann. Und wir nehmen's ganz genau – auch nicht von der Nebenfrau. Bleiben Sie bei Ihrem Inhalt, Ihren Aufgaben und Prinzipien – natürlich unter dem Schirm des gemeinsamen Leitbildes. Schaffen Sie Win-win-win-win-Situationen für alle. Nutzen Sie die Vorteile der einzelnen Partner*innen optimal. Wer hat einen Raum zum Treffen? Wer kann die Moderation übernehmen? Sehr gute Erfahrungen gibt es, wenn es ein Team aus Menschen gibt, die die Organisation übernehmen. Wegen der Steuerung und der Verbindlichkeiten ist es empfehlenswert, wenn die Mitglieder dieses Teams bzw. Sprecher*innenrats o. Ä. Angehörige aus den verschiedenen Berufsgruppen sind. Die Verantwortung ist dann dezentral verteilt und das Konstrukt damit stabiler.

---

8   König & Volmer, 2008, S. 425.

Erarbeiten Sie gemeinsame Ziele. Diese sollten spezifisch, messbar, attraktiv, realisierbar, terminiert (also SMART) sein. Können sich alle damit identifizieren? Schaffen Sie Commitment, das heißt, dass alle das Ziel mittragen, und halten Sie es schriftlich fest. Mit welchen Mitteln werden die Ziele am besten erreicht? Was darf nicht passieren?

Wollen Sie eine gemeinsame Öffentlichkeitsarbeit? Sie können sich damit gegenseitig stärken, Einheit demonstrieren und Ihre Themen platzieren. Planen Sie aber auf jeden Fall Zeit für die „Pflege" der Zusammenarbeit ein: Zusammenarbeit braucht zeitliche, finanzielle und personelle Ressourcen. Vor allem aber Ehrlichkeit, Vertrauen und Verlässlichkeit. Das gilt es zu beweisen. Nur, wenn die beteiligten Personen und Institutionen die vereinbarten Visionen, Leitbilder und Ziele gemeinsam vertreten, wird die Koproduktion erfolgreich zu einem Ergebnis führen, zu dem alle ihren Beitrag leisten können.

5   Konkrete Umsetzungsmöglichkeiten

Zum besseren Verständnis der mit jungen Menschen befassten Berufsgruppen untereinander bieten sich gemeinsame Formate an, die Wissen transportieren. Das Wissen darf hierbei aber nicht in den Gremien verbleiben, sondern muss in die über- oder untergeordneten Hierarchieebenen multipliziert werden. Ihre Zusammenarbeit misslingt, wenn Information und Wissen nicht alle Mitarbeitenden erreichen, weil auch Zwischenfälle, die aus Unwissenheit entstehen, gewonnenes Vertrauen wieder zerstören können.

5.1   Fortbildungen

Ein geeignetes Mittel zur beständigen Zusammenarbeit bilden regelmäßige, im besten Fall gemeinsame Fortbildungen, damit eine abgestimmte Wissensbasis für das Handeln entsteht. Für gleichzeitigen Austausch und Frage- sowie Erklärungsmöglichkeiten sind berufsgruppenübergreifende Veranstaltungsformate zielführend. So können gemeinsame Grundlagen geschaffen werden, die einerseits rechtliche Voraussetzungen und Inhalte der Zusammenarbeit (wie z. B. die Möglichkeiten und Grenzen der Informationsweitergabe) bearbeiten oder auch Themen, die alle Berufsgruppen beschäftigen (Straftaten im Zuge von Digitalisierung o. Ä.). Gleichzeitig ermöglicht das persönliche Kennenlernen eine Überprüfung persönlicher (Vor-)Urteile und die Aufweichung starrer Rollenbilder. Die Angehörigen der einzelnen Berufsgruppen bilden nun mal keine homogene

Masse. Diese Erkenntnis prägt möglicherweise auch die Phasen des Berufslebens, in denen sonst negative Situationserfahrungen nachhaltig die Zusammenarbeit stören.

5.2 Hospitationen

Durch Hospitationen ist es möglich, in den Arbeitsalltag eines anderes Berufsfeldes Einblicke zu erhalten. Möglicherweise stimmen die eigenen Annahmen ja doch nicht? Vielleicht erweitert sich der eigene Blickwinkel, wenn Sie die eigene Zielgruppe mal durch die Brille der anderen Berufsgruppe sehen. Grundsätzlich müssen natürlich vor einer Hospitation einige Fragen geklärt werden. Bei der Polizei sind z. B. Leumundsüberprüfungen vorgesehen. Ist es in dem gewünschten Einsatzgebiet überhaupt möglich zu hospitieren? Hierbei spielen berufsgruppenbezogene Fragestellungen eine Rolle: Besteht eine unangemessene Gefährdung für Sozialarbeiter*innen in bestimmten polizeilichen Einsatzgebieten? Bearbeitet die jugendhilfespezifische Einsatzstelle besonders sensible Themen, die ein höchstpersönliches Interesse zur Geheimhaltung der Klientel voraussetzt? Die Polizei unterliegt auch während einer Hospitation dem Legalitätsprinzip. Nicht alle interessanten Einsatzgebiete sind für eine Hospitation geeignet und nicht alle für die eigene Arbeit relevant. Sie müssen verschiedene Entscheidungen abwägen: Soll die Hospitation in der Nähe Ihres Wohnortes stattfinden? Vielleicht wirft es Fragen bei Ihren Nachbar*innen auf, in Begleitung Uniformierter gesehen zu werden? Wenn Sie Netzwerke knüpfen wollen, nutzen Sie am besten die nähere Umgebung Ihres Arbeitsplatzes. Gegenüber Ihren Klient*innen/Kolleg*innen müssen Sie ggf. erklären, warum Sie mit der Polizei/Sozialarbeit gemeinsam unterwegs sind. Wollen Sie lediglich die Arbeit der anderen Berufsgruppen kennenlernen, ist die Hospitation auch in einiger Entfernung zum eigenen Arbeitsplatz möglich. Darüber hinaus sollten die möglichen Folgen einer Hospitation (z.B. als Zeug*in vor Gericht aussagen zu müssen), offen besprochen werden.[9]

5.3 Evaluation der praktischen Auswirkungen

Ab wann bezeichnen Sie eigentlich eine Zusammenarbeit als gelungen? Wenn das vorgenommene Ziel erreicht ist? Teilziele davon? Was ist Erfolg? Das

9 Clearingstelle Jugendhilfe/Polizei, 2005.

Problem an der Beantwortung dieser Fragen ist, dass personelle und finanzielle Ressourcen noch zu häufig in Maßnahmen fließen, die nicht evaluiert werden. In der Regel wissen wir also nicht, was wirkt oder hilft. Allein, dass eine Zusammenarbeit wahrscheinlich nicht schadet, sollte uns nicht reichen.

Anonymisierte Fallbesprechungen mit idealisierten Abläufen eignen sich gut zur Darstellung von Problemfeldern und der Konzeption möglicher Verfahrensweisen und Abläufe. Damit werden keine datenschutzrechtlichen Regelungen tangiert, weil es nicht um einzelfallbezogene Informationen geht. Tun Sie das gern mit den gleichen Fällen in regelmäßigen Abständen. Hat sich etwas verändert? Ja? Nein? Was sagt Ihnen das?

Überprüfen Sie, ob die Ergebnisse auf die gemeinsam durchgeführten Veränderungen zurückzuführen sind. Niemand braucht zahlenmäßig mehr oder mehr unterschiedliche Instrumente, sondern vielfach flexiblere und besser ausgestaltete. Dabei ist es nicht nur inhaltlich, sondern auch wirtschaftlich wichtig, Konzeptionen, Ausgestaltung, Umsetzung, Wirkungen und Nutzen von Ergebnissen zu überprüfen. Nur so können Sie nachsteuern und verbessern. Prozess- und Wirkungsevaluationen sollten zum Standard in der Zusammenarbeit gehören.

Und wirklich wichtig bleibt hierbei die Frage: Woran merken junge Menschen und ihre Familien, dass Sie (gut) zusammenarbeiten? Hat das eine Auswirkung auf sie? Sie sind diejenigen, bei denen sich Veränderungen bemerkbar machen sollten.

5.4   Regelmäßiger fachlicher Austausch/Neue Entwicklungen

Die beteiligten Akteur*innen können behördenübergreifende Gremien zum regelmäßigen fachlichen Austausch zu aktuellen Themen nutzen. Welche Veränderungen gibt es in den Strukturen (Einführung polizeilicher Jugendsachbearbeitung, Umsetzung der EU-Richtlinie o. Ä.), gibt es neue Phänomene im Bereich Kinder- und Jugenddelinquenz, neue Personen oder Kontaktdaten in Ämtern, Veränderungen in Stadtgebieten etc.? Hierbei können verschiedene (aber gleichwertige) Hierarchieebenen zu unterschiedlichen Themen genauso sinnvoll sein wie die sozial- bzw. stadträumliche Zuordnung.

6   Erfolgreich bleiben in der Umsetzung

Wie oben bereits beschrieben, ist eine Zusammenarbeit nicht starr, sondern ein Organismus. Er passt sich den Gegebenheiten an: Menschen, die sich thematisch nicht wiederfinden, ziehen sich zurück. Mitarbeitende wechseln den Arbeitsplatz, die Neubesetzung (er-)kennt den Sinn der Zusammenarbeit nicht, Konflikte zwischen Beteiligten führen zur verzögerten Umsetzung von Ideen. Deshalb müssen Sie am Ball bleiben. Seien Sie aufmerksam. Wie können alle von der Zusammenarbeit profitieren? Gibt es Gelegenheit, verschiedene Formate wie nonformale Treffen, gemeinsame themenrelevante Ausflüge oder Fortbildungen anzubieten? Halten Sie sowohl Ihre Kolleg*innen als auch Ihre Vorgesetzen thematisch auf dem Laufenden, um zu beweisen, wie wichtig diese Zusammenarbeit ist. Nur so können Sie mit ideeller, vor allem aber mit Unterstützung durch zeitliche und personelle Ressourcen rechnen. Reden Sie darüber. Dabei geht es nicht um Schönfärberei. Bleiben Sie kritisch. Achten Sie darauf, dass es bei der Rollen- und Auftragsklarheit bleibt.

6.1   Feedbacksysteme für die Zusammenarbeit

Je nachdem, wie Ihre Zusammenarbeit aussieht, ist es empfehlenswert, regelmäßige Feedbacksysteme einzuführen. Sind noch alle am Thema interessiert? Fehlt eine Institution? Gab es Verwerfungen, die besprochen werden müssen? Bekommen Sie genug Unterstützung aus Ihren Arbeitsbereichen? Sie können ein Treffen als Zukunftskonferenz stattfinden lassen oder Fragebögen austeilen – wie hoch- oder niedrigschwellig Sie die Rückmeldungen einholen, hängt von verschiedenen Faktoren ab: räumliche Entfernungen, Ressourcen, persönliches Kontaktbedürfnis. Bringt das Vorgehen Sie Ihrem Ziel näher? Gehen Sie vor wie geplant? Meist zeigt sich, wie hilfreich es ist, wenn Sie SMART-Ziele formuliert hatten. So können Sie Planung und Umsetzung einfacher vergleichen.

6.2   Neue Entwicklungen an die bestehenden Systeme andocken

Überprüfen Sie die Abweichungen auf Relevanz! Sind unvorhergesehene Veränderungen eingetreten, die Sie nun einpflegen können? Gibt es neue Entwicklungen, die eine Anpassung verlangen? Verbessern die Ergebnisse die Situation für Kinder und Jugendliche? Steuern Sie nach, verändern Sie und passen Sie an. Es ist ein Kreislauf, der Veränderungen aushält und braucht.

Egal, für welche Form der Zusammenarbeit Sie sich entscheiden: Freude an der Begegnung und die gemeinsame Entwicklung von Themen sind die größten Faktoren für Motivation und Erfolg. Kontroverse kann Spaß machen, Reibung erzeugt Wärme. Jugendliche Lebenswelten entwickeln sich ständig weiter, wir müssen das auch tun.

Literaturverzeichnis

Clearingstelle Jugendhilfe/Polizei [jetzt Clearingstelle – Netzwerke zur Prävention von Kinder- und Jugenddelinquenz] (Hrsg.) (2005). Infoblatt Nr. 33. Hospitationen zwischen Jugendhilfe und Polizei. Berlin.

Deutscher Bundestag, 19. Wahlperiode, Gesetzentwurf der Bundesregierung, Entwurf eines Gesetzes zur Stärkung von Kindern und Jugendlichen (Kinder- und Jugendstärkungsgesetz – KJSG), Drucksache 19/26107 vom 25.01.2021.

Gemeinsame Arbeitsgruppe aus Vertreterinnen und Vertretern der Arbeitsgruppe des Strafrechtsausschusses „Behördenübergreifende Zusammenarbeit und Datenschutz" und der Arbeitsgemeinschaft der Obersten Landesjugend- und Familienbehörden (AGJF) unter Beteiligung von Vertretern des Deutschen Jugendinstituts e.V. sowie des Bundesministeriums der Justiz und des Bundesministeriums für Familie, Senioren, Frauen und Jugend (2013). Bericht auf der 84. Konferenz der Justizministerinnen und Justizminister 2013.

König, E. & Volmer, G. (2008). Handbuch Systemische Organisationsberatung. Weinheim und Basel: Beltz Verlag.

Teil 2

Einzelfallbezogene Fallkonferenzen

„Das bleibt unter uns." – Wirklich?
Datenschutz in Kooperationsverhältnissen

Klaus Riekenbrauk

Wenn auch der Datenschutz im Bereich der Jugendhilfe im Strafverfahren (JuhiS) in seiner Bedeutung bislang unbestritten, aber in der praktischen Anwendung mit Beschwernissen verbunden ist, so gewinnt dieser Themenkomplex mit der Ergänzung von § 52 Abs. 1 durch Satz 2 und 3 SGB VIII eine besondere Aufwertung. Danach soll das Jugendamt mit anderen öffentlichen Einrichtungen und sonstigen Stellen, die in ihrer Tätigkeit einen Bezug zur Lebenssituation von Jugendlichen und Heranwachsenden aufweisen, zusammenarbeiten, soweit „dies zur Erfüllung seiner ihm dabei obliegenden Aufgaben erforderlich ist". Dabei – so stellt Satz 3 klar – ist insbesondere an die Kooperation z. B. mit Polizei und Staatsanwaltschaft in sogenannten Fallkonferenzen gedacht. Dass in solchen Kooperationsverhältnissen der Datenschutz von allen Beteiligten streng zu beachten ist, wird in der Gesetzesbegründung ausdrücklich hervorgehoben:

> „Damit die Kooperation unter Einhaltung der gesetzlichen Bestimmungen funktionieren kann, müssen diese [zuvor im Einzelnen dargestellten, K. R.] datenschutzrechtlichen Vorschriften den Mitarbeiterinnen und Mitarbeitern der Kinder- und Jugendhilfe und den Strafverfolgungsbehörden gut bekannt sein." (BR-Drs. 5/21, S. 105)

Im Folgenden sollen die wichtigsten Bestimmungen des Datenschutzes vorgestellt werden, so dass sie als Arbeitshilfe in der Alltagspraxis angewendet werden können.

1   Allgemeine Bedeutung des Datenschutzes und seine rechtsstaatlichen Erfordernisse

Erster zentraler Bezugspunkt ist nach wie vor die Entscheidung des BVerfG aus dem Jahr 1983, das die Erfordernisse eines rechtsstaatlichen Datenschutzes erstmalig in umfassender Deutlichkeit bestimmt hat.[1]

Das in diesem sog. Volkszählungsurteil neu geschaffene Grundrecht der informationellen Selbstbestimmung gewährleistet „[...] die Befugnis des einzelnen, grundsätzlich selbst über die Preisgabe und Verwendung seiner persönlichen Daten zu bestimmen."[2]

Einschränkungen dieses Grundrechtes unterliegen danach strengen Anforderungen:

> „Beschränkungen dieses verfassungsrechtlichen Grundrechts [...] sind nur zulässig im überwiegenden allgemeinen Interesse, aufgrund einer verfassungsmäßigen, gesetzlichen Grundlage, aus der sich die Voraussetzungen und der Umfang der Beschränkungen klar und für den Bürger erkennbar ergeben und die dem rechtsstaatlichen Gebot der Normenklarheit und dem Grundsatz der Verhältnismäßigkeit entsprechen."[3]

Positiv rechtlich regelt Art. 8 Abs. 1 der Grundrechte-Charta der EU den Datenschutz: „Jede Person hat das Recht auf Schutz der sie betreffenden personenbezogenen Daten."

In Abs. 2 heißt es weiter: „Diese Daten dürfen nur nach Treu und Glauben für festgelegte Zwecke und mit Einwilligung der betroffenen Person oder auf einer sonstigen gesetzlich geregelten legitimen Grundlage verarbeitet werden."

Auf dieser Grundlage ist Datenschutz Grundrechtsschutz!

2   Jugendhilfe und gesetzlicher Datenschutz

Der Datenschutz ist nicht einheitlich und seine gesetzlichen Grundlagen sind in der Datenschutz-Grundverordnung der EU und in verschiedenen Gesetzen geregelt. Diese Unübersichtlichkeit schafft bei seiner Anwendung nicht selten Unsicherheiten nicht nur bei den Mitarbeiter*innen in der Jugendhilfe, sondern auch bei den in einzelfallbezogenen Fallkonferenzen teilnehmenden Poli-

---

1   BVerfGE 65, S. 1 ff.
2   BVerfGE 65, S. 1 ff.
3   BVerfGE 65, S. 1 ff.

zeibeamten*innen und Jugendstaatsanwälten*innen. Deswegen soll im Folgenden ein Überblick über die wichtigsten Bestimmungen des Datenschutzes gegeben werden.

- Datenschutz in der *gesamten Jugendhilfe* wird gesetzlich realisiert durch die *Pflicht der einzelnen Fachkraft* zu schweigen. Dies gilt für alle staatlich anerkannten Sozialarbeiter*innen und Sozialpädagogen*innen nach ∫ 203 *StGB*. Daneben sind die in der Jugendhilfe tätigen Mitarbeiter*innen nach den Vorschriften des *Arbeits- und Beamtenrechts* zur Wahrung innerbehördlicher Geheimnisse verpflichtet. Und schließlich gilt das *Zeugnisverweigerungsrecht* nicht nur für die Beschäftigten in der Schwangerschaftskonflikt- und Drogenberatung gem. ∫ 53 StPO, sondern daneben auch das sozialrechtlich abgeleitete Zeugnisverweigerungsrecht für die Fachkräfte der Jugendhilfe gem. ∫ 35 Abs. 3 SGB I.

- Datenschutz im Bereich der *Jugendhilfe* wird weiterhin gesetzlich normiert durch den Sozialdatenschutz seitens der *Jugendämter als Sozialleistungsträger* aufgrund

  - der EU-Datenschutz-Grundverordnung (DS-GVO),
  - des SGB I (Allg. Teil),
  - des SGB VIII (Kinder- und Jugendhilfe),
  - des SGB X (2. Kap. Sozialdatenschutz).

3   Schweigepflicht nach § 203 StGB

Nach ∫ 203 Abs. 1 StGB wird mit Freiheitsstrafe bis zu einem Jahr oder mit Geldstrafe bestraft, „wer unbefugt ein fremdes Geheimnis, namentlich ein zum persönlichen Lebensbereich gehörendes Geheimnis [...] offenbart, das ihm als [...] staatlich anerkanntem Sozialarbeiter oder staatlich anerkanntem Sozialpädagogen [...] anvertraut worden oder sonst bekanntgeworden ist."

3.1   Offenbaren fremder Geheimnisse

Unter fremden Geheimnissen versteht man Tatsachen aus dem persönlichen Lebensbereich, die nur dem*der Betroffenen selbst oder einem beschränkten

Personenkreis bekannt sind und an deren Geheimhaltung der*die Betroffene ein schutzwürdiges Interesse hat.[4]

In der Regel sind alle z. B. in SoPart oder anderen Dateisystemen aufgenommenen Daten Geheimnisse i. S. v. § 203 StGB.

Geheimnisse werden offenbart, wenn sie einem*einer Anderen gegenüber mitgeteilt werden, der*die die Geheimnisse nicht, nicht in dem Umfang oder nicht sicher kennt.[5]

3.2   Offenbarungsbefugnisse

Die Strafandrohung von § 203 StGB trifft nur diejenigen, die *unbefugt* ihnen angetragene Geheimnisse offenbaren. Die Frage ist folglich, welche Befugnisse es den Fachkräften der Jugendhilfe erlaubt, ihnen anvertraute oder sonst bekannt gewordene Geheimnisse z. B. an die Teilnehmer*innen von Fallkonferenzen weiterzugeben.

Dabei kommen als Offenbarungsbefugnisse

- die Einwilligung,
- die gesetzlichen Offenbarungsbefugnisse bzw. -pflichten sowie
- der rechtfertigende Notstand (§ 34 StGB)

in Betracht.

3.2.1 Einwilligung

In der Praxis ist die Einwilligungserklärung des Klienten bzw. der Klientin die bedeutsamste und am häufigsten vorkommende Offenbarungsbefugnis. Wenn diese*r sein*ihr *vorheriges Einverständnis* erklärt, also zustimmt, dass die anvertrauten Geheimnisse an andere weitergegeben werden dürfen, entfällt jedes schutzwürdige Interesse an einer weiteren Geheimhaltung.

Wenn schon bei dem (Erst-)Gespräch die JuhiS den Zweck verfolgt, die vom Klienten bzw. der Klientin erhaltenen Informationen an die Staatsanwaltschaft und Polizei als teilnehmende Instanzen bei Fallkonferenzen sowie an das Jugendgericht weiterzugeben, so sollte bereits zu Beginn des Gesprächs versucht werden, eine ausdrückliche Einwilligung des*der Betroffenen einzuholen, ohne jedoch Druck auszuüben.

---

4   Fischer, 2021, § 203 Rn. 4 ff.
5   Fischer, 2021, § 203 Rn. 30.

Denn wirksam ist eine solche Einwilligungserklärung nur dann, wenn sie freiwillig, also ohne Täuschung, Drohung oder Zwang abgegeben wird. Zusätzlich ist erforderlich, dass der*die Klient*in vorher darüber informiert wird, an wen welche Informationen zu welchem Zweck mit welchen Konsequenzen weitergegeben werden sollen.[6] Wenn auch eine bestimmte Form für die Wirksamkeit der Einwilligungserklärung nicht vorgesehen ist, erscheint es insbesondere in Zweifelsfällen oder aus Gründen späterer Beweissicherung ratsam, sich schriftlich von der Schweigepflicht entbinden zu lassen.[7] Auch bietet die schriftliche Fassung den Vorteil, dass der*die Klient*in den Einwilligungstext – in Ruhe – lesen und bei Verständnisschwierigkeiten nachfragen kann.

Liegt eine ausdrücklich erklärte Einwilligung nicht vor, lässt sich jedoch aus den Umständen des Beratungs- und Informationsgesprächs für den*die betroffene*n Klienten*Klientin unschwer erkennen, dass die anvertrauten Tatsachen an Dritte, z. B. an andere Mitarbeiter*innen der JuhiS, weitergegeben werden sollen, ist die Geheimnisoffenbarung ebenfalls zulässig, wenn der*die Betroffene allem Anschein nach, insbesondere nach seinem*ihrem Verhalten, mit der Datenweitergabe einverstanden ist (sog. *stillschweigende oder konkludente Einwilligung*).[8]

Allerdings darf nicht leichtfertig eine stillschweigende Einwilligung angenommen werden, weil man bspw. den gewünschten Datenfluss aus rein praktischen Erwägungen nicht unnötig „verkomplizieren" will. Ein derartiger „bequemer" Umgang mit dem informationellen Selbstbestimmungsrecht ist unzulässig.[9]

Auch stellt sich die Frage, ob der*diejenige Fachkraft, der*die in einer Behörde wie dem Jugendamt oder bei einem Träger der freien Jugendhilfe arbeitet und in Arbeitsabläufe integriert ist, die auch die Beteiligung weiterer Mitarbeiter*innen vorsieht, sich bei der internen Datenweitergabe grundsätzlich auf das Argument der stillschweigenden Einwilligung berufen kann, weil der*die Klient*in eben um die Arbeitsabläufe weiß. Dies wird man nur ausnahmsweise bejahen können, z. B. wenn dem*der Klienten*Klientin offensichtlich bekannt ist, dass anvertraute Daten, die in eine Stellungnahme für das Gericht Eingang finden sollen, an eine Schreibkraft weitergegeben werden. Bei Teambesprech-

---

6   Proksch, 1996, S. 172.
7   Deutscher Verein, 1986, S. 227 ff.; Mörsberger in Wiesner, 2015, Anh. 4 Rn. 19a.
8   Fischer, 2021, § 203 Rn. 67 f.; da die Voraussetzungen für die Annahme einer sogenannten *mutmaßliche Einwilligung* in aller Regel nicht vorliegen, soll auch nicht weiter darauf eingegangen werden.
9   Fromann, 1985, S. 178 ff.

ungen, Supervisionssitzungen, bei Gesprächen im Kollegenkreis oder mit der Leitung der Einrichtung sollten soweit wie möglich nur in anonymisierter Form Fallschilderungen erfolgen.[10] Ist ein solches Vorgehen z. B. bei Einzelfallbesprechungen in Hilfeplankonferenzen der Jugendhilfe (§ 36 Abs. 2 SGB VIII) nicht möglich, muss nach vorheriger Aufklärung des Klienten bzw. der Klientin über die Datennutzung bzw. -weitergabe die ausdrückliche Einwilligung eingeholt werden.[11] Dies gilt selbstverständlich auch für Fallkonferenzen. Dienst- oder Arbeitsanweisungen des Dienstherrn oder des Arbeitgebers können eine erforderliche Einwilligung nicht ersetzen.

Eine Einwilligung ist schließlich nur wirksam, wenn der*die minderjährige Klient*in über eine genügende Einsichts- und Urteilsfähigkeit verfügt und somit die Tragweite der Einwilligungserklärung richtig einzuschätzen vermag. Dies gilt regelmäßig für ältere Minderjährige, die aufgrund ihres individuellen Entwicklungsstandes intellektuell in der Lage sind, die Bedeutung und die Folgen ihres Handelns zu erkennen und nach dieser Einsicht auch Entscheidungen treffen können.[12] Eine solche Einsicht- und Entscheidungsfähigkeit wird man regelmäßig bei 15-jährigen und älteren Jugendlichen annehmen können.[13] Bei Minderjährigen, die über eine solche Einsichts- und Entscheidungsfähigkeit nicht verfügen, ist daher in der Regel die Einwilligung der gesetzlichen Vertreter*innen, zumeist der Eltern, erforderlich (§§ 104 ff. BGB). Die Entscheidung, ob die gesetzlichen Vertreter*innen oder die minderjährigen Klienten*Klientinnen allein in die Geheimnisweitergabe einzuwilligen haben, trifft die Fachkraft in eigener Verantwortung.

3.2.2 Gesetzliche Offenbarungsbefugnisse bzw. -pflichten

Nach § 8a Abs. 2 SGB VIII besteht die Pflicht des Jugendamtes, bei einer Kindeswohlgefährdung dem Familiengericht auch anvertraute Geheimnisse zu offenbaren, wenn eine Intervention nach § 1666 BGB als erforderlich angesehen wird. Dies gilt auch gegenüber anderen Sozialleistungsträgern, Einrichtungen der Gesundheitshilfen oder der Polizei, wenn dies zur Abwehr von Gefahren für das Kindeswohl notwendig erscheint und die Personensorge- bzw. Erziehungsberechtigten dabei nicht mitwirken (§ 8a Abs. 3 SGB VIII).

---

10   Thorwart, 1999, S. 13 f.
11   Proksch, 1996, S. 181.
12   BGHZ 23, S. 1.
13   Riekenbrauk, 2018a, S. 534.

Die JuhiS ist nach § 38 Abs. 2 Satz 6 JGG bei der Überwachung von Weisungen und Auflagen verpflichtet, gegenüber dem Jugendgericht über erhebliche Zuwiderhandlungen zu berichten.[14] Es ist unstreitig, dass nicht jeder Verstoß gegen die richterlichen Anordnungen mitteilungspflichtig ist.[15] Auch hier gilt der Grundsatz, dass der begonnene Prozess der Betreuung und der damit einhergehende Aufbau eines Vertrauensverhältnisses nicht leichtfertig zerstört werden darf, indem zum einen mit der „Meldung an den*die Richter*in" gedroht wird oder zur eigenen Entlastung der JuhiS vorschnell eine Mitteilung erfolgt.[16]

Weitere Offenbarungspflichten allgemeiner Art:

- § 138 StGB verpflichtet jedermann zur rechtzeitigen Anzeige von geplanten, noch abwendbaren schwerwiegenden Straftaten, die in einem abgeschlossenen Katalog in dieser Vorschrift aufgeführt sind und von denen man glaubhaft erfährt; anzuzeigen sind diese drohenden Straftaten gegenüber den Ermittlungsbehörden oder dem*der Bedrohten selbst.

- Gem. *§ 87 Aufenthaltsgesetz* sind öffentliche Stellen und ihre Mitarbeiter*innen – mit Ausnahme von Schulen sowie Bildungs- und Erziehungseinrichtungen – verpflichtet, gesetzlich näher bestimmte personenbezogene Daten an die entsprechenden Ausländerämter weiterzuleiten. § 71 Abs. 2 SGB X sieht für Sozialleistungsträger, z. B. das Jugendamt, Einschränkungen dieser Offenbarungspflicht vor.

- Schließlich unterliegen gem. § 48 Abs.1 StPO alle Personen der Zeugnispflicht mit Ausnahme derjenigen, die nach § 52 StPO aus verwandtschaftlichen oder nach § 53 StPO oder § 35 Abs. 3 SGB I aus beruflichen Gründen ein Zeugnisverweigerungsrecht besitzen.

3.2.3 Rechtfertigender Notstand gem. § 34 StGB

Nach § 34 StGB besteht das Recht zur Geheimnisweitergabe in Fällen, in denen „eine gegenwärtige, nicht anders abwendbare Gefahr für Leben, Leib, Freiheit, Eigentum oder ein anderes Rechtsgut" die Geheimnisweitergabe erfordert, „um die Gefahr von sich oder einem anderen abzuwenden". Dabei ist allerdings Voraussetzung, dass „bei Abwägung der widerstreitenden Interessen, namentlich der betroffenen Rechtsgüter und des Grades der ihnen drohenden Gefahren, das

---

14   Vgl. Riekenbrauk, 2018c, S. 351.
15   Sommerfeld in Ostendorf, 2021, § 38 Rn. 23.
16   Riekenbrauk in Kunkel, Kepert & Pattar, 2022, § 52 Rn. 47f.

geschützte Interesse das beeinträchtigte wesentlich überwiegt". Schließlich muss „die Tat ein angemessenes Mittel [sein], die Gefahr abzuwenden".[17]

4   Bestimmungen des Sozialdatenschutzes

Während sich die Schweigepflicht nach § 203 StGB an jede und jeden einzelne*n Mitarbeiter*in der JuhiS richtet und damit die individuelle Verantwortlichkeit der einzelnen Fachkraft für den Geheimnisschutz hervorhebt, betrifft der Sozialdatenschutz (im engeren Sinne) im Wesentlichen Behörden und Einrichtungen – wie die JuhiS als Teil des Jugendamtes – als sog. *Verantwortliche*. Im Folgenden werden die Vorschriften der DS-GVO sowie die für die Jugendhilfe maßgeblichen Regelungen der SGB I, VIII und X erläutert.

4.1   Grundsätze für die Verarbeitung personenbezogener Daten nach Art. 5 Abs. 1 DS-GVO

Die in Art. 5 DS-GVO aufgeführten Grundsätze für die Verarbeitung personenbezogener Daten, also sämtliche Vorgänge im Umgang mit diesen, sind als zentrale Zielsetzungen des Datenschutzes unmittelbar geltendes Recht, das sich insbesondere an die Verantwortlichen, also auch an die JuhiS, richtet. Wird bei der Datenverarbeitung gegen einen der Grundsätze verstoßen, ist die Verarbeitung rechtswidrig. Gleichzeitig dienen die Grundsätze als Auslegungshilfen.[18] Die in Art. 5 DS-GVO genannten Grundsätze bilden keinen abgeschlossenen Katalog, sondern sind zu ergänzen durch die Grundsätze des Unionsrechts, ganz besonders durch den Grundsatz der Verhältnismäßigkeit sowie der daraus abzuleitenden Maximen der Erforderlichkeit und Datensparsamkeit.[19]

Art. 5 Abs. 1 DS-GVO beinhaltet folgende Grundsätze:

- Rechtmäßigkeit, Verarbeitung nach Treu und Glauben,
- Transparenz,
- Zweckbindung,
- Datenminimierung,
- Richtigkeit,

---

[17]   Vgl. Riekenbrauk, 2018c, S. 345 f.
[18]   Roßnagel, 2018, S. 92.
[19]   Roßnagel, 2018, S. 94.

- Speicherbegrenzung,
- Integrität und Vertraulichkeit.

Die besondere Bedeutung erfahren diese Grundsätze dadurch, dass der für die Datenverarbeitung Verantwortliche (Leiter*in des Jugendamtes bzw. der Abteilung der JuhiS) für die Einhaltung der Grundsätze zu sorgen hat und darüber hinaus dessen Einhaltung nachweisen können muss (Art. 5 Abs. 2 DS-GVO). Diese Rechenschaftspflicht hat zur Folge, dass die Aufsichtsbehörde (§ 51 DS-GVO), also eine der 16 Landesdatenschutzbeauftragten, von dem*der Verantwortlichen verlangen kann, dass er*sie – auch durch Vorlage einer schriftlichen Dokumentation – nachweist, welche personenbezogenen Daten von Klienten bzw. Klientinnen auf welcher Rechtsgrundlage, für welchen Zweck und mit welcher Speicherdauer verarbeitet worden sind.[20]

4.2 Die Zulässigkeitsvoraussetzungen für die Datenverarbeitung

Der Umgang mit personenbezogenen Daten entspricht einem *Verbot mit Erlaubnisvorbehalt*. Ausnahmslos ist die Datenverarbeitung nur zulässig, wenn

- die betroffene Person eingewilligt hat oder
- eine Rechtsvorschrift sie erlaubt oder gebietet (Art. 6 Abs. 1 DS-GVO).

Exkurs

Was ist unter dem Begriff *„personenbezogene Daten"* zu verstehen?

„Alle Informationen, die sich auf eine identifizierte oder identifizierbare natürliche Person (= betroffene Person) beziehen; als identifizierbar wird eine natürliche Person angesehen, die direkt oder indirekt, insbesondere mittels Zuordnung zu einer Kennung wie einem Namen, zu einer Kennnummer, zu Standortdaten, zu einer Online-Kennung oder zu einem oder mehreren besonderen Merkmalen identifiziert werden kann, die Ausdruck der physischen, physiologischen, genetischen, psychischen, wirtschaftlichen, kulturellen oder sozialen Identität dieser natürlichen Person sind" (Art. 4 Nr. 1 DS-GVO).

---

[20] Bayerisches Landesamt für Datenschutz, 2017, S. 23.

Was heißt „Verarbeitung personenbezogener Daten"?

„Jeder [...] Vorgang im Zusammenhang mit personenbezogenen Daten wie das Erheben, das Erfassen, [...], die Speicherung, [...], die Veränderung, [...], die Verwendung, die Offenlegung durch Übermittlung, Verbreitung oder eine andere Form der Bereitstellung, [...], das Löschen" (Nr. 2).

Im Folgenden wird im Umgang mit personenbezogenen Daten in der Arbeit der JuhiS der Fokus auf die Vorgänge der *Erhebung, Speicherung* und *Übermittlung* gerichtet.

4.2.1 Einwilligung als Wirksamkeitsvoraussetzung für die Datenverarbeitung

Die Einwilligung des Klienten bzw. der Klientin schafft die Befugnis zur Verarbeitung von personenbezogenen Daten (Art. 6 Abs. 1 a) DS-GVO; § 67b SGB X) und ist für die Praxis der JuhiS, insbesondere in Kooperationsverhältnissen, von größter Bedeutung, so dass sie hier ausführlich behandelt wird.

Sie wird in Art. 4 Nr. 11 DS-GVO wie folgt definiert: *„Einwilligung der betroffenen Person [ist] jede freiwillig für den bestimmten Fall, in informierter Weise und unmissverständlich abgegebene Willensbekundung in Form einer Erklärung oder einer sonstigen eindeutigen bestätigenden Handlung, mit der die betroffene Person zu verstehen gibt, dass sie mit der Verarbeitung der sie betreffenden personenbezogenen Daten einverstanden ist."*

Folgende Voraussetzungen für die Wirksamkeit der Einwilligung müssen erfüllt sein.

Einwilligungsfähigkeit

Für die Rechtmäßigkeit der Einwilligung ist die Geschäftsfähigkeit i. S. v. §§ 104 ff. BGB nicht erforderlich; es reicht die Einsichts- und Urteilsfähigkeit, die in der Regel mit Vollendung des 15. Lebensjahres vorliegt. Bei jüngeren Minderjährigen oder denjenigen, bei denen diese Fähigkeit nicht vorliegt, müssen die gesetzlichen Vertreter (z. B. Eltern) die Einwilligung erklären.[21]

---

[21] BGHZ 23, S. 1.

Höchstpersönliche Einwilligungserklärung vor Beginn der Datenverarbeitung

Die Einwilligung ist nur dann wirksam, wenn sie *vor der Datenverarbeitung* erfolgt und von dem*der Betroffenen – auch wenn er*sie minderjährig, aber einwilligungsfähig ist – höchstpersönlich abgegeben worden ist. Eine Genehmigung, also eine Einverständniserklärung nach der Datenverarbeitung, ist unzureichend.

Freiwilligkeit

Weiterhin ist Wirksamkeitsvoraussetzung eine *freiwillig erklärte Einwilligung*. Auf den*die Betroffene*n darf keinerlei Druck oder Zwang ausgeübt werden; auch ist eine Täuschung untersagt. Dabei ist der Umstand zu berücksichtigen, dass insbesondere zwischen dem einwilligungsfähigen minderjährigen Betroffenen und der JuhiS ein klares Ungleichgewicht besteht, was nicht selten Zweifel an der Freiwilligkeit aufwirft. Dies gilt umso mehr, wenn in „Häusern des Jugendrechts" bei den Betroffenen noch zusätzlich der Eindruck erweckt wird, dass die Mitarbeiter*innen der JuhiS mit Polizei und Staatsanwaltschaft „unter einer Decke stecken".[22] Diese Problematik wird in dem Erwägungsgrund 43 Satz 1 der DS-GVO[23] aufgegriffen, so dass es Aufgabe der JuhiS als verantwortlicher Stelle ist, besonders sorgfältig den nach Art. 7 Abs. 1 DS-GVO erforderlichen Nachweis der Freiwilligkeit z. B. mittels einer Aktennotiz zu dokumentieren.[24]

Exkurs

Wer ist „*Verantwortlicher*" bzw. „verantwortliche Stelle"?

Jede natürliche oder juristische Person, Behörde, Einrichtung oder andere Stelle, die allein oder gemeinsam mit anderen über die Zwecke und Mittel der Verarbeitung personenbezogener Daten entscheidet (Art. 4 Nr. 7 DS-GVO). Verantwortlicher in diesem Sinne ist jedoch nicht das Jugendamt

---

22 Vgl. Riekenbrauk in Kunkel, Kepert & Pattar, 2022, § 52 Rn. 63; Riekenbrauk, 2014.
23 Erwägungsgründe, die in der Regel internationalen Rechtstexten vorangestellt sind, haben nicht die Qualität von verbindlichen Rechtsvorschriften, sondern dienen – als Präambel – als wichtige Auslegungshilfe.
24 Riekenbrauk, 2018b, S. 148.

als Ganzes, sondern die (kleinere) Organisationseinheit, die eine Aufgabe funktional durchführt (vgl. § 67 Abs. 4 Satz 2 SGB X), also die JuhiS oder der ASD. Innerhalb der JuhiS trägt der*die Leiter*in die Verantwortung für die Einhaltung des Datenschutzrechtes.

Einzelfallbezogene Einwilligung

Die Einwilligung ist nach der rechtlich verbindlichen Definition in Art. 4 Nr. 11 DS-GVO nur für *„den bestimmten Fall"* zu erklären.[25] Gem. Art. 6 Abs. 1a DS-GVO ist Bedingung für die Rechtmäßigkeit einer Einwilligung, dass sie *„für einen oder mehrere bestimmte Zwecke"* erteilt wird. Pauschale oder Blanko-Einwilligungserklärungen oder solche auf Vorrat, die nicht erkennen lassen, welche personenbezogene Daten von wem und zu welchem Zweck verarbeitet werden sollen, sind unzulässig.[26] Für die JuhiS bedeutet dies, dass die Einwilligung nur für das an sie von Seiten der Staatsanwaltschaft oder des Gerichts herangetragene Strafverfahren bzw. damit verbundene weitere Verfahren Geltung besitzt.

Informierte Einwilligungserklärung

Nicht nur für die Datenerhebung, sondern auch für die anderen Vorgänge der Datenverarbeitung wie die Datenspeicherung und -übermittlung ist die Einwilligung nur dann wirksam, wenn der*die betroffene Jugendliche über den Zweck der vorgesehenen Verarbeitung aufgeklärt und auf die Folgen der Verweigerung der Einwilligung sowie auf die jederzeitige Widerrufsmöglichkeit hingewiesen worden ist (§ 67b Abs. 2 Satz 3 SGB X).

Unter Berücksichtigung des Erwägungsgrundes 42 S. 4 DS-GVO muss der*die Betroffene also mindestens wissen, wer der Verantwortliche – also die JuhiS – ist (Name und Kontaktdaten, Art. 13 Abs. 1a und Art. 14 Abs. 1a DS-GVO) und welche Zwecke mit der vorgesehenen Datenverarbeitung verfolgt werden (Art. 13 Abs. 1c und Art. 14 Abs. 1c DS-GVO); es muss also für die Klientin bzw. den Klienten klar erkennbar sein, ob es allein um die Stellungnahme für die Staatsanwaltschaft oder das Gericht oder – auch – um Hilfen zur Erziehung geht. Sollen die Daten Eingang in Fallkonferenzen finden, muss dies dem*der

---

25 Vgl. auch Erwägungsgrund 32 Satz 1 DS-GVO, wo von einer Erklärung „für den konkreten Fall" die Rede ist.
26 Ernst in Paal & Pauly, 2021, Art. 4 Rn. 78.

Betroffenen – insbesondere im Hinblick auf deren Organisation, Beteiligte und Funktion – verständlich erklärt werden. Eine Einwilligung, die ohne vorherige Aufklärung des*der Betroffenen über diese Mindestinhalte erklärt worden ist, ist unwirksam.[27]

Jederzeitige Widerruflichkeit

Nach Art. 7 Abs. 3 DS-GVO ist die betroffene Person berechtigt, ihre Einwilligung jederzeit mit Wirkung für die Zukunft zu widerrufen. Dazu schreibt Art. 13 Abs. 2c DS-GVO vor, dass der*die Betroffene anlässlich der Datenerhebung auf das Recht zum Widerruf hinzuweisen ist. Ohne diese Information ist eine Einwilligung unwirksam.

Verständlichkeit

Da in der Praxis häufig mit schriftlichen, vorformulierten Einwilligungserklärungen gearbeitet wird, ist nach dem Transparenzgebot im Sinne von Art. 5 Abs. 1a DS-GVO erforderlich, dass die entsprechende Erklärung und die Informationen verständlich verfasst sind. So verlangt Art. 7 Abs. 2 DS-GVO, dass das Ersuchen um Einwilligung *„in verständlicher und leicht zugänglicher Form in einer klaren und einfachen Sprache"* zu erfolgen hat, wenn in dem vorformulierten Text auch noch andere Sachverhalte betroffen sind. Die erforderlichen Informationen vor der Datenerhebung bei der betroffenen Person oder auch bei Dritten sind nach Art. 12 Abs. 1Satz 1 DS-GVO *„in präziser, transparenter, verständlicher und leicht zugänglicher Form in einer klaren und einfachen Sprache"* abzufassen, insbesondere wenn sich diese Informationen speziell an Minderjährige wenden.

Nach Lektüre der Einwilligungserklärung und evtl. mündlicher Erläuterung muss der*die Betroffene wissen können:

- Wer (genau) soll die Daten nutzen dürfen?
- Welche Daten soll er*sie nutzen dürfen?
- Zu welchem Zweck soll er*sie diese Daten nutzen dürfen?
- Darf er*sie diese Daten weitergeben und wenn ja, an wen genau?
- Wie lange darf diese Nutzung andauern?[28]

Für den*die Verantwortliche*n, hier die Leitung der JuhiS, besteht eine Dokumentationsverpflichtung, d. h. sie muss nachweisen können, dass die betroffene

---

27 Hoffmann, 2017, S. 810.
28 Ernst in Paal & Pauly, 2021, Art. 4 Rn. 83.

Person in die Verarbeitung ihrer personenbezogenen Daten eingewilligt hat
(Art. 7 Abs. 1 DS-GVO).

4.2.2 Die gesetzlichen Befugnisse der JuhiS für die Datenverarbeitung

Liegt eine wirksame Einwilligung für die Datenverarbeitung nicht vor, ist zu
prüfen, ob für den Eingriff in das Sozialdatengeheimnis i. S. v. § 35 Abs. 1 SGB X
eine *gesetzliche Befugnis* vorliegt. Die für die Jugendhilfe wesentlichen Datenver-
arbeitungsbefugnisse – neben der vorrangig geltenden DS-GVO – sind in den
Vorschriften der §§ 67a–78 SGB X sowie in den §§ 61–68 SGB VIII geregelt, die
uneingeschränkt und unmittelbar anzuwenden sind. Dabei sollen – entsprechend den Arbeitsabläufen der JuhiS – Verarbeitungsvorgänge in der Reihenfolge Datenerhebung, Datenspeicherung und Datenübermittlung dargestellt
werden.

4.2.2.1 Datenerhebung

Eine der zentralen Aufgaben der JuhiS besteht in der Erhebung von Informationen, die die Persönlichkeit, die Entwicklung und den familiären, sozialen und
wirtschaftlichen Hintergrund des*der beschuldigten Jugendlichen betreffen
und die in die Stellungnahme für das Jugendgericht oder die Staatsanwaltschaft
Eingang finden. Mit der neu eingefügten Vorschrift von § 38 Abs. 3 Satz 1 JGG
soll die JuhiS über das Ergebnis ihrer Nachforschungen *„möglichst zeitnah
Auskunft"* geben. § 46a JGG unterstreicht und konkretisiert diese Pflicht zur
frühzeitigen Berichterstattung, indem bereits vor der Anklageerhebung über
die*den Jugendliche*n zu berichten ist.[29] In bestimmten Fällen, wohl insbesondere in Haftsachen, mag es angebracht sein, dass die JuhiS, die nun nach § 70
Abs. 2 Satz 1 JGG von der Einleitung eines Strafverfahrens spätestens zum Zeitpunkt der Ladung des*der Jugendlichen zu seiner*ihrer ersten Vernehmung als
Beschuldigte*r informiert werden muss, nicht nur einen – schriftlichen – Kontakt zu dem*der Jugendlichen aufnimmt, sondern auch in einem ersten
Gespräch Informationen einholt, um bspw. im Rahmen von Haftvermeidung
Alternativen zur beabsichtigten Haft oder bei entsprechendem erzieherischem
Bedarf i. S. v. § 27 Abs. 2 SGB VIII Leistungen der Jugendhilfe für eine Diver-

---

29 Vgl. Art. 7 Abs. 5 RL (EU) 2016/800, nach dem die „individuelle Begutachtung [...] in der
    frühestmöglichen geeigneten Phase des Verfahrens, und, nach Maßgabe des Absatzes 6,
    vor Anklageerhebung" zu erfolgen hat; BT-Drs. 19/13837, S. 52.

sionsentscheidung i. S. v. § 52 Abs. 2 SGB VIII vorzubereiten.[30] Dies gilt auch für die Teilnahme an Fallkonferenzen, deren Teilnehmer*innen vor Anklageerhebung auch über die Vorstellungen der JuhiS informiert werden sollen. Im Vordergrund der Informationssammlung steht das Erstgespräch, bei dem die erforderlichen personenbezogenen Daten des*der Beschuldigten erhoben werden.

Insgesamt betrachtet umfasst die *Datenerhebung* alle gezielt betriebenen Aktivitäten zur Beschaffung von Daten über eine betroffene Person, wie durch persönliches Befragen, Angaben in einem Formular, Beobachten, Filmen, Fotografieren, Untersuchen oder durch Anfragen bei anderen Behörden im Rahmen der Amtshilfe oder der Befragung von Privaten wie Ausbildende, Lehrer*innen etc.[31]

Für die Datenerhebung gilt zunächst die Vorschrift von § 67a Abs. 1 SGB X, nach der die Erhebung von Sozialdaten grundsätzlich zulässig ist, wenn ihre Kenntnis zur Erfüllung einer Aufgabe nach dem SGB erforderlich ist. Es gilt dabei das streng zu beachtende *Erforderlichkeitsprinzip* (§ 62 Abs. 1 SGB VIII), nach dem nur die Daten erhoben werden dürfen, deren Kenntnis für die Aufgabenerfüllung im Einzelfall aktuell und konkret unverzichtbar ist. Eine Datenerhebung auf Vorrat ist unzulässig. Daneben ist das *Zweckbindungsprinzip* (§ 67c Abs. 1 SGB X und § 62 Abs. 1 SGB VIII) zu beachten, wonach bei der Datenerhebung der Zweck bestimmt sein muss, der den weiteren Umgang mit den erhobenen Daten festlegt.

Auch schon bei der Datenerhebung gebietet das *Transparenzgebot* bzw. die *Informationspflicht* nach Art. 13 DS-GVO und § 82 SGB X die *Aufklärung* – in einer für den Klienten bzw. die Klientin verständlichen und seinem*ihrem Entwicklungsstand entsprechenden Art und Weise (Art. 12 Abs. 1 DS-GVO) – über den Verwendungszweck (§ 62 Abs. 2 Satz 2 SGB VIII) und die Identität des*der Verantwortlichen, hier der JuhiS (Art. 13 Abs. 1 DS-GVO). Wie bereits oben (4.2.1) erläutert muss der*die Betroffene wissen und verstehen:

- Wer genau soll die Daten nutzen dürfen?
- Welche Daten soll er*sie nutzen dürfen?
- Zu welchem Zweck soll er*sie diese Daten nutzen dürfen?
- Darf er*sie diese Daten weitergeben und wenn ja, an wen genau?
- Wie lange darf diese Nutzung andauern?

---

30 Vgl. BT-Drs. 19/13837 S. 62 f.; Riekenbrauk, 2020, S. 50.
31 Hoffmann in Münder, Meysen & Trenczek, 2019, § 62 Rn. 6.

Des Weiteren gebietet als Ausfluss des *Verhältnismäßigkeitsprinzips* § 67a Abs. 2 SGB X die *Direkterhebung grundsätzlich bei der betroffenen Person* selbst. Daneben regelt die ausführlichere Vorschrift des § 62 SGB VIII die spezifischen Erfordernisse der Datenerhebung für die Jugendhilfe. So ist die Datenerhebung bei Dritten (Eltern, Lehrer*innen oder anderen verantwortlichen Stellen wie dem ASD) *nur mit Einwilligung des*der Betroffenen* zulässig (vgl. oben 4.2.1).

Ohne Mitwirkung bzw. Einwilligung ist die Datenerhebung bei Dritten grundsätzlich nur in wenigen Ausnahmefällen zulässig. Gemäß § 62 Abs. 3 Nr. 2 c SGB VIII dürfen Sozialdaten auch ohne Mitwirkung des*der Betroffenen nur erhoben werden, wenn ihre Erhebung bei der betroffenen Person nicht möglich ist oder die jeweilige Aufgabe ihrer Art nach eine Erhebung bei Anderen erfordert, die Kenntnis der Daten aber für die Wahrnehmung einer Aufgabe nach § 52 SGB VIII erforderlich ist.

Die Befragung Dritter stößt jedoch an die Grenze datenschutzrechtlicher Zulässigkeit, wenn der*die Beschuldigte in eine solche Informationsgewinnung nicht einwilligt, ihr ausdrücklich widerspricht oder seine*ihre zunächst erklärte Einwilligung widerruft. Auch wenn § 62 Abs. 3 Nr. 2 c SGB VIII die Datenerhebung ohne oder gegen den Willen des*der Jugendlichen als Ausnahme erlaubt, so wird man gerade in den Fällen auf diese Befugnis verzichten, in denen im Hinblick auf eine weitere gelingende Zusammenarbeit mit dem*der jungen Klienten*Klientin das besondere Vertrauensverhältnis nicht in Frage gestellt werden darf.[32] Wegen der stigmatisierenden Wirkungen einer solchen Recherche ist gerade auch unter dem Gesichtspunkt der Verhältnismäßigkeit größte Zurückhaltung bei dieser Dritte einbeziehenden Informationssammlung geboten.[33]

Sollte es ausnahmsweise zu Datenerhebungen bei Dritten kommen, haben die Mitarbeiter*innen der JuhiS ihre grundsätzliche Belehrungspflicht im Hinblick auf evtl. in Betracht kommende Zeugnis- und Auskunftsverweigerungsrechte (§§ 52 ff., 55 StPO) zu beachten.[34] Ohne eine entsprechende Belehrung dürfen die gewonnenen Erkenntnisse nicht über den Bericht der JuhiS in das Verfahren eingeführt werden.[35]

---

32   So auch Wapler in Wiesner, 2015, § 52 Rn. 34; Projahn, 2003, S. 350 f.; noch grundsätzlicher ablehnend Goldberg in Wabnitz, 2021, § 52 Rn. 116.
33   So auch Sommerfeld in Ostendorf, 2021, § 43 Rn. 7; Riekenbrauk in Kunkel, Kepert & Pattar, 2022, § 52 Rn. 38.
34   BGH 31.9.2004 – 3 StR 185/04, ZJJ 2005, S. 75.
35   BGH 31.9.2004 – 3 StR 185/04, ZJJ 2005, S. 75 f.

Der Rückgriff auf etwa vorhandene (Alt-)Akten des Jugendamtes oder anderer Behörden ist aus datenschutzrechtlichen Gründen fragwürdig; außerdem sind die anderenorts gesammelten Informationen, die möglicherweise nicht mehr aktuell sind, kaum auf ihren Wahrheitsgehalt überprüfbar und daher nicht verwertbar.[36] Wenn man bedenkt, dass gerade in der Phase der Adoleszenz solche – eher kurzen – Zeiträume von z. T. wesentlichen Änderungen im persönlichen, sozialen und familiären Bereich geprägt sein können,[37] wird es aus datenschutzrechtlicher wie aus fachlicher Perspektive erforderlich sein, nach einer frühzeitigen, noch vor Anklageerhebung erfolgten Datenerhebung weitere Ermittlungen anzustellen, um der *Aktualisierungspflicht* nach Art. 5 Abs. 1 Buchst. d DS-GVO zu genügen. In welchem Umfang eine solche weitere Datenerhebung durchzuführen ist, hängt vom Einzelfall ab; je länger der zeitliche Abstand zwischen erster frühzeitiger Datenerhebung und Berichterstattung ist, desto eher wird eine ausführlichere Aktualisierung erforderlich sein.[38]

Als Folge unzulässiger Datenerhebung ist jeder weitere Umgang mit den unzulässig erhobenen Daten, also die Speicherung, Nutzung sowie die Übermittlung, unzulässig. Die Daten sind zu löschen (§ 84 Abs. 2 SGB X) und es gilt das Verwertungsverbot für Datenempfänger, z. B. die Staatsanwaltschaft und das Jugendgericht (§ 78 SGB X).

4.2.2.2 Datenspeicherung

Nach der Datenerhebung hat die Speicherung der erhobenen personenbezogenen Daten zu erfolgen. Gem. § 63 Abs. 1 SGB VIII darf die Speicherung der erhobenen Sozialdaten nur in dem Maße erfolgen, wie sie für die Erfüllung der Aufgabe der JuhiS gem. § 52 SGB VIII erforderlich ist (vgl. auch § 67c SGB X). Dabei sind Sozialdaten nur dann erforderlich, wenn ohne die Speicherung die Aufgabe, also in der Regel die Information der Staatsanwaltschaft und des Jugendgerichts aber auch der Teilnehmer*innen an Fallkonferenzen, nicht, nicht vollständig oder nicht rechtmäßig erfüllt werden kann.[39] Als Speichermedien kommen alle Datenträger wie CD-ROM, Disketten, Mikrofilme, handschriftliche Akten, Notizen, Fragebögen, Formulare, Karteikarten usw. in Betracht.[40]

---

36 Vgl. Eisenberg & Kölbel, 2021, § 38 Rn. 44, 44 a; Trenczek in Münder, Meysen & Trenczek, 2019, § 52 Rn. 28; Riekenbrauk in Kunkel, Kepert & Pattar, 2022, § 52 Rn. 37.

37 Walter & Neubacher, 2011, Rn. 255 ff.

38 Riekenbrauk, 2020, S. 51.

39 Kunkel in Kunkel, Kepert & Pattar, 2022, § 61 Rn. 80.

40 Hoffmann in Münder, Meysen & Trenczek, 2019, § 63 Rn. 4.

Gem. § 63 Abs. 2 SGB VIII sind in der Regel Akten bzw. Dateien *für jeden einzelnen Fall getrennt* zu führen und eine Zusammenführung ist grundsätzlich unzulässig.[41] Dies gilt in der Regel auch in den Fällen, in denen eine Fachkraft sowohl für den ASD als auch für die JuhiS tätig ist. Allein die Tatsache, dass eine Person in diesen zwei – getrennt voneinander zu betrachtenden – verantwortlichen Stellen tätig ist, legitimiert in keiner Weise die zusammengeführte Datenspeicherung.

Nur wenn ein *unmittelbarer Sachzusammenhang* vorliegt, dürfen Daten, die zur Erfüllung unterschiedlicher Aufgaben erhoben wurden, zusammengeführt werden; also in Fällen zeitlicher, personeller oder leistungsinhaltlicher Verknüpfung, wenn verschiedene Leistungen auf einen umfassenden Gesamthilfebedarf treffen, z. B. bei einer Person oder für mehrere Kinder innerhalb einer Familie. Auch Akten/Daten zu Leistungszwecken i. S. v. § 2 Abs. 2 SGB VIII und anderen Aufgaben i. S. v. § 2 Abs. 3 SGB VIII dürfen nur bei Erforderlichkeit zur Erfüllung der jeweiligen Aufgabe zusammengeführt werden. So können Daten, die zum Zwecke von Hilfen zur Erziehung (§§ 27 ff. SGB VIII) erhoben wurden, mit Daten zur Jugendhilfe im Strafverfahren nach § 52 SGB VIII in einer Akte zusammengeführt oder in einer Datei gespeichert werden.[42]

Hierbei ist jedoch zu beachten, dass einer Fachkraft persönlich anvertraute Daten i. S. v. § 65 SGB VIII oder durch eine schweigepflichtige Person anvertraute Daten nach § 76 SGB X eines besonderen Schutzes bedürfen (vgl. unten 2.2.4). In diesen Fällen empfiehlt sich, getrennte Verfahrensakten bzw. -dateien einerseits und andererseits Arbeitsplatzakten bzw. -dateien, die allein der Fachkraft zur Verfügung stehen, anzulegen.[43]

4.2.2.3   Datenübermittlung

Unter Datenübermittlung ist das Bekanntgeben von Sozialdaten zur Kenntnis eines Dritten außerhalb des Verantwortlichen zu verstehen (§ 67 Abs. 1 SGB X i. V. m. Art. 4 Nr. 10 DS-GVO), die in folgenden Fällen vorliegt: Weitergabe von Akten(teile) oder Überspielen von Daten oder Überreichen von Datenträgern auf dem Postweg, mündlich, telefonisch, über Telefax, E-Mail-Versand, durch Zeichengeben, beredtes Schweigen oder vielsagende Blicke. Die Weitergabe von Daten innerhalb einer verantwortlichen Stelle ist keine Übermittlung!

---

41 Kunkel in Kunkel, Kepert & Pattar, 2022, § 63 Rn. 5.
42 Hoffmann in Münder, Meysen & Trenczek, 2019, § 63 Rn. 17.
43 Hoffmann in Münder, Meysen & Trenczek, 2019, § 63 Rn. 20 mit Verweis auf Mörsberger in Wiesner, 2015, § 63 Rn. 15 ff.

Für die Übermittlung von Sozialdaten gilt allgemein § 35 Abs. 2 SGB I. Danach ist diese nur unter den Voraussetzungen der §§ 67b und 67d SGB X zulässig, so dass entweder eine *Einwilligung* oder eine *gesetzliche Übermittlungsbefugnis* vorliegt.

Im Hinblick auf die Einwilligung kann auf die oben (4.2.1) gemachten Ausführungen verwiesen werden. Sollte keine – wirksame – Einwilligung abgegeben worden sein, muss geprüft werden, ob eine gesetzliche Befugnis zur Übermittlung von rechtmäßig erhobenen Sozialdaten gegeben ist. Für die JuhiS, die Daten an die Staatsanwaltschaft und das Jugendgericht im Rahmen der Mitwirkung im jugendgerichtlichen Verfahren nach § 52 SGB VIII übermittelt, kommt als Übermittlungsbefugnis § 69 Abs. 1 Nr. 1 1. Alt. SGB X in Betracht; nach dieser Vorschrift ist das Jugendamt, also auch die JuhiS als Teilbereich des Jugendamtes, befugt, im Rahmen seiner Aufgabenerfüllung Sozialdaten zu übermitteln. § 64 Abs. 1 SGB VIII bindet diese Befugnis an die Bedingung, dass die Übermittlung nur zu dem Zweck erlaubt ist, zu dem die Daten erhoben worden sind. Außerdem ist in diesem Zusammenhang das Erforderlichkeits- und Verhältnismäßigkeitsprinzip zu beachten, nach dem nur die für den jeweiligen Zweck erforderlichen Daten übermittelt werden dürfen.[44] Diese Übermittlungsbefugnis ist – in Bezug auf den gesetzlich vorgegebenen Zweck i. S. v. § 52 Abs. 1 Satz 1 SGB VIII – beschränkt auf die Weitergabe an die Staatsanwaltschaft und das Jugendgericht, nicht jedoch an die Polizei.[45]

Darüber hinaus erlaubt § 69 Abs. 1 Nr. 1 2. Alt. SGB X der JuhiS, einer anderen Stelle des Jugendamtes, z. B. dem ASD, personenbezogene Daten zu übermitteln, um ihm zu ermöglichen, in Erfüllung seiner Aufgaben Hilfen zur Erziehung einzuleiten. Das Gleiche gilt für Fälle einer Kindeswohlgefährdung gegenüber dem Familiengericht oder einer anderen Organisationseinheit des Jugendamtes, die für die Aufgaben nach § 8a SGB VIII zuständig ist.[46]

Wenn auch gem. § 69 Abs, 1 Nr. 1 SGB X i. V. m. § 52 Abs. 1 SGB VIII die Weitergabe auch ohne Einwilligung des*der Betroffenen ermöglicht wird, ist in den Fällen größte Zurückhaltung geboten, in denen der von der JuhiS generell zu beachtende Grundsatz der Freiwilligkeit in Frage gestellt ist; sträubt sich der*die Klient*in gegen eine Übermittlung der Informationen, die er*sie zunächst selbst der Fachkraft der JuhiS mitgeteilt hat, und verweigert er*sie aus-

---

44   Hoffmann in Münder, Meysen & Trenczek, 2019, § 64 Rn. 7.
45   Hoffmann in Münder, Meysen & Trenczek, 2019, § 64 Rn. 22; Kunkel in Kunkel, Kepert & Pattar, 2022, Rn. 289.
46   Hoffmann in Münder, Meysen & Trenczek, 2019, § 64 Rn. 26 f.

drücklich die Einwilligung in die Datenübermittlung, dann ist das für eine weitere Zusammenarbeit erforderliche Vertrauensverhältnis gefährdet mit der Folge, dass nach § 64 Abs. 2 SGB VIII die Weitergabe unzulässig ist (vgl. unten 4.2.2.4). Dies muss insbesondere dann gelten, wenn die Datenweitergabe an die Teilnehmer*innen von Fallkonferenzen beabsichtigt ist.[47]

Bei der Übermittlung der gewonnen Sozialdaten an die Teilnehmer*innen der Fallkonferenzen ist darauf zu achten, dass bei fehlender Übermittlungsbefugnis für die Akteure*innen der Jugendhilfe eine *Pflicht zur Verweigerung von Daten* besteht; das ist der Fall, wenn keine – wirksame – Einwilligung vorliegt, die Voraussetzungen der gesetzlichen Übermittlungsbefugnisse fehlen oder die strikt zu berücksichtigenden Schranken der Übermittlungsbefugnisse (vgl. unten 4.2.2.4) eine Datenweitergabe auch an die „Kooperationspartner" verbieten.[48]

Zu Recht wird in dem „Positionspapier der DVJJ zu sog. Fallkonferenzen" darauf hingewiesen, dass die Übermittlung von Daten aus dem Bereich der allgemeinen Jugendhilfe im Rahmen von Fallkonferenzen „in aller Regel nicht erforderlich und häufig auch aufgrund von § 64 Abs. 2 [...] oder § 65 SGB VIII [...] unzulässig" ist.[49] Ähnlich fällt das Fazit in der Studie von Coskun aus, wonach die Erhebung und Verwendung von Sozialdaten im Rahmen behördenübergreifender Fallkonferenzen „in vielen Fällen gegen datenschutzrechtliche Bestimmungen verstoßen".[50]

Wenn es in der Gesetzesbegründung heißt, dass der Sozialdatenschutz zum einen die klaren Grenzen der Zusammenarbeit aufzeige, zum anderen innerhalb dieser Grenzen jedoch durchaus Spielräume für eine gelingende, enge Kooperation zum Zweck einer zielorientierten Erfüllung des Auftrags der Kinder- und Jugendhilfe gebe,[51] so muss dem entgegengehalten werden, dass diese Spielräume bei der rechtsstaatlich gebotenen Einhaltung der Sozialdatenvorschriften und dem Respekt vor dem verfassungsrechtlich verbürgten Anspruch auf Schutz des Grundrechts auf informationelle Selbstbestimmung doch eher eng ausgestaltet sind.[52] Zu Recht heißt es in der Gesetzesbegründung selbst,

---

47   Goldberg in Wabnitz, 2021, § 52 Rn. 118.
48   Vgl. Riekenbrauk, 2015, S. 59 ff.; DVJJ, 2014, S. 66.
49   DVJJ, 2014, S. 66; im Anhang dieses Bandes abgedruckt auf S. 225–233.
50   Coskun, 2013, S. 287.
51   BT-Drs. 19/26107, S. 113.
52   Vgl. Riekenbrauk in Kunkel, Kepert & Pattar, 2022, § 52 Rn. 63.

dass bei der Entscheidung über die Weitergabe von Sozialdaten das Ermittlungsbedürfnis der Strafverfolgungsbehörden nicht der Maßstab sein darf.[53]

4.2.2.4 Übermittlungssperren

Wenn auch zunächst der JuhiS in Anwendung von § 69 Abs. 1 Nr. 1 1. Alt. SGB X die Übermittlung von personenbezogenen Daten nicht nur an Staatsanwaltschaft und Jugendgericht, sondern auch an andere Teilnehmer*innen an Fallkonferenzen erlaubt ist, so muss die Fachkraft der JuhiS in jedem Einzelfall sorgfältig prüfen, ob die Vorschriften der §§ 64 Abs. 2 und 65 SGB VIII sowie von § 76 SGB X die Datenübermittlung verbieten.

§ 64 Abs. 2 SGB VIII

Im Hinblick auf die Übermittlungsbefugnis nach § 69 Abs. 1 SGB X ist nach § 64 Abs. 2 SGB VIII die Datenweitergabe nur zulässig, soweit dadurch *der Erfolg einer zu gewährenden Leistung nicht in Frage gestellt* wird. Mit dieser Vorschrift wird die weitreichende Befugnis zur Datenübermittlung nach § 69 SGB X für die Jugendhilfe deutlich eingeschränkt, um den Erfolg einer Jugendhilfeleistung nicht zu beeinträchtigen.[54]

Der*die Mitarbeiter*in der JuhiS muss also vor der Datenweitergabe an das Jugendgericht, die Staatsanwaltschaft oder die Polizei (im Rahmen von Fallkonferenzen) prüfen, ob über die Stellungnahme im strafprozessualen Verfahren hinaus Leistungen für den*die betroffene*n Jugendliche*n i. S. v. § 2 Abs. 2 SGB VIII in Betracht zu ziehen bzw. bereits eingeleitet worden sind und ob der Erfolg der Leistung durch die Datenübermittlung gefährdet ist.

Als Leistungen nach § 2 Abs. 2 SGB VIII kommen im Zusammenhang mit der Mitwirkung im jugendstrafrechtlichen Verfahren zunächst Beratungen und dann auch Hilfen zur Erziehung wie Gesprächsgruppen, soziale Trainingskurse, betreute Wohnprojekte oder Täter-Opfer-Ausgleichsgespräche in Betracht; insoweit wird die JuhiS einerseits im Rahmen von § 52 SGB VIII, also einer „anderen Aufgabe" i. S. v. § 2 Abs. 3 SGB VIII, tätig, andererseits werden in der Regel bei Wahrnehmung dieser Aufgabe „Leistungen" i. S. v. § 2 Abs. 2 SGB VIII einbezogen, gerade wenn es um Jugendliche/Heranwachsende geht, die besonderen Belastungen ausgesetzt sind und einen umfassenderen Hilfebedarf aufweisen. Dabei macht es keinen Unterschied, ob die Leistungen geplant

---

53 BT-Drs. 19/26107, S. 113.
54 Hoffmann in Münder, Meysen & Trenczek, 2019, § 64 Rn. 11.

sind, gerade durchgeführt werden oder bereits abgeschlossen sind.[55] Dieses Leistungsspektrum verbindet sich in § 52 Abs. 3 SGB VIII mit der Verpflichtung zur „Betreuung" des*der Jugendlichen/Heranwachsenden, zu der das Jugendamt während des gesamten Verfahrens und – wenn es der erzieherische Bedarf erfordert – auch darüber hinaus angehalten ist.[56]

Steht die JuhiS bspw. in einem Beratungskontakt zu einem*einer Jugendlichen oder Heranwachsenden und beabsichtigt der*die Mitarbeiter*in ohne Kenntnis und Einwilligung seines*ihres Klienten bzw. seiner*ihrer Klientin eine Informationsweitergabe, muss er*sie sicher sein, dass seine*ihre sozialpädagogische Beziehung sowie das für die – zukünftige – Zusammenarbeit erforderliche Vertrauensverhältnis zu dem Klienten bzw. der Klientin und damit der Beratungserfolg dadurch nicht gefährdet wird. Grundsätzlich wird man davon ausgehen können, dass in den Fällen, in denen Daten, die aus einem Beratungsgespräch stammen, an das Jugendgericht, die Staatsanwaltschaft und die Polizei ohne Einwilligung oder sogar gegen den Willen des*der Betroffenen übermittelt werden, die weitere Zusammenarbeit mit dem Klienten bzw. der Klientin erheblich beeinträchtigt wird mit der Folge, dass eine erfolgreiche Leistungserbringung nicht mehr möglich sein wird.[57] In diesem Fall ist die Übermittlung der personenbezogenen Daten nicht zulässig!

Die Feststellung, ob eine Datenübermittlung den Leistungserfolg gefährden kann, basiert zumeist auf einer Wertung eines komplexen Sachverhaltes verbunden mit einer Prognose, die dem*der einzelnen Mitarbeiter*in von JuhiS einen Beurteilungsspielraum belässt, so dass nur eine eingeschränkte gerichtliche Überprüfung erfolgen kann.[58]

§ 65 SGB VIII

Bezieht sich die Sperre von § 64 Abs. 2 SGB VIII allein auf die Übermittlungsbefugnis nach § 69 SGB X, so schränkt die Sperrvorschrift von § 65 Abs. 1 SGB VIII sämtliche Übermittlungsbefugnisse der §§ 68 ff. SGB X ein und

---

55 Vgl. Kunkel in Kunkel, Kepert & Pattar, 2022, § 64 Rn. 4; Mörsberger in Wiesner, 2015, § 64 Rn. 14; Hoffmann in Münder, Meysen & Trenczek, 2019, § 64 Rn. 11, die auf die missverständliche Formulierung „... einer zu gewährenden Leistung ..." in § 64 Abs. 2 SGB VIII hinweist und mit einer weiten Auslegung dieses Begriffs eine dem Sinn der Vorschrift entsprechende Auslegung fordert.

56 Vgl. Trenczek in Münder, Meysen & Trenczek, 2019, § 52 Rn. 58, der die Aufgabe der Betreuung als Wesensmerkmal von Sozialer Arbeit bezeichnet.

57 So Mörsberger in Wiesner, 2015, § 64 Rn. 15 ff.

58 Kunkel in Kunkel, Kepert & Pattar, 2022, § 64 Rn. 6.

erweitert den Schutz von besonders sensiblen, weil anvertrauten Daten auch auf die Weitergabe innerhalb der verantwortlichen Stelle, also der JuhiS selbst. So erhält § 65 Abs. 1 SGB VIII eine *überragende Funktion im System des Sozialdatenschutzes in der Jugendhilfe* und muss in der Praxis regelmäßig besondere Beachtung finden.

Nach dieser Regelung dürfen Sozialdaten, die dem*der einzelnen Mitarbeiter*in der JuhiS zum Zweck persönlicher und erzieherischer Hilfe anvertraut worden sind, nur von diesem*er weitergegeben werden, wenn eine Einwilligung des*der Betroffenen, der*die die Daten anvertraut hat, vorliegt oder die Voraussetzungen gegeben sind, unter denen eine der in § 203 Abs. 1 oder 3 StGB genannten Personen dazu befugt wäre (s. o. Abschnitt 3.).[59]

Der erhöhte Vertrauensschutz bezweckt, *„persönliche und erzieherische Hilfen"* nicht durch Indiskretionen zu gefährden. Damit sind nicht nur Leistungen i. S. v. § 2 Abs. 2 SGB VIII, sondern auch die Wahrnehmung von „anderen Aufgaben" i. S. v. § 2 Abs. 3 SGB VIII gemeint, also auch die der Mitwirkung im jugendgerichtlichen Verfahren i. S. v. § 52 SGB VIII, wenn sie die persönliche Beratung und Betreuung, wie § 52 Abs. 3 SGB VIII es fordert, umfasst.[60]

Geschützt sind die Sozialdaten, die von dem*der betroffenen Jugendlichen/ Heranwachsenden dem*der Mitarbeiter*in der JuhiS *„anvertraut"* worden sind. Unter *„Anvertrauen"* versteht man die Mitteilung von vertraulichen Informationen unter Umständen, aus denen sich für die Beteiligten, insbesondere aus der Perspektive des*der Betroffenen, die Pflicht zur Verschwiegenheit ergibt.[61] Wenn erkennbar ist, dass das von dem Klienten bzw. der Klientin vertraulich Mitgeteilte – gleichgültig ob mündlich oder schriftlich – nur für die fallführende Fachkraft der JuhiS, der*die damit ins Vertrauen gezogen wird, bestimmt ist, kann von *„Anvertrauen"* die Rede sein; die Mitteilung erhält damit das *Siegel der Verschwiegenheit*.

Anders verhält es sich, wenn der*die Mitarbeiter*in der JuhiS Daten ermittelt, die in Erfüllung seiner*ihrer Aufgabe nach § 52 Abs. 1 SGB VIII i. V. m. § 38 Abs. 2 JGG an das Gericht oder an die Staatsanwaltschaft weitergegeben werden

---

59 Die in § 65 Abs. 1 Nr. 2 bis 4 SGB VIII enthaltenen Erlaubnistatbestände betreffen die Weitergabe von anvertrauten Daten, die im Zusammenhang mit einer Kindeswohlgefährdung und den Pflichten des JA nach § 8a SGB VIII stehen, und sollen hier unberücksichtigt bleiben.

60 Mörsberger in Wiesner, 2015, § 65 Rn. 11; Hoffmann in Münder, Meysen & Trenczek, 2019, § 65 Rn. 21.

61 Hoffmann in Münder, Meysen & Trenczek, 2019, § 65 Rn. 12; Mörsberger in Wiesner, 2015, § 65 Rn. 12.

sollen, und er*sie dem*der betroffenen Klienten*in diesen Erhebungszweck unmissverständlich erklärt hat. Unter solchen Umständen, in denen der*die Klient*in weiß, dass das, was er*sie z. B. in Kooperationszusammenhängen wie im „Haus des Jugendrechts" an Informationen preisgibt, an die Ermittlungsbehörden weitergeleitet wird, wird man auch nicht von einer vertraulichen Betreuungsbeziehung reden können; hier wird nichts anvertraut, sondern allenfalls zu Protokoll für Dritte gegeben.[62]

Da gerade in der nach § 52 Abs. 1 Satz 2 und 3 SGB VIII nunmehr obligatorischen Kooperation von JuhiS mit Polizei und Staatsanwaltschaft sich der Verdacht von Indiskretion gerade für junge Außenstehende aufdrängt, besteht eine besondere Verpflichtung der Mitarbeiter*innen der JuhiS, vor jedem – auch jedem weiteren – Kontakt mit den jugendlichen Klienten*innen in verständlicher Weise klarzustellen, ob im Hinblick auf die Mitteilungen des*der Betroffenen Vertraulichkeit gewahrt bleibt oder die Informationen weitergegeben werden. Meines Erachtens werden es die strukturellen Gegebenheiten der räumlich sichtbar gemachten Kooperation, wie es bspw. in den „Häusern des Jugendrechts" der Fall ist, der JuhiS erheblich erschweren, überhaupt das Maß an Vertraulichkeit aufzubauen, das für eine erfolgversprechende persönliche und erzieherische Hilfe unbedingt erforderlich ist.[63]

§ 76 SGB X

Eine weitere Einschränkung der Übermittlungsbefugnis sieht § 76 SGB X für besonders schutzwürdige Sozialdaten vor. Danach dürfen Sozialdaten, die einer in § 35 SGB I genannten Stelle – wie dem Jugendamt und damit der JuhiS – bspw. von einem Arzt oder einer anderen in § 203 Abs. 1 und 3 StGB genannten Person zugänglich gemacht worden sind, nur unter den Voraussetzungen übermittelt werden, unter denen diese Person selbst übermittlungsbefugt wäre. Für die JuhiS bedeutet dies, dass Daten, die sie bspw. von Mitarbeiter*innen einer anderen Stelle wie dem ASD, also staatlich anerkannten Sozialarbeiter*innen oder Sozialpädagog*innen (§ 203 Abs. 1 Nr. 6 StGB) und den berufsmäßig tätigen Gehilfen (§ 203 Abs. 3 StGB), erhalten haben, nur dann an das Jugendgericht, die Staatsanwaltschaft und die Polizei weitergegeben werden dürfen, wenn diese Fachkräfte der anderen Stelle selbst zu einer solchen Übermittlung befugt wären. Mit anderen Worten gilt es zu prüfen, ob entsprechende Offenbarungs-

---

62   Kunkel in Kunkel, Kepert & Pattar, 2022, § 61 Rn. 291.
63   Vgl. Riekenbrauk, 2014 mit seiner Skepsis gegenüber diesen Kooperationsformen.

befugnisse gem. § 203 Abs. 1 StGB vorliegen. Hier können wiederum die oben genannten Offenbarungsbefugnisse wie die gesetzlichen Anzeigepflichten und der rechtfertigende Notstand sowie die Einwilligung in Betracht kommen. Da es sich hierbei um die strafrechtliche Einwilligung handelt, ist insoweit die Schriftform nicht erforderlich.[64]

4.2.2.5 Konsequenzen

Bei fehlender Einwilligung und fehlender gesetzlicher Übermittlungsbefugnis gilt § 35 Abs. 3 SGB I. Danach sind die JuhiS sowie ihre Fachkräfte gegenüber anderen Stellen/Dritten *nicht verpflichtet,*

1) Auskunft zu erteilen,
2) als Zeugen vor Staatsanwaltschaft oder Gericht auszusagen und
3) Akten, Schriftstücke etc. auszuhändigen.

Neben § 53 StPO existiert folglich das aus § 35 Abs. 3 SGB I abgeleitete Zeugnisverweigerungsrecht, das offensiv bei Gericht und Staatsanwaltschaft sowie auch innerhalb des Jugendamtes vertreten werden muss!

Weiterhin gilt bei fehlender Übermittlungsbefugnis dienst- und arbeitsrechtlich, dass der Dienstvorgesetzte keine Aussagegenehmigung gem. § 37 Abs. 4/5 BStG bzw. § 3 TVöD erteilen darf.

5 Sozialdatenschutzrecht der Träger der freien Jugendhilfe als Mitwirkende im Jugendstrafverfahren

Da die Träger der freien Jugendhilfe, die – zumeist in Delegation für das Jugendamt – auch im Jugendstrafverfahren mitwirken, keine Stellen i. S. v. § 35 SGB I sind, gelten für sie die Vorschriften des Sozialdatenschutzes nicht unmittelbar. Dennoch will der Gesetzgeber die freien Träger verpflichten, in gleicher Weise den Sozialdatenschutz streng zu beachten: § 61 Abs. 3 SGB VIII schreibt den Jugendämtern als Trägern der öffentlichen Jugendhilfe vor sicherzustellen, dass der Schutz der personenbezogenen Daten bei der Verarbeitung in entsprechender Weise gewährleistet ist, wenn Einrichtungen und Dienste der Träger

---

64 Krahmer, 2020, § 76 Rn. 16.

der freien Jugendhilfe in Anspruch genommen werden, also auch im Hinblick auf die Tätigkeit nach § 52 SGB VIII.

Es ist also Aufgabe der Jugendämter, bspw. in Form von öffentlich-rechtlichen Verträgen darauf zu achten, dass die freien Träger die Arbeit der JuhiS *unter strenger Beachtung des Sozialdatenschutzes* durchführen und entsprechende *Kontrollmöglichkeiten* geschaffen werden.[65] Das Jugendamt erhält insofern eine Garantenpflicht, indem es sicherstellen muss, dass der freie Träger und seine Mitarbeiter*innen die datenschutzrechtlichen Bestimmungen beachten und anwenden.[66]

Erhalten freie Träger, die soziale Trainingskurse oder andere Maßnahmen der Jugendhilfe für straffällig gewordene Jugendliche durchführen, Sozialdaten vom Jugendamt, so sind sie gem. § 78 Abs. 1 SGB X in gleicher Weise wie das Jugendamt zur Geheimhaltung der ihnen übermittelten Daten verpflichtet (sog. verlängerter Sozialdatenschutz); sie rücken geradezu in die datenschutzrechtliche Stellung des Jugendamts ein.[67]

Zusammengefasst lässt sich also festhalten, dass die Träger der freien Jugendhilfe im Rahmen der JuhiS die gleichen Befugnisse und Einschränkungen bei der Erhebung, Speicherung und Übermittlung von Sozialdaten zu beachten haben wie die Träger der öffentlichen Jugendhilfe. Als staatlich anerkannte Sozialarbeiter*innen oder Sozialpädagogen*innen unterliegen sie schließlich auch der Schweigepflicht gem. § 203 StGB.

6   Fazit

1) Das gesamte Datenschutzrecht schützt das Grundrecht auf informationelle Selbstbestimmung.

2) Das Datenschutzrecht ist von dem Grundsatz geprägt, dass die Datenverarbeitung verboten und nur unter bestimmten Zulässigkeitsbedingungen erlaubt ist (Verbot mit Erlaubnisvorbehalt).

3) Für ihre Zulässigkeit bedarf es der Einwilligung des*der Betroffenen oder einer klar bestimmten gesetzlichen Erlaubnisnorm, wie sie für die JuhiS in den bereichsspezifischen Vorschriften der Sozialgesetzbücher enthalten sind.

---

65 Riekenbrauk, 2018a, S. 542.
66 Kunkel in Kunkel, Kepert & Pattar, 2022, § 61 Rn. 274.
67 Kunkel in Kunkel, Kepert & Pattar, 2022, § 61 Rn. 296; Riekenbrauk, 2018a, S. 542.

4) Bei der Datenerhebung muss strengstens auf den Grundsatz der Erforderlichkeit geachtet werden. Ein unnötiges Eindringen in den Persönlichkeitsbereich der Klient*innen und ein willkürliches Sammeln von Daten zu einem umfassenden Persönlichkeitsbild ist nicht zulässig.

5) Eine Datenverarbeitung ohne Mitwirkung bzw. Einwilligung, insbesondere entgegen dem Willen der Klient*innen gefährdet das Vertrauensverhältnis als Grundlage für eine gelingende Jugendhilfe, der nach dem Willen des Gesetzgebers – in besonderer Weise bei der Datenübermittlung – Vorrang einzuräumen ist.

6) Die Übermittlung von personenbezogenen Daten an die Teilnehmer*innen von Fallkonferenzen darf somit nur erfolgen, soweit keine Übermittlungssperren gem. §§ 64 Abs. 2 und 65 SGB VIII oder gem. § 76 SGB X vorliegen.

7) Das Recht des Datenschutzes leitet sich aus den Grund- und Menschenrechten her und bewahrt diese. Eine der Würde des Menschen verpflichtete Jugendhilfe achtet diesen Grundsatz ... auch und gerade gegen populistische Tendenzen einer kriminalpräventiven Sicherheitspolitik.

Literaturverzeichnis

Bayerisches Landesamt für Datenschutz (Hrsg.) (2017). Erste Hilfe zur Datenschutz-Grundverordnung für Unternehmer und Vereine. München: C. H. Beck.

Coskun, A. N. (2013). Kommunikation und Kooperation durch fachliche Konfrontation zwischen Jugend(gerichts)hilfe und Justiz in Verfahren nach dem Jugendgerichtsgesetz. Hamburg: Kovač.

Deutscher Verein für öffentliche und private Fürsorge e. V. (1986). Schutz der Sozialdaten, Sozialgeheimnis und Schweigepflicht. Nachrichtendienst des Deutschen Vereins, 66, S. 227.

Deutsche Vereinigung für Jugendgerichte und Jugendgerichtshilfen e. V. (DVJJ) (2014). Positionspapier der DVJJ zu sog. Fallkonferenzen. Zeitschrift für Jugendkriminalrecht und Jugendhilfe, 25 (1), S. 64–67.

Eisenberg, J. & Kölbel, R. (2021). Jugendgerichtsgesetz. Kommentar (22. Aufl.). München: C. H. Beck.

Fischer, T. (2021). Strafgesetzbuch Kommentar (68. Aufl.). München: C. H. Beck.

Fromann, M. (1985). Schweigepflicht und Berufsauftrag des Sozialarbeiters. In M. Fromann, T. Mörsberger & W. Schellhorn (Hrsg.), Sozialdatenschutz (DV-Arbeitshilfen Heft 24). Frankfurt a. M.: Eigenverlag.

Hoffmann, B. (2017). Einwilligung der betroffenen Person als Legitimationsgrundlage eines datenverarbeitenden Vorgangs im Sozialrecht nach dem Inkrafttreten der DS-GVO. Neue Zeitschrift für Sozialrecht, 26, S. 807–812.

Krahmer, U. (Hrsg.) (2020). Sozialdatenschutzrecht Kommentar (4. Aufl.), Baden-Baden: Nomos.

Kunkel, P.-C., Kepert, J. & Pattar, A. K. (Hrsg.) (2022). SGB VIII Kinder- und Jugendhilfe – Lehr- und Praxiskommentar (8. Aufl.). Baden-Baden: Nomos.

Münder, J., Meysen, T. & Trenczek, T. (Hrsg.) (2019). Frankfurter Kommentar zum SGB VIII – Kinder- und Jugendhilfe. (8. Aufl.), Baden-Baden: Nomos.

Paal, B. & Pauly, D. (Hrsg.) (2021). Datenschutz-Grundverordnung und Bundesdatenschutzgesetz. Kommentar (3. Aufl.). München: C. H. Beck.

Projahn, U. (2003). Die psychologisch-pädagogische Diagnostik im Rahmen des Jugendstrafverfahrens. Zeitschrift für Jugendkriminalrecht und Jugendhilfe, 14 (4), S. 350–353.

Proksch, R. (1996). Sozialdatenschutz in der Jugendhilfe. Münster: Votum-Verlag.

Riekenbrauk, K. (2011). Haus des Jugendrechts und Sozialdatenschutz. Zeitschrift für Jugendkriminalrecht und Jugendhilfe, 22 (1), S. 74 – 83.

Riekenbrauk, K. (2014). Das „Kölner Haus des Jugendrechts". Kein Modell für die Jugendhilfe. In F. Neubacher & M. Kubink (Hrsg.), Kriminologie – Jugendkriminalrecht – Strafvollzug, Gedächtnisschrift für Michael Walter (S. 379–393). Berlin: Dunker & Humblot.

Riekenbrauk, K. (2015). Die Anforderungen des Sozialdatenschutzes an die neuen Kooperationsformen von Justiz, Polizei und Jugendhilfe. In DVJJ (Hrsg.), Jugend ohne Rettungsschirm (S. 49–65). Mönchengladbach: Forum Verlag.

Riekenbrauk, K. (2018a). Schweigepflicht – Datenschutz – Zeugnisverweigerungsrecht. In H. Cornel u. a. (Hrsg.), Resozialisierung (4. Aufl.) (S. 527–560). Baden-Baden: Nomos.

Riekenbrauk, K. (2018b). Neuerungen des Sozialdatenschutzes für die Jugendhilfe – auch – im Strafverfahren durch die Datenschutz-Grundverordnung (DS-GVO) sowie durch die entsprechenden Änderungen des SGB I und X. Zeitschrift für Jugendkriminalrecht und Jugendhilfe, 29 (2), S. 146–152.

Riekenbrauk, K. (2018c). Strafrecht und Soziale Arbeit (5. Aufl.). Köln: Luchterhand.

Riekenbrauk, K. (2020). Das Gesetz zur Stärkung der Verfahrensrechte von Beschuldigten im Jugendstrafverfahren und seine datenschutzrechtlichen Implikationen für die Jugendgerichtshilfe/Jugendhilfe im Strafverfahren. Zeitschrift für Jugendkriminalrecht und Jugendhilfe, 31 (1), S. 50 – 53.

Roßnagel, A. (Hrsg.) (2018). Das neue Datenschutzrecht. Baden-Baden: Nomos.

Sommerfeld, M. (2021). In Ostendorf, H. (Hrsg.), Jugendgerichtsgesetz, Kommentar (11. Aufl.). Baden-Baden: Nomos.

Thorwart, J. (1999). Juristische und ethische Grenzen der Offenbarung von Geheimnissen: Anmerkungen zur aktuellen Gesetzgebung und zu juristischen sowie beziehungsdynamischen Aspekten der innerinstitutionellen Schweigepflicht. Recht und Psychiatrie, (1), S. 10–16.

Wabnitz, R. (Hrsg.) (2021). Kinder- und Jugendhilferecht. Gemeinschaftskommentar zum SGB VIII. 84. Aktualisierungslieferung, Stand: Juli 2021. Neuwied: Luchterhand.

Walter, M. & Neubacher, F. (2011). Jugendkriminalität (4. Aufl.). Stuttgart: Boorberg.

Wiesner, R. (Hrsg.) (2015). SGB VIII Kinder- und Jugendhilfe – Kommentar (5. Aufl.). München: C. H. Beck.

„Ich fand es echt peinlich so, zu fragen, was meinen Sie." – Verstehen und Verstanden-Werden junger Menschen und ihrer Eltern im Kontext von Jugendstrafverfahren und einzelfallbezogenen Fallkonferenzen

Dirk Lampe & Annemarie Schmoll

Mit den seit 2019 erfolgten gesetzlichen Änderungen im Achten Sozialgesetzbuch (SGB VIII) und im Jugendgerichtsgesetz (JGG) gewinnt auch die Frage des Verstehens der jungen Menschen und ihrer Eltern als Adressat*innen der Jugendhilfe im Strafverfahren an Relevanz. Erst im Zusammenspiel von Verstehen und Verstanden-Werden kann eine erfolgreiche Zusammenarbeit von Adressat*innen und Fachkräften entstehen. Verstehen und Verstanden-Werden stellen professionelle Herausforderung und gleichzeitig Voraussetzung gelingender Fallarbeit dar. In diesem Beitrag werden zunächst die Grundlagen, Schwierigkeiten und Herausforderungen des Verstehens auf der Adressat*innenseite im Kontext von Jugendstrafverfahren oder Jugendhilfeleistungen sowie das Verstanden-Werden durch Fachkräfte thematisiert. Hieran anschließend werden die möglichen Folgen scheiternder bzw. nur partiell gelingender Kommunikation im Rahmen institutioneller Kontakte vorgestellt und praxisbezogene Überlegungen zum Umgang mit den genannten Herausforderungen im Arbeitsalltag der an Jugendstrafverfahren beteiligten Akteur*innen diskutiert. Dabei liegt ein besonderer Fokus auf der Jugendhilfe im Strafverfahren.[1]

1 Einleitung

„Mit dieser Richtlinie sollen Verfahrensgarantien festgelegt werden, um zu gewährleisten, dass Kinder [...], die Verdächtige oder beschuldigte Personen in Strafverfahren sind, diese Verfahren verstehen, ihnen folgen und ihr

---

[1] Dieser Beitrag ist in Teilen angelehnt an den Vortrag der *Verf.* während des 5. Bundeskongresses der Jugendhilfe im Strafverfahren und der Ambulanten Sozialpädagogischen Angebote für straffällig gewordene junge Menschen in Bad Kissingen (Schmoll & Lampe, 2022). Zudem erscheint eine modifizierte Fassung in der Zeitschrift für Jugendkriminalrecht und Jugendhilfe (Lampe & Schmoll, 2023).

Recht auf ein faires Verfahren ausüben können, um zu verhindern, dass Kinder erneut straffällig werden[,] und um ihre soziale Integration zu fördern" (Richtlinie (EU) 2016/800, S. 1).

Obenstehendes Zitat bildet den inhaltlichen Ausgangspunkt und den ersten Erwägungsgrund der EU-Richtlinie 2016/800, die zur Grundlage der EU-weit stattfindenden Reformen in Jugendstrafverfahren geworden ist.[2] Die in dieser Richtlinie formulierten Grundsätze stellen somit auch programmatische Orientierungspunkte der ab 2019 erfolgten Neuregelungen im JGG[3] dar. Ausgehend von der Annahme, dass es sich bei jungen Menschen in einem Strafverfahren um eine besonders vulnerable Zielgruppe staatlicher Interventionen handele, legen sowohl das *Kinder- und Jugendstärkungsgesetz*[4] als auch das *Gesetz zur Stärkung der Verfahrensrechte von Beschuldigten in Jugendstrafverfahren* nahe, dass aus gesetzgeberischer Sicht ein faires und rechtsstaatliches Verfahren nur dann vorliegt, wenn junge Beschuldigte dieses verstehen, allen Verfahrensschritten und -stadien folgen und aktiv sowie selbstbestimmt an diesem partizipieren können.[5] Mit diesen Neuregelungen gewinnt die Frage des *Verstehens* auch an Relevanz für die nun vermehrt angedachten, jedoch bundesweit heterogen ausgestalteten einzelfallbezogenen Fallkonferenzen.[6]

Basierend auf dieser Entwicklung soll sich im Folgenden dem *Verstehen* im Kontext jugendstrafrechtlicher und/oder jugendhilferechtlicher Interventionen, Maßnahmen und Leistungen genähert werden, wobei die Betrachtung in zwei Richtungen erfolgt. Zum einen soll das *Verstehen* durch junge Menschen (und durch ihre Eltern) von institutionellen Prozessen, professionellen Einwirkungsbestrebungen und ggf. erfolgenden Sanktionierungen oder Jugendhilfeleistungen in den Blick genommen werden. Zum anderen soll aber auch das *Verstanden-Werden* von jungen Menschen durch Fachkräfte thematisiert werden, welches als eine unverzichtbare Grundlage einer gelingenden (pädagogisch-orientierten) Fallarbeit angesehen werden kann.[7] Erst im Zusammenspiel von *Verste-*

---

2   Vgl. FRA, 2022.

3   Vgl. „Gesetz zur Stärkung der Verfahrensrechte von Beschuldigten im Jugendstrafverfahren", BGBl. 2019 I, S. 2146 ff.; „Gesetz zur Neuregelung des Rechts der notwendigen Verteidigung", BGBl. 2019 I, S. 2128.

4   „Gesetz zur Stärkung von Kindern und Jugendlichen" (Kinder- und Jugendstärkungsgesetz – KJSG), BGBl. 2021 I, S. 1444.

5   Schmoll, Lampe & Holthusen, 2023; Höynck & Ernst, 2020; Goldberg, 2021.

6   Vgl. hierzu auch DVJJ, 2022, S. 3.

7   Vgl. Mührel, 2019; Langner & Jugel, 2019.

hen und *Verstanden-Werden* kann eine erfolgreiche Zusammenarbeit von Adressat*innen und Fachkräften entstehen.

Im vorliegenden Beitrag stehen deshalb zunächst die Grundlagen, Schwierigkeiten und Herausforderungen des *Verstehens* auf der Adressat*innenseite im Kontext von Jugendstrafverfahren oder Jugendhilfeleistungen im Mittelpunkt (Abschnitt 2 und 3), ehe sich in Abschnitt 4 dem *Verstanden-Werden* durch Fachkräfte gewidmet wird. Darauf aufbauend werden in Abschnitt 5 die Folgen eines scheiternden oder nur partiell gelingenden gegenseitigen Verstehens zwischen Fachkräften und ihren Adressat*innen thematisiert. Der abschließende Abschnitt 6 stellt praxisbezogene Überlegungen an, wie mit den zuvor genannten Herausforderungen im Arbeitsalltag umgegangen werden kann.[8]

2 „Da waren halt immer viele Leute, aber ich wusste jetzt nicht, wer das alles ist.“[9] – Über das Verstehen im Kontext jugendstrafrechtlicher und jugendhilferechtlicher Verfahren und Interventionen

Betrachtet man die Ausführungen der Richtlinie (EU) 2016/800 so klingen die dort getroffenen Regelungen auf den ersten Blick recht klar und eindeutig: Junge Menschen sollen ihr Verfahren verstehen können und dazu Informationen in „kindgerechter"[10] und individuell angepasster Form erhalten, damit sie nicht institutionellen Eigenlogiken und Prozeduren passiv ausgeliefert sind, sondern ihr Verfahren aktiv gestalten und damit – als handelnde Subjekte – beeinflussen können. Auch in anderen Handlungsfeldern lassen sich ähnliche Überlegungen finden. So ist beispielsweise die Umsetzung von Inklusion in schulischen Kontexten von einer für junge Menschen verständlichen (An-)Spra-

---

8 In die Darstellungen werden Daten und Ergebnisse einbezogen, die im Rahmen des vom Bundesministerium für Familie, Senioren, Frauen und Jugend geförderten Forschungsprojekts „Jugend(hilfe) im Strafverfahren" gewonnen wurden. Vgl. für weiterführende Informationen zum Projekt www.dji.de/juhis. Die im Forschungsprojekt gewonnenen Daten bezogen sich auf Jugendstrafverfahren und nicht auf die einzelfallbezogenen Fallkonferenzen, sind aber in Teilen darauf übertragbar, auch weil einzelfallbezogene Fallkonferenzen zumeist im Kontext von Jugendstrafverfahren auftreten.

9 Das Zitat stammt aus den (nicht geglätteten) Interviews mit jungen Beschuldigten in Jugendstrafverfahren im Rahmen des Projektes „Jugend(hilfe) im Strafverfahren". Interviewnummern (bspw. I21) beziehen sich immer auf Interviews aus diesem Forschungsprojekt.

10 Die EU-Richtlinie 2016/800 versteht alle jungen Menschen bis zum Alter von 18 Jahren als Kinder.

che abhängig oder auch die Förderung politischer Teilhabe an demokratischen Prozessen wird durch adressat*innengerechte Kommunikation erheblich erleichtert.[11] Die dahinter stehenden Annahmen können wie folgt zusammengefasst werden: Junge Menschen sollen und müssen nachvollziehen können, was mit ihnen warum und in welcher Form geschieht, damit sie sich beteiligen, einbringen und idealerweise auch positive Veränderungs- und Entwicklungsprozesse angestoßen werden können.

So spielt das Verstehen auch für die an einzelfallbezogenen Fallkonferenzen beteiligten Professionen[12] in der einen oder anderen Form in ihrem Arbeitsalltag eine Rolle: Polizeiliche oder justizielle Belehrungen bzw. „Gefährderansprachen" als präventiv-polizeiliches Mittel sind davon abhängig, dass die betroffenen jungen Menschen ein gewisses Verständnis davon haben, was ihnen gerade mitgeteilt wird. Gerichtliche Urteile oder staatsanwaltliche Fallerledigungen beruhen darauf, dass ein junger Mensch das entsprechende Verdikt versteht, und das gegenseitige Verstehen bildet quasi die *Conditio sine qua non* der in der Jugendhilfe vorgesehenen Koproduktion von Jugendhilfeangeboten.[13] Dementsprechend ist es kaum bestritten, dass dem (kognitiven) Verstehen[14] im Kontext von Adressat*innenkontakten eine große Bedeutung zukommt. Der „Teufel" steckt hierbei – wie in vielen Dingen – allerdings im Detail. So ist Verstehen ein hochkomplexer kognitiver Vorgang, der auf zahlreichen Zwischenschritten beruht. Informationen müssen mitgeteilt, durch Adressat*innen vernommen, verarbeitet und dann idealerweise reflektiert sowie praktisch zur Anwendung gebracht werden können, wenn von einem vollständigen und handlungsermög-

---

11   Vgl. Henrich, 2012, S. 151; Maaß & Rink, 2018, S. 17. Siehe auch die weiteren Beiträge in diesem Band.

12   Vgl. hierfür auch die weiteren Beiträge in diesem Band.

13   Vgl. Riekenbrauk, 2014; Lampe & Schmoll, i. E., m. m. N. Damit sei nicht gesagt, dass alldiese Maßnahmen nicht auch ohne Verstehen eine Wirkung in die intendierte oder nicht-intendierte Richtung entfalten können. Im Sinne einer Koproduktion ist aber ein gegenseitiges Verstehen zumindest in Grundzügen unverzichtbar. Weiterhin sei angemerkt, dass ein vollständiges gegenseitiges (Fremd-)Verstehen in der menschlichen Kommunikation wohl eher eine Ausnahme darstellt. „Verstehen" und „Verstanden-Werden" im Kontext dieses Artikels meint in diesem Sinne v. a. das Vorhandensein bzw. die Entstehung handlungsermöglichenden verfahrensbezogenen Wissens sowie eine Kommunikationssituation, in der junge Menschen ihre Erfahrungen, Weltsichten und Bedürfnisse mitteilen und diese reflexiv von Fachkräften in ihr professionelles Handeln einbezogen werden können (siehe auch Abschnitt 4).

14   Abzugrenzen ist es vom rein akustischen Verstehen, bei welchem es sich um die Möglichkeit, das gesprochene Wort wahrzunehmen, handelt, vgl. Artkämper, 2021, S. 232.

lichenden Verstehen ausgegangen werden soll.[15] Hierbei spielen individuelle und je Fall unterschiedlich gegebene Voraussetzungen eine große Rolle, denn die betroffene Gruppe junger Menschen zeichnet sich durch eine große Heterogenität aus, so dass die Anforderung einer jugendgerechten Kommunikation deutlich schwieriger erscheint, als auf den ersten Blick anzunehmen ist. Im Folgenden werden daher häufig auftretende Herausforderungen bzw. Schwierigkeiten im Verstehensprozess vorgestellt, die bei der konkreten Fallarbeit in Jugendstraf- oder Jugendhilferechtsverfahren mit jungen Menschen berücksichtigt werden sollten.[16]

2.1   Vielzahl an Personen, Professionen und Institutionen

In institutionellen Kontexten wie Jugendstrafverfahren oder einzelfallbezogenen Fallkonferenzen werden junge Menschen – sofern sie überhaupt an Zweiterem beteiligt werden[17] – mit einer Vielzahl an unterschiedlichen Personen und Professionen konfrontiert. Diese institutionellen Kontexte stellen für junge Menschen zumeist besondere und für sie nichtalltägliche soziale Situationen dar,[18] die in einem für sie fremden Sozialraum stattfinden, der von einem je unterschiedlichen institutionellen Handlungs- und Spezialwissen vorgeprägt und vorstrukturiert ist. Für junge Menschen ist es – selbst bei erheblicher Erfahrung im Kontakt mit dem Jugendhilfe- oder Justizsystem – schwierig, trennscharf zwischen den Aufgaben von Polizei, Staatsanwaltschaft, Jugendgericht, Jugendhilfe sowie ggf. Rechtsanwält*innen, Gutachter*innen, Schule und Bildungseinrichtungen oder auch Arbeitsverwaltung zu unterscheiden. Jede dieser Institutionen verfügt über eigene Handlungsprinzipien, Ziele, fachliche Orientierungen und Strukturen. Hinzukommt zumeist eine eigene „Problem-" oder Fachsprache, mit der Fälle analysiert, betrachtet und bearbeitet werden.[19] Diese sind einerseits oftmals Ursache der häufig anzutreffenden Kommunikations-

---

15 Vgl. Artkämper, 2021, S. 232 f.

16 Im Folgenden werden v. a. Schwierigkeiten und Fallstricke der Kommunikation von Fachkräften mit jungen Menschen und ihren Familien thematisiert. Es ist zu beachten, dass es in der Praxis auch immer wieder vorkommt, dass erst gar keine Versuche unternommen werden, die Grundzüge eines Straf- oder Jugendhilfeverfahrens ausreichend zu vermitteln. In solchen Fällen erscheint ein *Verstehen* bereits im Ansatz ausgeschlossen, wenn nicht externe Akteur*innen vermittelnd eingreifen (z. B. Anwält*innen).

17 Bundesweit scheint dies eher eine Ausnahme darzustellen. Vgl. DVJJ, 2022, S. 3.

18 So auch Dollinger, Fröschle et al., 2016, S. 333.

19 Vgl. Pfadenhauer, 2005; Hammerschmidt, Hans et al., 2020.

probleme bei multiprofessionellen Kooperationsbestrebungen, stellen andererseits aber auch erhebliches „Verwirrungspotenzial" auf Seiten der jungen Menschen dar.[20] Die jungen Menschen kennen und sprechen die häufig von den Akteur*innen unbewusst genutzten, ihnen „zur zweiten Natur"[21] gewordenen Fachbegriffe nicht[22] und sind mit den sie betreffenden Verfahrensabläufen nicht vertraut.[23] Selbst innerhalb eines bestimmten institutionellen Systems, wie z. B. des Justizsystems, bestehen verschiedene Formen der Fallarbeit, die für junge Menschen nicht auf Anhieb ersichtlich sind. So war beispielsweise in unserer Studie am Deutschen Jugendinstitut keinem der befragten jungen Menschen klar, was ein Schöffengericht ist, warum dort neben hauptamtlichen Richter*innen noch „andere Menschen" anwesend sind und „etwas zu sagen" haben und wie die gerichtliche „Eskalationsdynamik" vom Amtsgericht zum (Ober-) Land(es)gericht in ihren möglichen Konsequenzen zu bewerten ist.

2.2 Spezifische Codes und Rituale im Konflikt mit der „Alltagswelt" oder: Was genau hab ich da jetzt eigentlich warum bekommen?

Gerichtsverhandlungen folgen immer einer gewissen rituellen Dramaturgie und Aufführungslogik, nach der die Aufgaben und Sprechrechte sowie die Rollen in diesen Verfahren verteilt sind.[24] So beginnen und enden Gerichtsverhandlungen immer auf dieselbe Weise, es ist u. a. geregelt, wann Zeug*innen und Angeklagte sprechen dürfen, wer wann Nachfragen stellen darf. Dieses größtenteils standardisierte Vorgehen soll aus rechtsstaatlicher Perspektive Verfahren absichern und vergleichbar machen.[25] Dabei spielen sowohl sichtbare als auch für Außenstehende auf den ersten Blick unsichtbare bzw. formelle und informelle Kommunikationsformen (Codes)[26] ebenso eine Rolle wie bestimmte Verhaltenserwartungen gegenüber angeklagten jungen Menschen. Sie sollen zu

---

20   Es ist allerdings zu beachten, dass diese Perspektivenvielfalt und die Möglichkeit, einen jungen Menschen bzw. einen Fall aus verschiedenen Blickwinkeln zu betrachten, gleichzeitig auch eine Stärke des Verfahrens ist, da wohl nur so komplexe und ambigue Konstellationen Beachtung finden können.

21   Bourdieu, 2012, S. 585.

22   Vgl. hierzu auch Artkämper, 2020, S. 76.

23   Vgl. hierzu schon Muth, 1984, S. 58, 68.

24   Vgl. Legnaro & Aengenheister, 1999.

25   Vgl. Luhmann, 1969 bzw. allgemein zu (institutionellen) Ritualen: Bosch, 2016.

26   Vgl. Liebler & Zifonun, 2017; Starystach, 2017.

einem bestimmten Zeitpunkt aufstehen, nur zu bestimmten Zeitpunkten sprechen, sollten idealerweise gewisse Höflichkeitsfloskeln nutzen und mit den „richtigen" Worten ihre aufrichtige Veränderungsbereitschaft signalisieren. Da es sich hierbei um hochreglementierte Formen der Fallbearbeitung unter Mitwirkung verschiedenster Professionen mit ihrem je eigenen professionellen Habitus handelt (siehe 2.1),[27] weicht die in den Verfahren oder einzelfallbezogenen Fallkonferenzen genutzte Sprache und Rhetorik erheblich vom alltagsweltlichen Verständnis der meisten jungen Menschen sowie ihrer Eltern ab. Dies gilt besonders für die „Ergebnisse" solcher Verfahren, in der die Differenz zwischen juristischer Sprache und alltagsweltlicher Deutung am sichtbarsten wird.[28] So kann beispielsweise die Verhängung einer Auflage, Weisung oder auch eines Jugendarrestes als „Strafe" empfunden werden, obwohl dies in juristischem Verständnis keine „Strafe" darstellt. Eine andere Möglichkeit ist die Fehlinterpretation einer zur Bewährung ausgesetzten Jugendstrafe als Freispruch, weil das Konstrukt der Bewährung (v. a. in seinen ggf. verzögert eintretenden Konsequenzen) nicht hinreichend bekannt ist.[29]

Als weitere Komplexitätsdimension zu dieser „Vorderbühne" professioneller Inszenierungen im Rahmen von institutionalisierten Zusammenkünften[30] kommt eine institutionelle „Hinterbühne" hinzu. Trotz unterschiedlicher und mitunter konfrontativer Rollen in einer Hauptverhandlung mögen sich Verteidiger*innen und Staatsanwält*innen außerhalb des Gerichtssaals schätzen, die Jugendhilfe im Strafverfahren kann schon im Vorhinein (vgl. § 52 Abs. 2 SGB VIII) die Weichen auf einen bestimmten Verfahrensausgang gestellt haben oder der Polizei sind Informationen über einen jungen Menschen „über den kurzen Dienstweg" bekannt geworden. Dies macht es für junge Menschen und ihre Eltern noch schwieriger, ein gesamtes Verfahren bzw. ihre institutionellen Kontakte zu überblicken und nachzuvollziehen, wenn sie nicht aktiv in diese Prozesse eingebunden worden sind.

---

27 Vgl. Morlok & Kölbel, 2001.
28 Vgl. Riekenbrauk, 2014.
29 Besonders deutlich wird das Auseinanderfallen von Alltags- und juristischer Logik beim Beispiel des „Warnschussarrestes". Speziell für Jugendstrafverfahren siehe auch: Schultz, 2014.
30 Diese dient als „Legitimation durch Inszenierung" ebenfalls der Absicherung und gesellschaftlichen Akzeptanz von Verfahren. Vgl. Schwarte, 2019.

2.3   Soziale, kulturelle und sprachliche Zugangsbarrieren in institutionellen Kontexten

Der Zugang zu öffentlichen Institutionen ist in Deutschland eine soziale Frage. Studien weisen immer wieder darauf hin, dass die soziale Herkunft nicht nur den Bildungserfolg,[31] die Chancen zum gesellschaftlichen Aufstieg[32] oder den Zugang zum Gesundheitswesen[33] maßgeblich beeinflusst, sondern auch das Selbstvertrauen und die Souveränität im Umgang mit den Institutionen des Sozial- und Rechtsstaates. Menschen aus prekären sozioökonomischen Verhältnissen beschreiben immer wieder Ängste, Überforderungsgefühle oder Momente der Machtlosigkeit und Wut, wenn sie in Kontakt mit (staatlichen) Institutionen oder ihren Vertreter*innen kommen. Teilweise bestehen familiär intergenerational weitergegebene Gefühle der Nicht-Zugehörigkeit und Nicht-Teilhabe bzw. eines Ausgeliefertseins gegenüber gesellschaftlichen (Veränderungs-)Prozessen. So können beispielsweise Orte der Bildung, der Kultur oder auch der Verwaltung als undurchschaubar bis feindselig wahrgenommen werden, was im Kontakt mit staatlichen Institutionen sowohl Passivität als auch bisweilen Aggression auslösen kann.[34] Mitunter irrational erscheinende Handlungsweisen, wie z. B. die Nicht-Inanspruchnahme helfender pädagogischer oder therapeutischer Angebote oder auch eine gewisse „Schüchternheit", sich an professionelle Fachkräfte in laufenden Verfahren zu wenden, können in diesen Armutserfahrungen und den mit ihr verbundenen Erlebnissen und Ängsten einen ihrer Ursprünge haben. Dies gilt umso mehr für das *Verstehen* von Angeboten und Interventionen. Auch wenn es sich sicherlich höchst unterschiedlich je jungem Menschen bzw. je Familie darstellt, so kann und darf die Bedeutung der sozialen Schichtung und z. B. auch der damit in Zusammenhang stehenden Bildung des*der Einzelnen, was das *Verstehen* und die Wahrnehmung rechtlicher, pädagogischer oder polizeilicher Interventionen angeht, nicht unterschätzt werden. Dies gilt einerseits in der dargestellten emotionalen oder psychologischen Perspektive, andererseits greifen aber auch simple monetäre Prozesse, wie der erschwerte Zugang zu (engagierten) Rechtsanwält*innen bei einem geringen Haushaltseinkommen.[35]

---

31   Vgl. Stanat & Edele, 2011; Brungs, 2018; Arens, 2007.
32   Vgl. Zamzow & Krahl, 2020; Hartmann & Kopp, 2001.
33   Vgl. Lampert, Richter et al., 2016.
34   Vgl. v. a. literarische oder autobiografische Zugänge: Eribon, 2016; Aumair & Theißl, 2020; Seeck, 2022.
35   Vgl. Steinke, 2022.

Eng mit diesen sozialen Zugangsbarrieren sind auch kulturelle bzw. migrationsbedingte Barrieren beim *Verstehen* durch junge Menschen und ihre Eltern verbunden, da es sich bei Armut und Zuwanderung um zwei sich mitunter überschneidende Phänomene handelt. Aber auch darüber hinaus können migrationsspezifische Faktoren relevant werden. Schlechte Erfahrungen mit staatlichen Institutionen während der Migration/auf der Flucht oder in der Herkunftsgesellschaft (wie z. B. Korruption) können dazu führen, dass an der Aufrichtigkeit der Bemühungen institutioneller Akteur*innen Zweifel bestehen. Gleiches gilt beispielsweise für die in Europa jahrhundertewährende und z. T. bis heute anhaltende Verfolgung bzw. Diskriminierung von Sinti- und Roma-Familien, die mit einer Art Wagenburgmentalität gegenüber staatlichen Zugriffsversuchen einhergehen kann.[36] Daneben ist in grundsätzlicher Perspektive zu beachten, dass allein in Europa vier bis fünf distinkte Rechtssysteme existieren, in denen die Aufgaben der verschiedenen beteiligten Institutionen erheblich variieren können, so dass ein *Verstehen* und Auskennen mit den für Deutschland spezifischen Strukturen nicht ohne weiteres vorausgesetzt werden kann.[37]

Abschließend sei auf sprachliche Barrieren beim *Verstehen* hingewiesen. Eine gelingende Kommunikation in Jugendstrafverfahren und in einzelfallbezogenen Fallkonferenzen ist an das Finden einer gemeinsamen Sprache als Kommunikationsbasis gebunden. Dies gilt dabei in zweierlei Hinsicht: Zum einen kommen Sprachgrenzen in Betracht, die „aus einer migrationslinguistischen Situation" resultieren,[38] dadurch das die Sprechenden unterschiedliche (Mutter-) Sprachen haben. Zum anderen können sich Sprachbarrieren daraus ergeben, dass unterschiedliche Gruppierungen unterschiedliche sprachliche Gewohnheiten haben. Auch diese Sprachbarrieren können Nicht-Verstehen oder Missverständnisse evozieren:[39] Zugleich ist zu bedenken, dass auch ein nicht unerheblicher Anteil der in Deutschland geborenen und aufgewachsenen Erwachsenen die spezifischen Regelungen des JGG und SGB VIII ohne Unterstützung wohl nicht ohne weiteres nachvollziehen könnte.

---

36 Vgl. Scherr, 2016.
37 Aus eigener Projekterfahrung kann gesagt werden, dass bereits das ansatzweise Verstehen der Regelungen im Schweizer Jugendstrafrecht in Vorbereitung einer gemeinsamen Vortragsveranstaltung mit eidgenössischen Kolleg*innen den Autor*innen dieses Textes mehrere gemeinsame Sitzungen abverlangt hat.
38 Klocke, 2011, S. 2.
39 Vgl. hierzu auch Klocke, 2011, S. 2.

2.4   Hohe psychische Belastungen in Jugendstrafverfahren

Jugendstrafverfahren stellen für junge Menschen oftmals Situationen hoher psychischer Belastung dar: Diffuse Ängste der jungen Menschen beziehen sich auf die von ihnen nicht kontrollierbaren Ausgänge der Verfahren und Gefühle des Ausgeliefertseins gegenüber institutionellen Akteur*innen.[40] Dies kann mitunter Über- und Belastungsreaktionen in Form von Schlafstörungen oder Depressionen hervorrufen. Zudem bestehen angesichts der strafrechtlichen Vorwürfe oftmals eine gewisse Scham und auch Ungewissheit, wie das soziale Umfeld – seien es Eltern, Freund*innen oder Lehrkräfte – auf die (mutmaßlichen) Straftaten und auf die Existenz bzw. noch viel mehr auf den Ausgang des Verfahrens reagieren. Den jungen Menschen sind die Folgen möglicher Stigmatisierungs- und Etikettierungsprozesse zumeist intuitiv in Ansätzen bewusst.[41] Dies gilt, das legen auch unsere Interviews nahe, insbesondere dann, wenn als persönlich empfundene Informationen über den engen Rahmen der an Jugendstrafverfahren direkt beteiligten Professionen hinaus Verbreitung finden. Gerade gegenüber dem Schulsystem und den Ausbildungs- oder Lehrbetrieben erhoffen sich die jungen Menschen Verschwiegenheit, da sie ansonsten größere Probleme für ihre kurz- und mittelfristige Zukunft befürchten. Auch mögliche ausländerrechtliche Auswirkungen einer jugendstrafrechtlichen Entscheidung[42] sind häufig gestellte und weder pauschal noch einfach zu beantwortende Fragen. Diese stellen indes für die jeweils Betroffenen drängende und existenzielle Fragen dar, die ebenfalls zu Ängsten, auch hinsichtlich des weiteren Verbleibs in Deutschland, führen.

Diese psychisch-emotionalen Belastungen können dazu führen, dass bei jungen Menschen der Wunsch entsteht, den Schwebezustand des Verfahrens schnellstmöglich zu beenden. So berichtete uns ein junger Mann, der wegen eines Verkehrsdeliktes – aus seiner Sicht aufgrund einer bloßen und eigentlich leicht zu klärenden Verwechslung – beschuldigt war, dass es einen Zeitpunkt in seinem Verfahren gab, an dem er jedweden Verfahrensausgang akzeptiert hätte, nur damit die mit dem Verfahren verbundene Unsicherheit bzgl. seines Führerscheines und damit seines weiteren Ausbildungsverlaufes aufhören würde. Erst

---

40   Vgl. hierzu schon Muth, 1984; Dollinger, Fröschle et al., 2016.
41   Vgl. Hickert, Bushway et al., 2022; Schulte, 2019; Quensel, 1970.
42   Jugendstrafrechtliche Entscheidungen können sich u. a. auf die Erteilung, Verlängerung oder den Widerruf der Aufenthaltserlaubnis, auf die Ausweisung, das Erlöschen der Aufenthaltserlaubnis oder auf die Einbürgerung auswirken, vgl. hierzu ausführlich Schmoll, 2020, S. 290 ff. m. w. N.

nach längeren Gesprächen mit seinem Anwalt und der Jugendhilfe im Strafverfahren war er bereit, seine ihm zustehenden Verfahrensrechte auszuüben.[43]
Ohne Unterstützung hätte der junge Mann sich weder getraut, seine Rechte in
Erfahrung zu bringen, noch Aussagen hinsichtlich des Sachverhaltes zu machen. Er wollte das Verfahren nicht verstehen, sondern vor allem beenden. Unter diesen Bedingungen wäre zwar der Fall aus institutioneller Sicht als prob-
lemlos erschienen, aber sowohl dem Erziehungsgedanken des Jugendstrafrechts als auch rechtsstaatlichen Prinzipien wäre nicht genüge getan worden.

2.5 Die Masse an Informationen, verschiedene Entwicklungs- stadien und Verstehen als langwieriger Prozess

Neben der Vielzahl an Institutionen und Fachkräften, Zugangsbarrieren und
den psychischen Belastungen eines Strafverfahrens erschwert ein weiterer Fak-
tor das *Verstehen* durch junge Menschen: die schiere Masse an zu verarbeitenden
Informationen. Nicht umsonst setzt die Tätigkeit in Polizei, Sozialer Arbeit oder
Justiz eine langjährige Ausbildung und oftmals ein Studium voraus. Dies führt
dazu, dass manche „Informationsblätter" den Umfang von sieben Seiten erreichen und in juristischen Details jedwede Verfahrensmöglichkeit durchdeklinie-
ren.[44] Dies mag seine rechtliche Bewandtnis, entsprechende inhaltliche Richtigkeit und Vollständigkeit haben, fördert aber nicht die Bereitschaft junger Menschen, sich mit dem Verfahren auseinanderzusetzen, denn die Informations-

---

43 Die entlastende Wirkung von nachvollziehbaren Erklärungen über Verfahrensabläufe und
die (möglichen) jugendstrafrechtlichen Reaktionen lässt sich in folgendem Zitat nachvollziehen möglicher: „Und dann habe ich nochmal angerufen, sie war sehr, sehr nett, die
Dame [...] Das war das erste Mal, wo ich richtig aufgeklärt wurde- worden bin, was passier-
ten könnte, was passiert, wies es weitergeht, wie es nicht weitergeht. Das war gut. Dann
war es mir leichter. Nach dem ging es mir auch psychisch wieder ein bisschen besser. Also
bergauf" (I8).

44 Vgl. hierfür z. B. das „Merkblatt – Informationen über die Grundzüge eines Jugendstrafverfahrens" „Belehrung von aufgrund eines Haftbefehls festgenommenen Personen", die
„Belehrung von aufgrund eines Unterbringungsbefehls oder eines Sicherungsunterbrin-
gungsbefehls festgenommenen Personen im Jugendstrafverfahren", die „Belehrung von
vorläufig festgenommenen Personen im Jugendstrafverfahren", die „Belehrung von zur
Identitätsfeststellung festgehaltenen Personen im Jugendstrafverfahren", die „Beschul-
digtenbelehrung nach § 136 Abs. 1 StPO, §§ 70a, 70b, 109 Abs. 1 JGG"; sie sind derzeit in
albanischer, arabischer, bulgarischer, deutscher, englischer, französischer, polnischer, ru-
mänischer, russischer, serbischer, spanischer und türkischer Sprache (alphabetische Nen-
nung) auf den Seiten des BMJ abrufbar (BMJ, 2022).

blätter lassen überwiegend eine adressat*innengerechte (An-)Sprache vermissen. Im Kontext von einzelfallbezogenen Fallkonferenzen kommen dabei noch die Regelungen des Sozialdatenschutzes und eventuelle Einverständniserklärungen hinzu, die in ihren Konsequenzen nur schwer für junge Menschen und ihre Eltern zu überblicken sind.

Wie gut junge Menschen und ihre Eltern die auf sie einströmenden Informationen und Anforderungen verarbeiten können, hängt neben sozialen, kulturellen und sprachlichen Faktoren auch von kognitiven Aspekten ab. Zum einen ist die Altersspanne in Verfahren nach dem JGG entwicklungspsychologisch betrachtet sehr groß: Zwischen 14- und 19-Jährigen können erhebliche Unterschiede bestehen. Zum anderen können gerade bei jungen Menschen in Strafverfahren auch besondere kognitive Herausforderungen vorliegen,[45] die in der Kommunikation mit ihnen Berücksichtigung finden müssen, wenn ein gegenseitiges *Verstehen* erzielt werden soll. Damit eng verbunden ist die Tatsache, dass aus sprachwissenschaftlicher Perspektive das Code-Switching,[46] also die gleichzeitige Kommunikation in verschiedenen Sprachen (z. B. von jungen Menschen mit Eltern, die nur über wenige Deutschkenntnisse verfügen), bzw. aus sozialwissenschaftlicher Perspektive das Wissen darum, wann und wie es sozial angemessen ist, zwischen informellen und formellen Kommunikationsformen zu wechseln,[47] eine der herausforderndsten (und letztendlich wiederrum sozial vermittelten)[48] kognitiven Fähigkeiten ist.

3   Dimensionen des *Nicht-Verstehens*

Nachdem mögliche Fallstricke des *Verstehens* vorgestellt wurden, soll nun auf Basis empirischer Daten aus unserem Forschungsprojekt aufgezeigt werden, worauf sich das *Nicht-Verstehen* durch junge Menschen und ihre Eltern beziehen kann. Nachfolgendes ist nicht abschließend, sondern zeigt paradigmatisch verschiedene Dimensionen des *Nicht-Verstehens* auf. Dies kann, so unsere Hoffnung, für die Fachpraxis gegebenenfalls Hinweise dafür liefern, in welchen Situationen oder Konstellationen eine intensivere Kommunikation mit jungen Menschen sinnvoll oder hilfreich sein könnte.

---

45 Vgl. Riekenbrauk, 2014.
46 Angermeyer, 2015, S. 142 ff.; Fuller, 1993; allgemein: Poplack, 2008.
47 Hößler, 2022; Nähr-Wagener, 2022.
48 Vgl. Bernstein, 1970.

Es gibt – wie bereits im vorherigen Abschnitt angeklungen – im Allgemeinen grundsätzliche Probleme bezüglich des *Verlaufes des Verfahrens, seiner Grundsätze* und der *eigenen Position darin.* Dies bezieht sich sowohl darauf, welche Verfahrensschritte aufeinander folgen, wie diese aufeinander aufbauen, als auch darauf, wie die eigenen Einflussmöglichkeiten auf das Verfahren aussehen bzw. welche Konsequenzen das eigene Verhalten haben kann. Beispielhaft dafür steht die Aussage aus dem zehnten von uns geführten Interview, in dem ein junger Mann gefragt wurde, ob er wusste, was seine Rechten und Pflichten sind:

> „Nee, nee. Also das- Ich wusste halt, dass ich nicht aussagen muss oder sowas so, dass- So diese Standardsachen [...] Irgendwie dachte ich nach jeder Aussage so, oh, das könnte vielleicht kritisch sein, vielleicht habe ich jemanden verraten, sag ich jetzt mal so oder oder oder vielleicht haben die mich jetzt, oder vielleicht können die mir jetzt eine Strafe geben. [...] Man hat sich einfach richtig unwohl gefühlt, würde ich jetzt mal sagen, weil man einfach nicht wusste, so ja, genau, was man für Rechte hat oder was die für Rechte haben, eher gesagt so, ich-, weil man-. Die können ja machen, was sie wollen, so gefühlt. Also das ist zwar auch nicht so, aber man weiß nicht genau, was die mit einem machen können so."[49]

Eine weitere von uns befragte Person schilderte, im Kontext von Drogendelikten bereit gewesen zu sein, umfänglich auszusagen, aber vorher nicht über die Konsequenzen und die Einsehbarkeit seiner Aussagen informiert worden zu sein (I13). Infolgedessen sieht sich die Person nun seit längerer Zeit körperlichen Drohungen ausgesetzt, da ehemalige Bekannte und Mitangeklagte die Aussagebereitschaft als Verrat aufgefasst haben.

In speziellerer Perspektive kann sich das *Nicht-Verstehen* aber auch auf die *Vorgänge vor Gericht* beziehen. Dies gilt dabei einerseits für das Vorgehen in der Gerichtsverhandlung selbst. So ist oft nicht bekannt, wer die anwesenden Personen sind und welche Aufgaben sie haben:

> „Da gab es halt immer nur die eine Richterin, diese eine Frau, die halt vorliest, was passiert, ich weiß nicht, wie man das nennt [...] Der Herr [Jugendgerichtshelfer] hat der Richterin halt auch immer Vorschläge gemacht, welche Strafe ich jetzt kriege oder so, Sozialstunde oder was weiß ich." (I15).

---

49 Das lange Zitat wurde an dieser Stelle auch gewählt, um die sprachliche Unsicherheit der jungen Menschen aufzuzeigen, die gleichfalls als Ausdruck einer allgemeinen Verunsicherung verstanden werden kann.

Auch eine gewisse Form der Überforderung kann in Anbetracht der Vielzahl an Personen mit ihren unterschiedlichen Funktionen entstehen. Andererseits gibt es Probleme bezüglich der direkten Kommunikation in der Gerichtsverhandlung. So sagte ein befragter Jugendlicher: „Andere wissen mit 15, was die ganzen Fremdwörter schon bedeuten. Ich wusste es nicht, ich hab es nicht gewusst, nein, wusste ich einfach nicht." (I6).

Im Zitat aus Interview 15 wird auch deutlich, dass z. T. erhebliche Unklarheiten bezüglich der Rollen der Verfahrensbeteiligten bestehen. So hat der junge Mensch das Verhalten der Jugendhilfe im Strafverfahren dahingehend interpretiert, dass sie dem Richter Sanktionierungsvorschläge unterbreitet. Zu beobachten ist dabei, dass die Staatsanwaltschaft fast durchgängig als strafende, fast niederträchtige Institution wahrgenommen wird, während gerade aufgrund dieser Negativwahrnehmung Richter*innen zumeist positiv wahrgenommen werden: „Ich mag den Staatsanwalt nicht, aber den Richter, den ich hatte, den mochte ich echt sehr, der stand auch auf meiner Seite jetzt, als der Staatsanwalt mich reinschicken wollte" (I7). Die verfahrenstechnischen Aufgaben werden dabei als persönliche und individuelle Interessen gedeutet.

Eine weitere Dimension des Nicht-Verstehens betrifft den Umfang und den Inhalt der ergangenen *Rechtsfolgen*, die mitunter zu Missverständnissen führen oder als Ungerechtigkeit empfunden werden, die wiederum in Frustration, Enttäuschung oder in Überraschungseffekte münden können:

> „Und dann bekomme ich aber Wochen später die Post von der Staatsanwaltschaft mit der Zahlungsaufforderung, wo mir dann erklärt wird, dass das so lange in meinem Register drinne steht, bis ich die Summe abbezahlt habe. Und dann dachte ich mir halt wieder so, hey, das hättet ihr mir ja gleich sagen können." (I11).

Es scheint eine Schwierigkeit darzustellen, in der konkreten Hauptverhandlungssituation den jungen Menschen das ergangene Urteil mit allen seinen daraus resultierenden Konsequenzen, auch registerrechtlicher Art, zu vermitteln.

Junge Menschen können sich zudem alleine gelassen fühlen aufgrund unzureichender Informationen über den Fortgang und Ablauf des Verfahrens, z. B. nach erfolgtem Entzug der Fahrerlaubnis. Nachdem die Informationen durch die Fahrerlaubnisbehörde nicht gewährt oder nicht hinreichend verständlich für einen betroffenen jungen Menschen sein können, suchen und finden sie selbst nicht immer, aber mitunter die richtigen Antworten auf die für sie drängenden Fragen durch Recherche im Internet oder Nachfragen bei kundigen Angehörigen:

„Weil es sind halt jetzt schon drei Monate vergangen, seitdem ich halt meinen Führerschein nicht mehr habe, und ich habe quasi keinerlei Info, was passiert, und- außer, dass ich halt- Also wenn ich nicht im Internet geguckt hätte oder so was oder halt eine Tante hätte, die Ahnung davon hat, wüsste ich bis jetzt noch nicht, dass ich MPU machen muss." (I19)

Trotz den eben aufgezeigten Dimensionen des *Nicht-Verstehens* besteht bei jungen Menschen gleichwohl die Annahme, alles zu verstehen, was ihre Rechte, Pflichten und die Verfahrensabläufe anbetrifft: „Ja, ich wusste gefühlt alles. Hat mir alles Herr [Jugendgerichtshelfer] erklärt, bevor- bevor das passiert" (I14). Hier offenbart sich eine weitere, auch schon von Artkämper oder Riekenbrauk[50] angesprochene Problematik: Es bestehen (bisher) keine Methoden, um das Verstehen seitens junger Menschen empirisch abgesichert nachzuvollziehen und ein bloßes einfaches Nachfragen erscheint in den wenigsten Fällen ausreichend. Es ergibt sich gerade für die Fachpraxis die Notwendigkeit, einzelfall-, situations- und kontextbezogen ein ausreichendes *Verstehen* seitens der jungen Menschen sicherzustellen.

4 Das *Verstanden-Werden* der jungen Menschen durch institutionelle Akteur*innen oder: Was wünschen sich junge Menschen von einem Strafverfahren?

Erleben junge Menschen gegen sie gerichtete Verfahren, interpretieren sie diese im Kontext ihrer eigenen Biografie. Ihre biografisch erworbenen Lebens- und Sozialisationserfahrungen, ihre bisherigen gelungenen oder gescheiterten Kontakte mit im Auftrag von Institutionen handelnden Akteur*innen und ihre vergangene sowie derzeitige Lebenswelt prägen ihre Wahrnehmung sowie ihren Blick auf die ihnen vorgeworfenen Taten, die erfolgenden Verfahrensschritte und die Arbeit der beteiligten Fachkräfte. Diese biografischen Konstellationen beeinflussen dabei einerseits die mit den Verfahren verbundenen Hoffnungen, Ängste, Erwartungen, Befürchtungen und Ziele. Andererseits hängt davon ab, wie sie sich ihr (vermeintlich) delinquentes Verhalten sowie das Agieren der institutionellen Akteur*innen erklären.[51] Diese (Selbst-)Erklärungen haben für Jugendstrafverfahren oder einzelfallbezogene Fallkonferenzen eine kaum zu überschätzende Relevanz, da im Rahmen dieser Verfahren und im Kontext institu-

---

50 Artkämper, 2021; Riekenbrauk, 2014.
51 Vgl. auch Dollinger, Fröschle et al., 2016; Dollinger & Fröschle, 2017.

tioneller Kontakte immer wieder Situationen auftreten, in denen junge Menschen gezwungen werden, sich selbst und ihr Verhalten zu erklären und beurteilen zu lassen.[52] Dollinger et al.[53] berichten in diesem Zusammenhang von zwei häufig vorzufindenden Erklärungsmustern junger Angeklagter. So kann das eigene Verhalten als eigenlogische und sich selbst verstärkende Sequenz bzw. im Sinne Goffmans als „tragische Geschichte"[54] verstanden werden. Damit ist gemeint, dass junge Menschen ihren Lebensweg als so prekär begreifen, dass ihnen abweichendes Verhalten quasi „in die Wiege gelegt" wurde. Als Gegenbeispiel führen Dollinger et al. junge Menschen an, die eher beschreiben, dass sie trotz nicht per se kriminogener Lebensumstände – z. B. aufgrund des Kontaktes zu „schlechten" Freund*innen – eher zufällig in kriminelle Verhaltensweisen „reingerutscht" wären.[55]

Beide (Selbst-)Erklärungen dienen in gewisser Weise der Verantwortungsdelegation,[56] stehen aber auch für das Bedürfnis junger Menschen; in ihrer biografischen Gänze als Mensch wahrgenommen zu werden, der mehr ist als eine „kriminelle Person" oder ein*e Straftäter*in. Dabei ist wichtig, dass junge Menschen mehrheitlich durchaus akzeptieren, dass der Staat auf ihr Verhalten reagiert und dass Strafverfahren durchgeführt werden. Es erscheint ihnen größtenteils als normale und in gewisser Weise erwartbare Folge ihres eigenen Handelns: „Weil eigentlich ist man ja selber dran schuld. Man macht eine Scheiße und dann muss man halt mit den Konsequenzen klarkommen" (I05). Nichtsdestotrotz ist es ihnen wichtig, im Rahmen des Verfahrens ihre Sicht der Dinge darlegen zu können, zumindest in ihren Argumenten angehört und dabei ernstgenommen zu werden.[57]

---

52   Vgl. Gubrium & Hollstein, 2009, S. 114 ff. So auch bei Dollinger, Fröschle et al., 2016.
53   Vgl. Dollinger, Fröschle et al., 2016, S. 330 f.
54   Goffmann, 1973, S. 149 f.
55   Vgl. Dollinger, Fröschle et al., 2016, S. 330 f.
56   Vgl. Sykes & Matza, 1957.
57   Nachfolgendes Zitat steht exemplarisch dafür, wie das Zuhören eines Richters und das Gefühl, in seinen Belangen ernst genommen zu werden, sich auf den jungen Menschen auswirkt: „Ja, also der Richter hat mir richtig gut zugehört, muss ich sagen, da habe ich auch gemerkt, der hört mit zu, der will wissen, was ich genau erzähle. Aber so beim anderen Verfahren mit der Körperverletzung, da wurde mir gar nicht zugehört, und dann habe ich auch nicht mal erklären dürfen, warum ist was passiert, und immer, wenn ich was sagen wollte, weil ich auch konnte, wurde ich irgendwie nie so erwähnt, dass ich jetzt sprechen darf, und dann war das auch schon wieder so, wo ich mir dachte: ‚Warum darf ich nicht reden, wenn ich da drin mit verwickelt bin so?'" (I12).

Mit Blick auf die Daten unseres Forschungsprojektes lassen sich in allgemeiner Perspektive dabei zwei inhaltlich distinkte Idealtypen[58] mit Bezug auf die Wünsche und Bedürfnisse junger Menschen in Strafverfahren herausarbeiten. So zeigte sich einerseits eine Gruppe (1) junger Menschen, die – ähnlich wie in der Studie von Dollinger et al. – ihr deviantes oder delinquentes Verhalten als Folge von Peer- oder Gruppendynamiken, Alkohol-, Drogen- und Suchteinflüssen oder prekären bzw. konfliktreichen Biografien[59] beschrieben. Dieser Gruppe stand eine andere Gruppe (2) junger Menschen gegenüber, die mit Blick auf ihr Verfahren v. a. das ihnen (subjektiv wahrgenommene) zugefügte Unrecht betonten. Hierunter fallen z. B. eine ungerechtfertigte Beschuldigung aufgrund einer Verwechslung, die Nicht-Akzeptanz des entsprechenden Gesetzes bzw. der (neben-)strafrechtlichen Tatbestände (z. B. im Zusammenhang mit Betäubungsmitteldelikten), eine ungerechte Behandlung durch Verfahrensbeteiligte oder sogar die Erfahrung institutioneller körperlicher und psychischer Gewalt während des Verfahrens.[60] Beide Gruppen unterscheiden sich deutlich in ihren Hoffnungen und Erwartungen an das Verfahren und die beteiligten Fachkräfte. Während junge Menschen aus der Gruppe (1) v. a. auf ein ertragbares Urteil und „Glück" hofften, zu dem z. B. die Jugendhilfe im Strafverfahren beitragen sollte,[61] wünschte sich Gruppe (2) die Aufklärung und Anerkennung des ihnen zugestoßenen Unrechts oder zumindest die Bereitschaft, ihre Sicht auf das Verfahren als legitime Diskursposition zu verstehen.

Sicherlich ließen sich mit Blick auf die Vielzahl unterschiedlicher Fallkonstellationen ggf. noch weitere Idealtypen in dieser Hinsicht finden, doch dürften

---

58 Mit „Idealtypen" oder „idealtypisch" werden reine Formen einer Ausprägung oder auch Übersteigerungen benannt, die in der vorliegenden Empirie nicht derart vorgefunden wurden; es handelt sich um die Zuspitzung von Charakteristika, vgl. Haas & Scheibelhofer, 1998, S. 3.

59 Beispiel aus Interview 5: „Ich habe ein Drogenproblem, sagen die immer ständig, weil wenn ich kiffe und wenn ich Alkohol trinke, baue ich auch immer Scheiße, das stimmt auch."

60 Beispiel aus Interview 4 für eine von einem jungen Menschen erfahrene körperliche Gewalt durch Polizisten: „Bin ich aufgewacht und habe- Ich habe erstmal nichts gecheckt so, das mit meinem Gesicht halt. Ich hatte schon so ein bisschen Schmerzen, aber so gecheckt habe ich es halt nicht [...] und habe dann kurz mein Gesicht gesehen, und dann hab ich die gefragt: ‚Was habt ihr mit mir gemacht und so?' Sie so: ‚Ach nix, das sind nur ein paar Kratzer.' [...] Und dann hab ich erst richtig in den Spiegel gesehen dann, so wie ich eigentlich aussehe. Ja. Das war schon erschreckend."

61 Interview 5: „Also meine Erwartung war halt, also was ich mir gewünscht habe, dass sie mich aus den Problemen ein bisschen raus machen kann, also dass sie mir helfen tut, dass ich halt eine niedrige Strafe bekomme."

diese zwei Gruppen allein schon die mitunter höchst unterschiedlichen Erwartungen und Bedürfnisse junger Menschen abbilden. Wie auch Dollinger et al. betonen,[62] dürfen diese Muster der Selbst- und Fremdwahrnehmung nicht (nur) als bloße strategische Aussagen zur Strafvermeidung angesehen werden. Sie bieten Fachkräften Anschlussmöglichkeiten für ein gegenseitiges *Verstehen* und den Aufbau von Kommunikationsbeziehungen, die ein positives Einwirken auf junge Menschen ermöglichen können. Gleichzeitig – und dies ist die Kehrseite der Medaille – kann das Ignorieren dieser Bedürfnisse allerdings auch den jugendstrafrechtlichen Erziehungsgedanken konterkarieren. Denn nicht immer gelingt es den beteiligten Fachkräften, jungen Menschen auf „Augenhöhe" zu begegnen, wie folgendes Zitat zeigen kann:

> „Das war wirklich wie eine einzige Mühle, wo man halt irgendwie unter die Räder kommt und irgendwie versucht, wieder einigermaßen rauszukommen. Nee, das ging nicht um das Warum, es geht eigentlich nur: ‚Hör auf, sonst wird es richtig schlimm!' Und meine Sicht war null gefordert." (I9)

Dieser Erkenntnis folgend beschäftigt sich Abschnitt 5 mit den Folgen eines fehlschlagenden oder nur partiell gelingenden gegenseitigen Verstehens. In der Realität der Praxis dürfte es sich beim *Verstehen* um verschiedene Grade des gegenseitigen Verstehens handeln. Vollständiges Verstehen bzw. vollständiges Nicht-Verstehen dürfte die Ausnahme darstellen.

5   Die Folgen nicht gelingender Kommunikation im Rahmen institutioneller Kontakte

Junge Menschen reagieren zumeist sehr sensibel auf Erfahrungen im Rahmen von Strafverfahren und den damit verbundenen persönlichen wie institutionellen Kontakten. In unseren Interviews wurde von mehreren jungen Menschen explizit positiv erwähnt, wenn sie das Gefühl hatten, dass sie bei polizeilichen Vernehmungen respektvoll behandelt wurden, sich die Jugendhilfe im Strafverfahren für ihre Lebensgeschichte interessiert hat oder ein*e Richter*in während der Hauptverhandlung auf ihre Sichtweisen eingegangen ist.[63] Allerdings kann

---

[62] Dollinger, Fröschle et al., 2016, S. 339.
[63] Vgl. auch Dollinger, Fröschle et al., 2016, S. 339. Die jungen Menschen waren unter diesen Umständen durchaus bereit, ein für sie mit negativen Konsequenzen verbundenes Urteil zu akzeptieren, wenn das Gefühl bestand, dass es auf einem ihnen gegenüber fairen Art und Weise zustande gekommen ist. Farren und Wetzels (2022, S. 336) zeigen in ihrer

das Scheitern entsprechender Kommunikation auch zu *Frustration* führen. So heißt es in einem Interview:

> „Aber wie soll man das erklären? Wenn ich weiß, ich habe Recht, ich stehe im Recht, aber die dann sagen: ‚Nein, Sie haben kein Recht' [...] Das funktioniert nicht, wenn ich weiß, dass ich Recht haben und die Wahrheit sagen tue, und sie dann sagen: ‚Nein, stimmt nicht!' Na, das packe ich nicht" (I5).

Diese Frustration kann in der Folge zu einer *Blockadehaltung gegenüber Zugangsversuchen* oder einen *Rückzug* aus dem Verfahren mit sich bringen und bisweilen in *Wut* oder *Aggression* umschlagen. Zumeist berichteten die jungen Menschen uns v. a. von einer gewissen *Passivität* im Verfahren und den abwägenden Verzicht auf aktive Teilhabe und Beeinflussung des Verfahrens in der Annahme, man könnte dort eh nicht viel bewirken: „Ich hab immer gewartet, was auf mich zukommt. Und dann dachte ich mir auch so, ja okay, was auf mich zukommt, damit muss ich klarkommen" (I5). Da die befragten jungen Menschen nicht davon ausgingen, am Verlauf des Verfahrens in Gänze etwas ändern zu können, richteten sie ihre Strategie darauf, situativ zu versuchen, das für sie „Beste" herauszuholen und sich jeweils immer neu anzupassen.

Im Kontext von Jugendstrafverfahren und wohl auch von einzelfallbezogenen Fallkonferenzen ist zu beachten, dass junge Menschen zwar vielleicht nicht alle Feinheiten der entsprechenden Verfahren verstehen mögen, aber dass sie doch Vermutungen und Annahmen darüber haben, was Fachkräfte der Kinder- und Jugendhilfe, der Polizei, Richter*innen und Staatsanwält*innen gerne von ihnen hören würden. Dementsprechend können die beschriebene Frustration oder andere Folgen scheiternder Kommunikationsprozesse auch die Tendenz zu *Scheinanpassung* bestärken. Da die jungen Menschen das Gefühl entwickelt hatten, dass ihre Sichtweise auf die Vorgänge nicht nachgefragt oder berücksichtigt wurde und/oder es nicht gelang, ihnen nachvollziehbar aufzuzeigen, warum und in welcher Form ein bestimmter Umgang mit ihnen gewählt wurde, erfolgte quasi ein verbales Schuldeingeständnis, das aber nicht mit der Absicht zur Verhaltensänderung verknüpft war. Dazu kann in gewisser Weise auch ein stra-

---

Studie ebenfalls auf, dass die Einschätzung der Fairness der Polizei seitens junger Menschen starke Einflüsse hat: sowohl auf ihre subjektive Bewertung der Legitimität der Polizei als auch auf das Ausmaß ihrer selbstberichteten Delinquenz.

tegisches Vortäuschen von Reue und Änderungsbereitschaft bzw. Drogenabstinenz gehören:[64]

> „Ja, also ich werde auf jeden Fall das Kiffen nicht sein lassen, aber ich werde jetzt auch nicht mehr täglich kiffen sowas. [...] Ich muss einfach schauen, dass ich mein Zeug auf die Reihe bekomme, dass ich meine Ausbildung schaffe und alles, dass ich dann klarkomme. Aber ich will trotzdem nicht den Spaß am Leben aufgeben irgendwie. Da gehört für mich Cannabis einfach dazu" (I9).[65]

Bei fast allen jungen Menschen kann zudem die Entstehung von *Alltagstheorien* über den Ablauf des Verfahrens sowie die Aufgaben sowie Motive der institutionellen Akteur*innen beobachtet werden. Vor dem Hintergrund ihrer eigenen Lebenserfahrungen (siehe Abschnitt 4) versuchen die jungen Menschen, sich das Verhalten der beteiligten Fachkräfte zu erklären. Hierbei fällt auf, dass v. a. das Agieren der Staatsanwaltschaft als zutiefst negativ empfunden und oftmals moralisch aufgeladen wird. Die Form der Anklage in der Hauptverhandlung wird in diesem Kontext als persönliche Niedertracht und (manipulative) Übergriffigkeit seitens der jeweiligen Staatsanwält*innen interpretiert, da diese aus Sicht der jungen Menschen v. a. daran interessiert seien, möglichst „hohe Strafen" zu erreichen:

> „Na, halt der Staatsanwalt, also der versucht halt immer, die eigenen Worte im Mund umzudrehen [...] ist halt kein angenehmer Mensch so oder kein angenehmer Beruf für den Angeklagten, sage ich mal, in dem Sinne, weil das Staatsanwalt versucht halt natürlich immer, das, ne, das Schärfste rauszuholen" (I11).

Ähnliches gilt, wohl wenig überraschend, oftmals auch für die Polizei. Interessanterweise führt diese erhebliche Negativwahrnehmung der Strafverfolgungsbehörden[66] dazu, dass die Positionierung der Richter*innen, v. a. wenn sie sich

---

64 Hierbei handelt es sich aus Sicht der jungen Menschen natürlich um eine prekäre Unternehmung, da es auch zu Strafverschärfungen führen kann, wenn der „Bluff" von Fachkräften durchschaut wird oder die gewählte Selbstdarstellung nicht situationsangemessen ist.

65 Derselbe junge Mann berichtete, dass er im Rahmen seiner Hauptverhandlung versuchte zu betonen, dass er Posaune spiele, um so Sympathiepunkte bei Gericht zu sammeln, in der Annahme, dass musisches Interesse einen guten („bürgerlichen") Eindruck machen könnte.

66 Diese speist sich wohl größtenteils aus drei Faktoren: die verfahrenstechnische Aufgabe der Staatsanwaltschaft wird nicht verstanden, mit dem Agieren von Polizei und Staatsan-

für die Sichtweisen der jungen Menschen interessieren, als neutral bewertend bis wohlwollend verstanden wird, wobei auch dies zumeist entweder als individuelle moralische Entscheidung oder als Folge höherer fachlicher Qualifikation seitens der Richter*innen interpretiert wird. Es steht zu vermuten, dass dies der Urteilsakzeptanz oftmals sogar zuträglich sein könnte, auch wenn es nicht zu einem besseren Verstehen der Verfahren seitens der jungen Menschen beiträgt.

Diese Auswirkungen des *Nicht-Verstehens* und/oder *Nicht-Verstanden-Werdens* haben natürlich auch Konsequenzen für die beteiligten Fachkräfte. Es kann zu Kontaktverlusten oder zum Abbruch von Arbeitsbeziehungen kommen, der langfristige Arbeitsaufwand kann steigen und damit direkt oder indirekt die Arbeitszufriedenheit der Fachkräfte beeinflusst werden. In der Folge können auch die Ziele der Jugendhilfe nicht erfüllt werden. Zudem kann es aufgrund rechtlicher Vorgaben zur „Notwendigkeit" von Zwang und repressiven Mitteln kommen, die aus praktischer Sicht selten wünschenswert sind und mit Blick auf kriminologische Studien für den weiteren Entwicklungsverlauf der jungen Menschen ebenso selten sinnvoll sind.[67]

6 Praxisbezogene Überlegungen zu den sich stellenden Herausforderungen

Die Lebensphase Jugend, und das gilt wohl über alle Zeiten und Regionen hinweg, ist geprägt von einem Streben nach Autonomie und Selbstständigkeit.[68] Versuche der Erziehung und Einflussnahme durch Erwachsene und staatliche Institutionen werden im Rahmen dieser Entwicklung von Jugendlichen zumeist als störend empfunden.[69] Dennoch kann es gelingen, nachhaltige Kontakte und Beziehungen aufzubauen, wenn die Bedürfnisse, Ängste, Weltdeutungen und Lebenserfahrungen von jungen Menschen berücksichtigt werden. Hierbei kommt im Rahmen von Strafverfahren, Hauptverhandlungen oder einzelfallbezogenen Fallkonferenzen der Jugendhilfe (im Strafverfahren) eine zentrale Rolle zu, da nur sie die Voraussetzungen hat, Vertrauensbeziehungen und intensivere

---

waltschaft sind direkte negative Konsequenzen verbunden und Erfahrungen institutionellen Fehlverhaltens in Festnahme- oder Vernehmungssituationen.

67 Kaiser, Schaerff & Boers, 2018; Kury, 2013.

68 Scherr, 2014; Anhorn, 2011.

69 Auf diese Weise erklärt sich natürlich auch die Abneigung gegenüber Polizei und Staatsanwaltschaft. So greifen diese allein schon aufgrund ihres Handlungsauftrages notwendigerweise in die Autonomie von jungen Menschen ein.

Kontakte aufzubauen. Voraussetzung hierfür sind Transparenz, Ehrlichkeit, die Bereitschaft zu einer gewissen Vertraulichkeit sowie die Wahrung und das Ernstnehmen des Sozialdatenschutzes, was die Weitergabe von Gesprächsinhalten an andere institutionelle Akteur*innen angeht.[70] Die von uns befragten jungen Menschen bewerteten das Verhältnis zur Jugendhilfe im Strafverfahren immer dann als besonders positiv, wenn sie das Gefühl hatten, dass sie mit den Fachkräften offen sprechen konnten, diese sich für ihre Probleme interessierten und den Eindruck vermittelten, nicht nur am Strafverfahren selbst, sondern an der Verbesserung ihrer gesamten Lebensumstände interessiert zu sein.[71] Eng hiermit verbunden war auch eine Rollenklarheit in der Hinsicht, dass es sich bei der Jugendhilfe im Strafverfahren um eine eigenständige Verfahrensinstanz und nicht einen „verlängerten Arm" der Staatsanwaltschaft oder des Jugendgerichtes handelt. Oder anders gewendet: Junge Menschen scheinen im Kontext von Strafverfahren besonders dann gut erreichbar, wenn es gelingt, zentrale Prinzipien Sozialer Arbeit im Rahmen eines Strafverfahrens zu verwirklichen.[72] Deshalb ist auch ihre Teilnahme an einzelfallbezogenen Fallkonferenzen, unter der Voraussetzung, dass eine entsprechende Rollenklarheit und sozialarbeiterische Professionalität um- und durchsetzbar ist, von Relevanz. Eine Verweigerung der Teilnahme bzw. der Kommunikation mit den anderen Institutionen von Jugendstrafverfahren ist nicht zwangsläufig im Interesse der jungen Menschen, da das Einbringen pädagogischer und sozialarbeiterischer Gesichtspunkte zumeist nur über die – idealerweise spezialisierte – Jugendhilfe im Strafverfahren erfolgen kann.

---

70 Interview 7: „Also nee, der hat einfach gute Rückmeldungen gegeben, ab und zu mal- Nee, der hat nie irgendwas Schlechtes gesagt. Der hat mir immer geholfen, immer auch vor Gericht gut auszusehen und so. Auch wenn ich mal vier, fünf Termine versäume, sagt er das nicht vor Gericht." Dies kann in gewisser Weise – zumindest aus Sicht der befragten jungen Menschen – auch als ein Plädoyer für ein Zeugnisverweigerungsrecht verstanden werden.

71 Hierfür kann auch Interview 7 als Beispiel herangezogen werden: „Der hat echt viel gemacht, war bei mir immer wieder zu Hause, hat irgendwas dann da wegen – Wegen Stress war er da, hat geholfen oder wenn was gut war, hat er auch Rückmeldung gegeben. Ja, [...] ein Kind braucht Anerkennung, braucht bisschen sowas, ne. Na, da sagst du dir auch so, ja logisch, ne? Aber wenn du sowas meinem Vater sagen würdest, er würde sich denken: ‚So ein Schwachsinn [...] Werd mal ein Mann.'"

72 Die obersten Prinzipien der Sozialen Arbeit lassen sich schlagwortartig in die sechs Begriffe Autonomie, Wohlwollen, nicht schaden, Solidarität, Gerechtigkeit und Effektivität fassen, vgl. DBSH, 2014, S. 27.

Eine gelingende Kommunikation zwischen jungen Menschen und Fachkräften der Jugendhilfe, auch über die Bedeutung und die möglichen Konsequenzen von einzelfallbezogenen Fallkonferenzen im Speziellen sowie in Bezug auf das Strafverfahren im Allgemeinen, stellt damit so etwas wie eine verfahrenstechnische Grundlage des *Verstehens* und *Verstanden-Werdens* dar. Die Jugendhilfe übernimmt idealerweise gegenüber den jungen Menschen eine Art „Übersetzungsfunktion" und erklärt ihnen, auch resultierend aus dem Kontakt mit anderen institutionellen Akteur*innen, die Bedeutungen, Konsequenzen und Tragweiten des Gesagten oder Geschriebenen in einer für sie verständlichen Sprache.[73] Im Kontext von Kooperation der institutionellen Akteur*innen im Rahmen von einzelfallbezogenem Fallkonferenzen sollte daher intensiv darauf geachtet werden, dass die Grundlagen des gegenseitigen Verstehens und der vertrauensbasierten Zusammenarbeit zwischen Jugendhilfefachkräften und jungen Menschen nicht gefährdet wird. Auch hier kommt der Jugendhilfe im Strafverfahren die Aufgabe zu, ggf. auch offensiv an andere Akteur*innen zu kommunizieren, wenn bestimmte Verfahrensweisen oder Vorgänge in Strafverfahren oder im Rahmen von einzelfallbezogenen Fallkonferenzen diese Grundlagen gefährden.

Darüber hinaus scheint es jedoch mit Blick auf andere Institutionen sinnvoll, Methoden der Informationsvermittlung zu wählen oder zu schaffen, die nicht (nur) rechtlich in allen Detailgraden korrekt sind, sondern die auch ohne Fachtermini zentrale Prinzipien vermitteln können. Hierzu kann die Entwicklung von Materialien in einfacher Sprache oder die Nutzung audiovisueller (ggf. mehrsprachiger) Darstellungen gehören.[74] Darüber hinaus erscheint es sinnvoll, in die nun nach den erfolgten Änderungen des § 37 JGG im Zuge des „Gesetzes zur Bekämpfung sexualisierter Gewalt gegen Kinder"[75] vorgesehenen Fortbildungen und Qualifikationsmaßnahmen Aspekte der Didaktik und ggf. einfacher Sprache aufzunehmen – nicht nur für die in § 37 JGG erwähnten Jugendrichter*innen und Jugendstaatsanwält*innen, sondern für alle an Jugend-

---

[73] Diese Übersetzungsfunktion besteht in entgegengesetzter Richtung auch gegenüber anderen Institutionen in Folge eines Kontaktes und der Zusammenarbeit mit jungen Menschen.

[74] Die Polizeiliche Kriminalprävention (ProPK) hat beispielsweise entsprechende kurze YouTube-Videos entwickelt, die zentrale Verfahrensgrundsätze vermitteln sollen. Vgl.: https://www.polizei-beratung.de/startseite-und-aktionen/aktuelles/detailansicht/erwischt-und-jetzt-videos-erklaeren-ablauf-eines-jugendstrafverfahrens/ (letzter Abruf am: 03.08.2022).

[75] BGBl. 2021 I, S. 1810 ff.

strafverfahren beteiligten Fachkräfte jeglicher Profession. Hierzu sollten ebenso Ansätze gehören, wie die verschiedenen Gruppen junger Menschen erreicht werden können, die nicht hinreichend die deutsche Sprache sprechen oder verstehen.

Es kann sich dabei nicht allein darauf verlassen werden, dass die jungen Menschen im Rahmen kurzer Gespräche oder Nachfragen angeben, schon alles verstanden zu haben. Dies ist, wie oben deutlich wurde, selten der Fall und stellt oftmals wohl nur eine gewisse „Schutzbehauptung" und/oder sozial erwünschte Antwort dar, um nicht negativ aufzufallen oder sich institutionellen Zugriffen zu entziehen. Es handelt sich dementsprechend um kein leichtes Unterfangen, wenn ein gegenseitiges *Verstehen* sichergestellt werden soll. Zentral bleibt hierbei letztendlich die Reflexion über die Lebenssituation und die Bedürfnisse von jungen Beschuldigten und Angeklagten sowie ein ehrliches Interesse an ihrer Sicht der Dinge, ohne sich diese Sichtweise unbedingt zu eigen machen zu müssen. Der Aufbau von Vertrauensbeziehungen und die Vermittlung verfahrensrelevanter Informationen benötigt allerdings Zeit. Zeit, die bei knappen Ressourcen oder widerstreitenden Interessen, wie z. B. aufgrund des Prinzips der Verfahrensbeschleunigung in Jugendstrafverfahren oder (vermeintlich) eindeutigen Fallkonstellationen, nicht immer gegeben ist. Dies kann unter Umständen Abwägungsentscheidungen notwendig machen, wenn ein Ressourcenausbau nicht darstellbar ist. Sollen allerdings die rechtlichen Vorgaben des SGB VIII sowie des JGG sowie die in der Einleitung genannten Intentionen der seit 2019 erfolgten Neuregelungen umgesetzt werden, dann führt kein Weg daran vorbei, sich auf junge Menschen und ihre je spezifischen Lebenslagen einzulassen.

Literaturverzeichnis

Angermeyer, P. (2015). Speak English or What? Codeswitching and Interpreter Use in New York City Courts. New York: Oxford University Press.

Anhorn, R. (2011). Von der Gefährlichkeit zum Risiko – Zur Genealogie der Lebensphase Jugend als soziales Problem. In B. Dollinger & H. Schmidt-Semisch (Hrsg.), Handbuch Jugendkriminalität. Kriminologie und Sozialpädagogik im Diskurs (2. Aufl.) (S. 23–42). Wiesbaden: VS-Verlag.

Arens, M. (2007). Bildung und soziale Herkunft – die Vererbung der institutionellen Ungleichheit. In M. Harring, C. Rohlfs & C. Palentien (Hrsg.), Perspektiven der Bildung: Kinder und Jugendliche in formellen, nicht-formellen und informellen Bildungsprozessen (S. 137–154). Wiesbaden: VS Verlag für Sozialwissenschaften.

Artkämper, L. G. (2021). „Wer sind Sie und was habe ich eigentlich bekommen?" Verstehensprobleme bei der strafrechtlichen Hauptverhandlung in Jugendstrafsachen. Zeitschrift für Jugendkriminalrecht und Jugendhilfe, 32 (3), S. 231–239.

Artkämper, L. G. (2020). Verfahren vor Jugendgerichten. Kommunikation, Anforderungen und Auswirkungen. Empirische Untersuchung der amtsgerichtlichen Praxis in Jugendstrafverfahren. Holzkirchen/Obb.: Felix-Verlag.

Aumair, B. & Theißl, B. (2020). Klassenreise. Wie die soziale Herkunft unser Leben prägt. Wien: ÖGB Verlag.

Bernstein, B. (1970). Soziale Struktur, Sozialisation und Sprachverhalten. Aufsätze 1958–1970. Amsterdam: de Munter.

Bosch, A. (2016). Ritual. In J. Kopp & A. Steinbach (Hrsg.), Grundbegriffe der Soziologie (S. 287–290). Wiesbaden: Springer VS.

Bourdieu, P. (2012). Die feinen Unterschiede. Kritik der gesellschaftlichen Urteilsfähigkeit (22. Aufl.). Frankfurt a. M.: Suhrkamp.

Brungs, M. (2018). Bildung, Schule und Schulsozialarbeit in der Migrationsgesellschaft. In B. Blank, S. Gögercin, K. Sauer & B. Schramkowski (Hrsg.), Soziale Arbeit in der Migrationsgesellschaft: Grundlagen – Konzepte – Handlungsfelder (S. 471–482). Wiesbaden: Springer Fachmedien.

Deutscher Bundesverband für Soziale Arbeit e. V. (DBSH) (2014). Grundlagen. Forum Sozial, (4), S. 9–27.

Deutsche Vereinigung für Jugendgerichte und Jugendgerichtshilfen e. V. (DVJJ) (2022). Positionspapier der DVJJ zu sogenannten Fallkonferenzen. Stellungnahme des Vorstands und der Geschäftsführung der Deutschen Vereinigung für Jugendgerichte und Jugendgerichtshilfen e. V. (DVJJ), Stand 4. August 2022. Online verfügbar unter: https://www.dvjj.de/wp-content/uploads/2022/08/Positionspapier-Fallkonferenzen_final_SE.pdf (letzter Abruf am: 13.09.2022).

Dollinger, B. & Fröschle, T. (2017). Me and my custodial sentence: A case study on categorization work of young defendants. Narrative Inquiry, 27 (1), S. 66–84.

Dollinger, B., Fröschle, T., Gilde, L. & Vietig, J. (2016). Junge Menschen vor Gericht: Fallstudien zum subjektiven Erleben von Verhandlungen durch das Jugendgericht. Monatsschrift für Kriminologie und Strafrechtsreform, 99 (5), S. 325–341.

Eribon, D. (2016). Rückkehr nach Reims. Berlin: Suhrkamp.

European Union Agency for Fundamental Rights (FRA) (2022). Children as Suspects or Accused Persons in Criminal Proceedings – Procedural Safegards. Luxembourg: Publications Office of the European Union. Online verfügbar unter: https://fra.europa.eu/sites/default/files/fra_uploads/fra-2022-children-procedural-safeguards_en.pdf (letzter Abruf am: 27.06.2022).

Farren, D. & Wetzels, P. (2022). Subjektive Einschätzungen der prozeduralen Fairness der Polizei und Jugenddelinquenz: Eine empirische Überprüfung der transnationalen Gültigkeit der Theorie der prozeduralen Gerechtigkeit. Zeitschrift für Rechtspsychologie, 8 (3), S. 308–344.

Fuller, J. (1993). Hearing between the lines: Style switching in a courtroom setting. Pragmatics, 3 (1), S. 29–43.

Goffman, E. (1973). Asyle. Über die soziale Situation psychiatrischer Patienten und anderer Insassen. Frankfurt a. M.: Suhrkamp.

Goldberg, B. (2021). Das Gesetz zur Stärkung der Verfahrensrechte von Beschuldigten im Jugendstrafverfahren. Fort- und Rückschritte aus der Perspektive der Jugendhilfe im Strafverfahren. Bochum: Ev. Hochschule Rheinland-Westfalen-Lippe. Online verfügbar unter: https://kidoks.bsz-bw.de/frontdoor/deliver/index/docId/2214/file/Goldberg_2021_JGG-Reform_Kidoks.pdf (letzter Abruf am: 14.07.2022).

Gubrium, J. & Holstein, J. (2009). Analyzing Narrative Reality. Thousand Oaks: Sage.

Hammerschmidt, P., Hans, A., Oechler, M. & Uhlendorff, U. (2020). Sozialpädagogische Probleme in der Nachkriegszeit. Zum Fachdiskurs der Jugendhilfe 1945–1961 in problemsoziologischer Perspektive. Zeitschrift für Sozialpädagogik, 18 (1), S. 84–101.

Henrich, N. (2012). Politisch-gesellschaftliches Bewusstsein am Übergang vom Kindergarten zur Grundschule. Interviews mit Kindern einer Schuleingangsstufe. Münster: Monsenstein und Vannerdat.

Haas, B. & Scheibelhofer, E. (1998). Typenbildung in der qualitativen Sozialforschung: eine methodologische Analyse anhand ausgewählter Beispiele. Wien: Institut für Höhere Studien (IHS) Wien.

Hartmann, M. & Kopp, J. (2001). Elitenselektion durch Bildung oder durch Herkunft? Kölner Zeitschrift für Soziologie und Sozialpsychologie, 53 (3), S. 436–466.

Hickert, A., Bushway, S., Harding, D. & Morenoff, J. (2022). Prior punishments and cumulative disadvantage: How supervision status impacts prison sentences. Criminology, 60 (1), S. 27–59.

Höynck, T. & Ernst, S. (2020). Das Gesetz zur Stärkung der Verfahrensrechte von Beschuldigten im Jugendstrafverfahren. Die Umsetzung der Vorgaben der EU-Richtlinie 2016/800 und ihre Auswirkungen auf das deutsche Jugendstraf-(verfahrens-)recht. Zeitschrift für Jugendkriminalrecht und Jugendhilfe, 31 (3), S. 245–258.

Hößler, U. (2022). Soziale Angemessenheit in kulturell bedingt kritischen Interaktionssituationen. In J. Bellon, B. Gransche & S. Nähr-Wagener (Hrsg.), Soziale Angemessenheit: Forschung zu Kulturtechniken des Verhaltens (S. 191–207). Wiesbaden: Springer Fachmedien.

Kaiser, F., Schaerff, M. & Boers, K. (2018). Effekte jugendstrafrechtlicher Interventionen in Duisburg und Petersborough. In K. Boers & M. Schaerff (Hrsg.), Kriminologische Welt in Bewegung (S. 344–368). Mönchengladbach: Forum Verlag Godesberg.

Klocke, G. (2011). Der jugendliche Straftäter im Blick der Jugendsprachforschung. Online verfügbar unter: https://suedbayern.dvjj.de/wp-content/uploads/sites/16 /2019/09/Dr.-Klocke_Jugendsprachforschung.pdf (letzter Abruf am: 20.06. 2022).

Kury, H. (2013). Harsh Punishment or Alternatives: Which is the Better Crime-prevention? Juridica International, 25 (1), S. 91–99.

Lampe, D. & Schmoll, A. (2023). „Ich wusste gefühlt alles": Verstehen und Verstanden-Werden junger Menschen als professionelle Herausforderung im Kontext von Jugendstrafverfahren. Zeitschrift für Jugendkriminalrecht und Jugendhilfe, 34 (1), S. 27–39.

Lampert, T., Richter, M., Schneider, S., Spallek, J. & Dragano N. (2016). Soziale Ungleichheit und Gesundheit. Stand und Perspektiven der sozialepidemiologischen Forschung in Deutschland. Bundesgesundheitsblatt, 59 (2), S. 153–165.

Langner, A. & Jugel, D. (2019). Ohne Verstehen kein pädagogisches Handeln – Diagnostik im Kontext von Inklusion. In A. Langner, M. Ritter, J. Steffens & D. Jugel (Hrsg.), Inklusive Bildung forschend entdecken: Das Konzept der kooperativen Lehrer*innenbildung (S. 133–150). Wiesbaden: Springer Fachmedien.

Legnaro, A. & Aengenheister, A. (1999). Die Aufführung von Strafrecht: Kleine Ethnografie gerichtlichen Verhandelns. Baden-Baden: Nomos.

Liebler, C. & Zifonun, D. (2017). Die Interaktionsordnung strafrechtlicher Hauptverhandlungen: Strukturelemente ihres Vollzugs und die Bewältigung von Identitätsproblemen. Soziale Probleme, 22 (1–2), S. 125–168.

Luhmann, N. (1969). Legitimation durch Verfahren. Frankfurt a. M.: Suhrkamp.

Maaß, C. & Rink, I. (2017). Über das Handbuch Barrierefreie Kommunikation. In C. Maaß & I. Rink (Hrsg.), Handbuch Barrierefreie Kommunikation (S. 17–25). Berlin: Frank & Timme.

Morlok, M. & Kölbel, R. (2001). Rechtspraxis und Habitus. Rechtstheorie, 32 (2–3), S. 289–304.

Mührel, E. (2019). Verstehen und Achten: professionelle Haltung als Grundlegung Sozialer Arbeit. Weinheim, Basel: Beltz Juventa.

Muth, J. (1984). Die Jugendgerichtsverhandlung aus der Perspektive des Angeklagten. In J. Reichertz (Hrsg.), Sozialwissenschaftliche Analysen jugendgerichtlicher Interaktion (S. 58–100). Tübingen: Stauffenburg.

Nähr-Wagener, S. (2022). Sozial angemessenes Handeln-Können als situations-(in)variante Kulturtechnik des Umgangs. In J. Bellon, B. Gransche & S. Nähr-Wagener (Hrsg.), Soziale Angemessenheit: Forschung zu Kulturtechniken des Verhaltens. (S. 99–119). Wiesbaden: Springer Fachmedien.

Pfadenhauer, M. (2005). Die Definition des Problems aus der Verwaltung der Lösung. Professionelles Handeln revisited. In M. Pfadenhauer (Hrsg.), Professionelles Handeln (S. 9–25). Wiesbaden: Springer VS.

Poplack, S. (2008). Code-Switching. In U. Ammon, N. Dittmar, K. Mattheier & P. Trudgill (Hrsg.), Sociolinguistics/Soziolinguistik. Band 1 (S. 589–596). Berlin: De Gruyter.

Quensel, S. (1970). Wie wird man kriminell? Verlaufsmodell einer fehlgeschlagenen Interaktion zwischen Delinquenten und Sanktionsinstanzen. Kritische Justiz, 3 (4), S. 375–382.

Riekenbrauk, K. (2014). „Haben Sie mich verstanden?!" ... oder über die Pflicht, sich im Jugendstrafverfahren verständlich zu machen. Zeitschrift für Jugendkriminalrecht und Jugendhilfe, 25 (3), S. 200–206.

Scherr, A. (2016). Diskriminierung von Sinti und Roma. In A. Scherr, A. El-Mafaalani & E. Yüksel (Hrsg.), Handbuch Diskriminierung (S. 529–544). Wiesbaden: Springer Fachmedien.

Scherr, A. (2014). Jugend als soziale Kategorie. Oder: Warum Jugend keine Gruppe und auch kein soziales Problem ist. In A. Groenemeyer & D. Hoffmann (Hrsg.), Jugend als soziales Problem – soziale Probleme der Jugend? Diagnosen, Diskurse und Herausforderungen (S. 29–49). Weinheim: Beltz Juventa.

Schmoll, A. (2020). Im Labyrinth des Asyl-, Ausländer-, Aufenthalts-, Kinder- und Jugendhilfe- und Strafrechts. Zugleich ein Überblick über das Asylverfahren unter Berücksichtigung relevanter Gesetzesänderungen seit 2015. Zeitschrift für Jugendkriminalrecht und Jugendhilfe, 31 (3), S. 279–295.

Schmoll, A. & Lampe, D. (2022). Die Jugendhilfe im Strafverfahren und ihre Adressatinnen und Adressaten nach der Reform des Jugendgerichtsgesetzes – Zwischen komplexen Neuregelungen, regionalen Besonderheiten und fachpraktischen Herausforderungen. Mai 2022. Vortrag anlässlich des 5. Bundeskongresses der Jugendhilfe im Strafverfahren und der Ambulanten Sozialpädagogischen Angebote für straffällig gewordene junge Menschen in Bad Kissingen. Online verfügbar unter: https://www.dvjj.de/wp-content/uploads/2022/05/Schmoll_Lampe_Vortrag_06052022-1.pdf (letzter Abruf am: 13.09.2022).

Schmoll, A., Lampe, D. & Holthusen, B. (2023). Neues im Jugendgerichtsgesetz – Stärkung der Rechte Jugendlicher? In DPT (Hrsg.), Prävention orientiert! ... planen ... schulen ... austauschen ... Tagungsband zum 26. Deutschen Präventionstag (S. 471–505). Mönchengladbach: Forum Verlag Godesberg.

Schulte, P. (2019). Kontrolle und Delinquenz. Panelanalysen zu justizieller Stigmatisierung und Abschreckung. Münster: Waxmann.

Schultz, U. (2014). „Was habe ich eigentlich gekriegt?" Kommunikation mit jungen Menschen im Strafverfahren. Zeitschrift für Jugendkriminalrecht und Jugendhilfe, 25 (3), S. 206–212.

Schwarte, L. (2019). Legitimation durch Inszenierung? Ästhetische, mediale und politische Bedingungen der Rechtsprechung. In L. Münkler & J. Stenzel (Hrsg.), Inszenierung von Recht. Funktionen – Modi – Interaktionen (S. 125–145). Weilerswist: Velbrück Wissenschaft.

Seeck, F. (2022). Zugang verwehrt: Keine Chance in der Klassengesellschaft. Zürich: Atrium.

Stanat, P. & Edele, A. (2011). Migration und soziale Ungleichheit. In H. Reinders, H. Ditton, C. Gräsel & B. Gniewocz (Hrsg.), Empirische Bildungsforschung. Gegenstandsbereiche (S. 181–192). Wiesbaden: VS Verlag für Sozialforschung.

Starystach, S. (2017). Zur Funktion informeller Kommunikation in Gerichtsverfahren am Beispiel des deutschen Strafverfahrens. Soziale Systeme, 22 (1–2), S. 95–124.

Steinke, R. (2022). Vor dem Gesetz sind nicht alle gleich: Die neue Klassenjustiz. Berlin: Berlin Verlag.

Sykes, G. & Matza, D. (1957). Techniques of neutralization. A theory of delinquency. American Journal of Sociology, 22 (6), S. 664–670.

Zamzow, B. & Krahl, A. (2020). Wohnen in benachteiligten Stadtteilen. In F. Eckard & S. Meier (Hrsg.), Handbuch Wohnsoziologie (S. 1–13). Wiesbaden: Springer Nature.

„Das wird dir helfen!" – Oder nicht? Fallkonferenzen aus Sicht der Jugendhilfe im Strafverfahren

Brigitta Goldberg

Das Kinder- und Jugendstärkungsgesetz enthält neue Regelungen zur interdisziplinä-ren Zusammenarbeit in Jugendstrafverfahren, insbesondere auch zur einzelfallbezo-genen Kooperation in Fallkonferenzen oder vergleichbaren Gremien. Die neue gesetz-liche Regelung sieht vor, dass solche Konferenzen nur dann stattfinden dürfen, wenn sie zur Erfüllung der Aufgaben der Jugendhilfe erforderlich sind und die Form der Zu-sammenarbeit nach Einschätzung der Jugendhilfe dazu geeignet ist. Die Mitwirkungs-aufgaben der Jugendhilfe im Strafverfahren sowie wichtige Grundprinzipien der Ju-gendhilfe werden in diesem Beitrag als Grundvoraussetzungen für die Teilnahme an Fallkonferenzen dargestellt. Sodann werden mögliche Anlässe für in diesem Rahmen sinnvolle Fallkonferenzen sowie mögliche Beteiligte genannt. Im Ergebnis können Fall-konferenzen in wenigen Einzelfällen sinnvoll sein, sie sollten aber unter Federführung der Jugendhilfe durchgeführt werden, damit deren Grundprinzipien und wichtige Ver-fahrensgrundsätze, wie z. B. der Sozialdatenschutz und die Partizipation der Betroffe-nen, eingehalten werden. Eine gute sozialpädagogische Professionalität erscheint nötig, damit durch solche Konferenzen etwas im Sinne der jungen Menschen erreicht werden kann.

1 Einleitung

Über die Kooperation der Akteur*innen im Rahmen des Jugendstrafverfahrens wird seit jeher debattiert, vor allem über die Zusammenarbeit der Personen bzw. Institutionen, denen durch das JGG oder die StPO zentrale Aufgaben im Straf-verfahren zugeordnet werden, d. h. Polizei, Staatsanwaltschaft, Jugendgericht und Jugendhilfe im Strafverfahren (JuhiS).[1] Dabei wird ausdrücklich betont, dass es ohne Kooperation nicht geht, gleichzeitig wird die Zusammenarbeit in der Praxis zum Teil als „Minenfeld" bezeichnet.[2] Das verwundert nicht, denn die Unterschiede in den Befugnissen und Aufgaben, den Zielen, den Rollen und

---

[1] S. ausführlich Goldberg in Wabnitz, 2021, § 52 Rn. 50 ff.
[2] Breymann, 2009, S. 201.

Methoden zwischen den genannten Professionen sind beachtlich.[3] In den letzten Jahren haben sich die Diskussionen noch einmal verstärkt, was einerseits auf spezielle Kooperationsprojekte wie die „Häuser des Jugendrechts" zurückzuführen ist,[4] andererseits auf neue gesetzliche Regelungen: Nach dem am 17.12.2019 in Kraft getretenen „Gesetz zur Stärkung der Verfahrensrechte von Beschuldigten im Jugendstrafverfahren"[5] folgte 2021 das Gesetz zur Stärkung von Kindern und Jugendlichen (Kinder- und Jugendstärkungsgesetz – KJSG)[6] mit Neuregelungen für Akteur*innen im Jugendstrafverfahren in § 52 Abs. 1 Satz 2 und 3 SGB VIII sowie § 37a JGG.

Für die Jugendhilfe (wie auch die Soziale Arbeit insgesamt) ist die Kooperation in vielen Arbeitsfeldern unerlässlich.[7] Daher ist die strukturelle Zusammenarbeit der Jugendämter mit vielen anderen Stellen und Einrichtungen in § 81 SGB VIII verpflichtend ausgestaltet. Zu unterscheiden ist dabei zwischen der fallunspezifischen Zusammenarbeit im Rahmen von Runden Tischen, Arbeitskreisen oder anderen Konferenzen[8] und der einzelfallbezogenen Kooperation, z. B. im Rahmen von Fallkonferenzen. Während der Nutzen der fallunspezifischen Zusammenarbeit außer Frage steht, stellen sich bei der einzelfallbezogenen Kooperation aus Sicht der Jugendhilfe etliche Probleme, die im Rahmen dieses Beitrags näher betrachtet werden sollen.[9] Da sich die dieser Arbeitshilfe zugrunde liegenden gesetzlichen Neuregelungen auf die Mitwirkungsaufgabe der Jugendhilfe im Jugendstrafverfahren beziehen, wird dabei in erster Linie auf Fallkonferenzen unter Beteiligung der JuhiS eingegangen; andere Arbeitsbereiche der Jugendhilfe werden nur am Rande erwähnt.

Zunächst werden Auftrag und Grundprinzipien der Jugendhilfe sowie die wesentlichen Aufgaben der JuhiS dargestellt, um die Rahmenbedingungen für das Tätigkeitsfeld und damit die mögliche einzelfallbezogene Zusammenarbeit

---

3   S. dazu Goldberg in Wabnitz, 2021, § 52 Rn. 20 m. w. N.

4   S. dazu Goldberg in Wabnitz, 2021, § 52 Rn. 60 m. w. N.

5   BGBl. I, S. 2146; zur Bedeutung dieses Gesetzes für die Kooperationsbezüge der JuhiS s. Goldberg, 2021a, Rn. 33 ff.

6   BGBl. I, S. 1444.

7   Beispielhaft seien hier die Kooperationen in Kinderschutz-Verfahren oder in Gesamtplanverfahren im Rahmen der Eingliederungshilfe genannt.

8   S. dazu Fritsch in diesem Band, S. 15–32. In den Kommunen könnte z. B. überlegt werden, ob ein Gremium unterhalb der AG78 eingerichtet wird, das sich speziell mit den Belangen der Jugendlichen und jungen Volljährigen beschäftigt (ähnlich wie es ein Netzwerk Frühe Hilfen für die Belange der Kleinstkinder gibt).

9   S. zu beiden Formen der Zusammenarbeit auch das Positionspapier der DVJJ, 2022; abgedruckt im Anhang dieses Bandes auf S. 235–243.

der JuhiS mit anderen Personen und Institutionen zu verdeutlichen. In der Folge wird genauer auf die einzelfallbezogene Kooperation eingegangen. Ausgehend von den gesetzlichen Regelungen werden die möglichen Anlässe, die Beteiligten sowie die Rahmenbedingungen und Verfahrensvorschriften für einzelfallbezogene Fallkonferenzen in den Blick genommen. Abschließend werden Möglichkeiten und Grenzen aufgezeigt.

2 Jugendhilfe im Kontext des Jugendstrafrechts

Die Mitwirkung der Jugendhilfe in Verfahren nach dem Jugendgerichtsgesetz stellt eine originäre, sozialrechtlich begründete Aufgabenstellung der Jugendhilfe dar. Die Tätigkeit umfasst sehr vielfältige und unterschiedliche Aufgaben, die durch die Schnittstellenlage zwischen Jugendhilfe und Jugendstrafjustiz gekennzeichnet sind. Im Mittelpunkt stehen dabei die Betreuung, Beratung und Begleitung der jungen Menschen und ihrer Familien sowie die Erstellung einer psychosozialen Diagnose, um einen möglichen Hilfebedarf zu prüfen und bei Bedarf notwendige Hilfen zu gewähren. Eine weitere zentrale Aufgabe ist die Unterstützung der Justiz durch fachliche Stellungnahmen zu den erzieherischen, sozialen und sonstigen im Hinblick auf die Ziele und Aufgaben der Jugendhilfe bedeutsamen Gesichtspunkten. Dazu gehört auch eine Äußerung zu den Maßnahmen, die zu ergreifen sind, d. h. eine Stellungnahme zu den Entwicklungsperspektiven und zu möglichen (intendierten oder nichtintendierten) Wirkungen der verschiedenen justiziellen Maßnahmen auf das Leben und die Legalbewährung junger Menschen. Zudem initiieren die Fachkräfte ambulante sozialpädagogische Angebote und sind eingebunden in die Überwachung gerichtlicher Aufgaben und Weisungen. Schließlich werden sie tätig zur Krisenintervention in Haftsachen, z. B. durch Organisation der Unterbringung in einer Einrichtung zur Untersuchungshaftvermeidung.[10]

Die Mitwirkung der Jugendhilfe im Strafverfahren ist dabei von ihrem doppelten rechtlichen Bezugsrahmen geprägt, nämlich einerseits dem Sozialrecht, andererseits dem (Jugend-)Strafrecht.[11] § 52 SGB VIII ist die Grundnorm für die Tätigkeit, denn es handelt sich um eine (andere) Aufgabe der Jugendhilfe, so dass die Fachkräfte an die Ziele, Grundsätze und Verfahrensvorschriften des Sozialrechts gebunden sind. Das gilt auch für ihre Kooperation mit anderen

---

[10] Zum Arbeitsfeld und den Aufgaben s. im Überblick Goldberg in Wabnitz, 2021, Rn. 6 und Goldberg & Trenczek, 2021.

[11] Trenczek & Goldberg, 2016, S. 159 m. w. N.

Personen und Stellen, denn § 81 SGB VIII stellt klar, dass die Zusammenarbeit der Träger der öffentlichen Jugendhilfe mit anderen „im Rahmen ihrer Aufgaben und Befugnisse" erfolgt. Die verfahrensrechtliche Stellung, aber auch verschiedene konkrete Aufgaben der JuhiS sind in § 38 JGG und weiteren Regelungen des JGG normiert, auf die § 52 Abs. 1 Satz 1 SGB VIII verweist. Diese Aufgaben sind gleichwohl im Lichte des Jugendhilferechts auszulegen.[12]

2.1   Auftrag und Grundprinzipien der Jugendhilfe

Was bedeutet die Bindung an die Ziele, Grundsätze und Verfahrensvorschriften des Sozialrechts konkret? Zunächst einmal sind die in § 1 SGB VIII beschriebenen Ziele und Grundsätze bindend, d. h. insbesondere die Förderung der individuellen und sozialen Entwicklung, der Abbau von Benachteiligungen und der Schutz des Kindeswohls.[13] „Jeder junge Mensch hat ein Recht auf Förderung seiner Entwicklung und auf Erziehung zu einer selbstbestimmten, eigenverantwortlichen und gemeinschaftsfähigen Persönlichkeit", heißt es in § 1 Abs. 1 SGB VIII. Während das JGG (aus verfassungsrechtlichen Gründen)[14] allein auf die Legalbewährung der jungen Menschen zielt, hat die Jugendhilfe mithin einen viel breiteren Blick auf das zukünftige Leben der jungen Menschen.[15]

Darüber hinaus gelten die pädagogischen Handlungsmaximen, z. B. der Grundsatz der Partizipation, der Freiwilligkeit, der Prävention, der Lebensweltorientierung sowie der Ressourcenorientierung.[16] Und auch die berufsethischen Prinzipien der Sozialen Arbeit bilden eine Grundlage für den Auftrag, die Rolle und die Haltung der Fachkräfte der JuhiS.[17] Dazu gehört, das Individuum in den Mittelpunkt des Handelns zu stellen und das Recht auf Würde und Individualität zu wahren. Soziale Arbeit kann daher immer nur Hilfe zur Selbsthilfe sein und Unterstützung bei der individuellen Entwicklung geben. Es gilt, eine persönliche Haltung zu entwickeln und zu leben, in der der Umgang mit Macht in der helfenden Beziehung ebenso reflektiert wird wie die Haltung des ‚Nicht-Wissens', denn alle Menschen haben ihre ganz eigenen, individuellen Sozial-

---

12   Goldberg in Wabnitz, 2021, § 52 Rn. 6 u. 70.
13   Goldberg, 2022, S. 255.
14   Trenczek & Goldberg, 2016, S. 316 f.
15   Zu den Unterschieden in den Betrachtungsweisen zwischen Jugendhilfe und Strafjustiz vgl. Trenczek & Goldberg, 2016, S. 473 f.; Goldberg in Wabnitz, 2021, § 52 Rn. 20.
16   Goldberg, 2022, S. 255; dazu ausführlich Trenczek & Goldberg, 2016, S. 165 ff.
17   Goldberg, 2022, S. 255 f.; s. ausführlich DBSH, 2014, S. 25 ff.

und Lebenserfahrungen gemacht und dabei hilfreiche oder auch weniger hilf-reiche Versuche zur Lösung ihrer Probleme unternommen. Zur persönlichen Haltung zählen darüber hinaus die Vertraulichkeit und Transparenz. Diese As-pekte sind in den gesetzlichen Regelungen zum Sozialdatenschutz umgesetzt, die in der Jugendhilfe besonders weit gehen und auch im Rahmen der Tätigkeit der JuhiS, insbes. in Kooperationsbeziehungen, uneingeschränkt gelten.[18]

Die Ausrichtung der Tätigkeit an den Grundsätzen des Jugendhilferechts be-deutet darüber hinaus, dass sämtliche Regelungen zum Sozialverwaltungsver-fahren angewendet werden müssen.[19] Dabei ist die Einbeziehung der Betroffe-nen fundamental wichtig (vgl. insbesondere § 8 und § 9 Nr. 2 SGB VIII). Ferner sind die Voraussetzungen zur Gewährung einer Hilfe (z. B. §§ 27, 35a oder 41 SGB VIII) genau zu prüfen und die Vorgaben für die Hilfeplanung und -gewäh-rung (insbes. §§ 36, 36a SGB VIII) einzuhalten (s. dazu nachfolgend). Vor allem die Aspekte der Freiwilligkeit und Partizipation sind nach den Ergebnissen der Jugendhilfe-Wirkungsforschung elementar für die Wirksamkeit einer Hilfe.[20] Je besser es also gelingt, die jungen Menschen zu motivieren, selbst eine Hilfe zu akzeptieren und (mehr oder weniger) freiwillig an dieser mitzuwirken, sind die Erfolgschancen deutlich höher als bei einer strafrechtlichen Sanktionierung mit drohendem Nichtbefolgungsarrest. Zu den Kompetenzen der Jugendhilfe zählt es dabei auszuhalten, dass Fallverläufe kompliziert und langwierig sind, und zu akzeptieren, dass es keine universellen Rezepte gelingender Interventionen gibt. Die Ziele der Jugendhilfe sind insbesondere bei jungen Menschen mit schwie-rigen Fallverläufen auch nicht mit schnellen und repressiveren Mitteln zu errei-chen. Es ist vielmehr notwendig, den jungen Menschen dauerhafte Beziehungs- und Hilfeangebote zu unterbreiten, Brüche im Lebenslauf zu vermeiden und alternative, mitunter sehr individuelle Schutz- und Haltekonzepte zu erarbeiten und anzubieten. Die Desistance-Forschung weist auf die Möglichkeiten eines solchen ressourcenorientierten Ansatzes in der Straffälligenhilfe hin.[21]

---

18 S. dazu Riekenbrauk in diesem Band, S. 35–63, sowie Trenczek & Goldberg, 2016, S. 181 ff. und Goldberg in Wabnitz, 2021, Rn. 114 ff.

19 Goldberg, 2022, S. 259 f.; s. ausführlich Trenczek & Goldberg, 2016, S. 177 ff.

20 Vgl. dazu Trenczek & Goldberg, 2016, S. 144 ff. sowie Schönecker, 2021, S. 279.

21 Dazu Ghanem & Stadler, 2022 sowie Trenczek & Goldberg, 2016, S. 113 ff.

2.2   Planung und Gewährung von Leistungen der Jugendhilfe

Bei den Aufgaben der JuhiS hat – wie gerade schon verdeutlicht wurde – die Prüfung und Gewährung von Leistungen der Jugendhilfe eine besondere Bedeutung. In diesem Zusammenhang ist die reflektierende Begleitung und Steuerung der individuellen Hilfeprozesse fachlich anerkannter Standard der Sozialen Arbeit.[22] Die Hilfeplanung nach § 36 SGB VIII gilt „als das Herzstück eines fachlichen Selbstverständnisses im Sinne eines kooperativen Beratungs-, Planungs- und Hilfegestaltungsprozesses der Fachkräfte zusammen mit den Hilfeadressatinnen und -adressaten".[23] Sie ist verpflichtend durchzuführen, wenn erzieherische Hilfen voraussichtlich für längere Zeit zu leisten sind (§ 36 Abs. 2 Satz 1 SGB VIII).[24] Fachliche Standards sind das Mehraugenprinzip („Zusammenwirken mehrerer Fachkräfte", § 36 Abs. 2 Satz 1 SGB VIII) sowie die Beteiligung der Betroffenen, d. h. der Jugendlichen sowie der Personensorgeberechtigten (§ 36 Abs. 2 Satz 2 SGB VIII) und ggf. sogar weiterer Familienmitglieder. Die Partizipation ist wesentliches Strukturmerkmal der Hilfeplanung. Schon die sozialpädagogische Diagnostik erfolgt interaktiv (z. B. mit der Methode des Fallverstehens)[25] und auch bei der Entscheidungsfindung ist der Verständigungsprozess mit den Betroffenen sowie deren Akzeptanz der Hilfe wesentlich, um eine möglichst weitgehende Wirksamkeit der Hilfe zu erreichen.[26]

Je nach kommunaler Organisation der verschiedenen Jugendhilfe-Aufgaben (JuhiS als Teil des Allgemeinen Sozialen Dienstes (ASD) oder als spezialisierter Fachdienst mit oder ohne Fallverantwortung für erzieherische Hilfen) sind interne Absprachen zwischen ASD und JuhiS hinsichtlich der Hilfeplanung notwendig. Sofern der ASD für die Hilfeplanung zuständig ist, sollte die Fachkraft der JuhiS regelhaft einbezogen werden. Darüber hinaus sieht § 36 Abs. 3 SGB VIII die Einbeziehung von anderen Personen, Diensten oder Einrichtungen in den Prozess der Hilfeplanung vor. Einzelfallbezogene Fallkonferenzen gehören im Rahmen der erzieherischen Hilfen mithin zum Instrumentarium der Jugendhilfe. Gleichwohl muss in jedem Einzelfall geprüft werden, welche Personen und/oder Institutionen beteiligt werden, was an der Förderlichkeit für

---

[22] Schönecker, 2021, S. 277.
[23] Schönecker, 2021, S. 277.
[24] Zu den Anforderungen an die Hilfeplanung im Rahmen der JuhiS s. Goldberg, 2022, S. 273 ff.
[25] S. dazu Schrapper, 2021 m. w. N.
[26] Schönecker, 2021, S. 279.

die Gewährung der erzieherischen Hilfe zu messen ist. In jedem Fall ist bei diesen Konferenzen die Jugendhilfe federführend.

Wenn nun in § 52 Abs. 1 Satz 3 SGB VIII eine Regelung zur Kooperation im Rahmen von gemeinsamen Konferenzen oder vergleichbaren Gremien ergänzt wurde, wird damit in den seltensten Fällen eine Einbeziehung in das Hilfeplanverfahren gemeint sein. In der Regel dürfte es um andere Konferenzen gehen, die in der Folge thematisiert werden sollen.

3 Die gesetzliche Neuregelung der Kooperation im Tätigkeitsfeld der JuhiS

In Anbetracht der auch früher schon vorhandenen Regelungen zur Kooperation insbes. mit der Jugendstrafjustiz, aber auch mit anderen relevanten Akteur*innen im Tätigkeitsfeld der JuhiS erscheint fraglich, warum überhaupt Bedarf für eine Neuregelung gesehen wurde. Es ging dem Gesetzgeber offensichtlich um zwei Ziele: erstens um die Einbeziehung weiterer Akteur*innen und zweitens um die Stärkung der Kooperation im Einzelfall.[27] In der Gesetzesbegründung wird klargestellt, dass über die sowieso erforderliche Zusammenarbeit mit Jugendgericht und Staatsanwaltschaft hinaus „in der Regel auch die Kooperation im Einzelfall mit anderen öffentlichen Einrichtungen und sonstigen Stellen umfasst [ist], deren Tätigkeit sich auf die Lebenssituation des jungen Menschen auswirkt, soweit dies zur Erfüllung der damit verbundenen Aufgabe notwendig ist".[28] Darüber hinaus formulierte der Gesetzgeber deutlich, dass durch die Neuregelung „dem zurückhaltenden Gebrauch in der praktischen Umsetzung einer umfassenderen behördenübergreifenden einzelfallbezogenen Zusammenarbeit entgegengewirkt werden [soll]." [29]

3.1 Gesetzliche Regelung

Wie sieht nun die Neuregelung im Einzelfall aus? In § 52 Abs. 1 SGB VIII wurden die folgenden Sätze 2 und 3 ergänzt: „Dabei soll das Jugendamt auch mit anderen öffentlichen Einrichtungen und sonstigen Stellen, wenn sich deren Tätigkeit auf die Lebenssituation des Jugendlichen oder jungen Volljährigen aus-

---

27 Lohse in Meysen, Lohse et al., 2022, Kap. 7 Rn. 116.
28 RegE, BT-Drs. 19/26107, S. 105.
29 RegE, BT-Drs. 19/26107, S. 105.

wirkt, zusammenarbeiten, soweit dies zur Erfüllung seiner ihm dabei obliegenden Aufgaben erforderlich ist. Die behördenübergreifende Zusammenarbeit
kann im Rahmen von gemeinsamen Konferenzen oder vergleichbaren gemeinsamen Gremien oder in anderen nach fachlicher Einschätzung geeigneten Formen erfolgen." In § 37a JGG findet sich eine korrespondierende Regelung für
die Jugendstaatsanwaltschaft und (zumindest für die fallunspezifische Zusammenarbeit) auch für das Jugendgericht.

In § 52 Abs. 1 Satz 2 SGB VIII findet sich also eine Soll-Regelung für die
JuhiS zur behördenübergreifenden Zusammenarbeit, durch die die allgemeine
Regelung zur Zusammenarbeit aus § 81 SGB VIII konkretisiert wird.[30] Damit
bezieht sie sich in erster Linie auf die fallunspezifische Kooperation, z. B. mit
Schule, Ausländerbehörde, Jobcenter, Einrichtungen oder Diensten der Gesundheitshilfen, sonstigen Sozialleistungsträgern.[31] Gleichwohl ist hierin auch
eine allgemeine Bestimmung enthalten, die ebenso für die in Satz 3 geregelte
einzelfallbezogene Kooperation relevant ist: Die Zusammenarbeit ist nämlich
nur dann vorgesehen und damit erlaubt, *soweit sie zur Erfüllung der Aufgaben der*
JuhiS erforderlich ist. Bei jeglicher Kooperation ist zu prüfen, welche Aufgaben
den Fachkräften der JuhiS obliegen und ob die Kooperation für diese förderlich
ist. Im Mittelpunkt stehen dabei die Beratung, Begleitung und Betreuung der
jungen Menschen sowie die Förderung ihrer Entwicklung hin zu selbstbestimmten, eigenverantwortlichen und gemeinschaftsfähigen Persönlichkeiten;
es gilt Benachteiligungen zu vermeiden und abzubauen und positive Lebensbedingungen zu schaffen (§ 1 SGB VIII). Zudem kann die einzelfallbezogene Zusammenarbeit förderlich sein bei der Prüfung möglicher Jugendhilfe- oder anderer Sozialleistungen (§ 52 Abs. 2 Satz 1 SGB VIII) oder auch bei einer eventuell
notwendigen Krisenintervention zur Untersuchungshaftvermeidung.

§ 52 Abs. 1 Satz 2 SGB VIII enthält darüber hinaus Regelungen für die einzelfallbezogene Kooperation. Zunächst einmal sei darauf hingewiesen, dass es
sich um eine Kann-Regelung handelt, d. h., eine einzelfallbezogene Kooperation
(wie z. B. eine Fallkonferenz) ist nach der eindeutigen gesetzlichen Regelung
kein Standardverfahren in der Tätigkeit der JuhiS, sondern nur in besonderen
Einzelfällen anwendbar. Die Gesetzesbegründung verweist hierbei auf Mehrfachauffällige, die Begehung sehr schwerer Straftaten oder wenn die Straftat mit

---

30   Trenczek in Münder, Meysen & Trenczek, 2022, § 52 Rn. 77.
31   Da die Zusammenarbeit mit Jugendstrafjustiz und Polizei sowieso in der Mitwirkungsaufgabe der JuhiS gem. § 52 SGB VIII i. V. m. §§ 38, 50 JGG angelegt ist, sind diese Institutionen hier nicht genannt. Ausführlich zur fallübergreifenden Kooperation s. Fritsch in diesem Band, S. 15–32.

anderen Auffälligkeiten einhergeht, z. B. Schulverweigerung, Suchtproblemen oder familiären Problemen, bei denen ein „Bedarf an Beratung und Abstimmung mehrerer Stellen im Interesse des betroffenen Jugendlichen besteht".[32] Doch selbst in diesen Fällen ist die Durchführung einer Fallkonferenz unter Beteiligung der JuhiS nicht automatisch tunlich (s. 2. a).

Darüber hinaus hat die JuhiS fachlich einzuschätzen, ob die *Form der Zusammenarbeit geeignet* ist, und zwar im Hinblick auf die Erfüllung ihrer eigenen Aufgaben unter Beachtung ihrer Grundprinzipien und Verfahrensvorschriften, zu denen auch die des Sozialdatenschutzes zählen (s. unter 2. c). Dies wird in der Gesetzesbegründung sogar noch einmal hervorgehoben:

> „Die Vorschriften über den Schutz von Sozialdaten [...] ebenso wie die jeweiligen bereichsspezifischen Datenschutzvorschriften, die für andere Mitwirkende in derartigen Gremien gelten, bleiben dabei unberührt."[33]

Die Neuregelung stellt also bei genauer Betrachtung die Teilnahme der JuhiS an Fallkonferenzen unter den Vorbehalt der Förderlichkeit für ihre Aufgaben und die Prüfung der fachlichen Geeignetheit der Form der Zusammenarbeit. Gleichwohl besteht durch die „doppelten Botschaften in der Begründung zum Gesetzentwurf"[34] die Gefahr von Missverständnissen, dass nämlich eine Pflicht zur Mitwirkung gegeben sei.[35] Wie soll aber dem zurückhaltenden Gebrauch von Fallkonferenzen entgegengewirkt werden, wenn die gesetzliche Regelung gleichzeitig zu Recht ausdrücklich als Ausnahmevorschrift für Einzelfälle formuliert ist?

3.2 Praktische Umsetzung

In welchen Fällen erscheint nun also eine einzelfallbezogene Kooperation, z. B. im Rahmen einer Fallkonferenz, aus Sicht der Jugendhilfe für sinnvoll und damit zulässig? Und was ist bei der Umsetzung in der Praxis zu beachten?[36]

---

32 BT-Drs. 19/26107, S. 106.
33 RegE, BT-Drs. 19/26107, S. 105.
34 Trenczek in Münder, Meysen & Trenczek, 2022, § 52 Rn. 79.
35 Goldberg in Wabnitz, 2021, § 52 Rn. 95e.
36 S. dazu auch ausführlich die praktischen Hinweise für die Durchführung in Teil 3 dieses Band, ab S. 183.

3.2.1 Anlässe einer Fallkonferenz

Zunächst ist zu klären, in welchen Fallkonstellationen aus Sicht der Jugendhilfe eine Fallkonferenz in Frage kommt, d. h., wann sie für die Erfüllung ihrer Aufgaben förderlich ist und wann eine solche Form im Hinblick auf die Grundprinzipien und Verfahrensvorschriften der Jugendhilfe geeignet ist.

Unstreitig dürften Fallkonferenzen ausgeschlossen sein in Konstellationen, die zum Bereich der ubiquitären, bagatellhaften und episodenhaften Delinquenz zählen, in denen eine Spontanbewährung zu erwarten ist.[37] Die Begehung solcher Delikte in Einzelfällen ist jugendtypisches Normalverhalten, das nicht weiter sanktioniert werden sollte, um die jungen Menschen nicht zu etikettieren,[38] und die JuhiS sollte ihre Beteiligung in solchen Verfahren auf ein sinnvolles Minimum reduzieren.[39] Im Einzelfall wird zwar zu klären sein, nach welcher Vorschrift das Verfahren zu beenden ist (insbes. die Diversion nach § 45 oder § 47 JGG kommt hierbei in Frage), aber dafür bedarf es keiner einzelfallbezogenen Fallkonferenz in größerer Runde. Gleichwohl bietet es sich an, diese Form der Delinquenz zum Thema fallunspezifischer Konferenzen zu machen, insbes. zur Förderung der Diversion.

Wenn Fallkonferenzen also bei Bagatelldelinquenz ausgeschlossen scheinen, könnten sie am anderen Ende der Skala, also bei den sogenannten „Mehrfach- und Intensivtäter*innen" sinnvoll sein.[40] Dies wird zumindest in der Gesetzesbegründung angenommen.[41] Zunächst einmal ist darauf hinzuweisen, dass es keine allgemeinverbindliche Definition dieser Täter*innengruppe gibt und die Bezeichnung in erster Linie von der Polizei verwendet wird, um diese jungen Menschen durch besondere Vorgehensweisen zu adressieren. Eine solche Zuordnung ist für die JuhiS nicht bindend. Gleichwohl sollte sich die JuhiS durchaus intensiver mit jungen Menschen beschäftigen, die durch mehrfache und oft auch schwerere Straftaten auffällig werden. Aus der Forschung ist bekannt, dass sie durch eine Vielzahl sozialer und biografischer Defizite und Mängellagen belastet sind und zuvor durch die Jugendhilfe oder andere Unterstützungssysteme nicht wirklich erreicht werden konnten. Dazu kommt, dass sie oft von einer negativen Eigendynamik des Rückfalls betroffen sind, in der die Chancen immer weiter abnehmen und Kontrolle und Sanktionierung intensiviert

---

37 Dazu Trenczek & Goldberg, 2016, S. 66.
38 Zum Labeling Approach s. zusammenfassend Trenczek & Goldberg, 2016, S. 109 f.
39 Goldberg in Wabnitz, 2021, § 52 Rn. 22.
40 Zu diesen s. Goldberg in Wabnitz, 2021, § 52 Rn. 13 ff. m.w.N.
41 BT-Drs. 19/26107, S. 106.

werden im Sinne einer Sanktionsspirale. Insofern sollten sie eher als mehrfach Belastete, mehrfach Benachteiligte und von Ausgrenzung mehrfach Betroffene bezeichnet werden.

Damit liegt nahe, dass bei diesen jungen Menschen Fallkonferenzen durchaus sinnvoll sein können. Allerdings sind bei der konkreten Entscheidung über die Durchführung (oder Nichtdurchführung) einer Fallkonferenz die spezifischen Ziele der Jugendhilfe zu berücksichtigen. Insofern können Fallkonferenzen für die Jugendhilfe vor allem aus zwei Gründen sinnvoll sein:

- erstens zur Klärung und Koordination eines umfassenden Unterstützungsbedarfes verschiedener Institutionen bei multiplen Problemlagen und Belastungsfaktoren (JuhiS als Clearingstelle[42]), was auch im Hinblick auf die Förderung eines Desistance-Prozesses relevant ist, und
- zweitens zur Abwendung einer Sanktionseskalation, insbes. wenn eine Jugendstrafe im Raume steht.

Entscheidend für die Jugendhilfe ist in diesen Fällen gleichwohl, dass nicht eine strafrechtliche Perspektive im Vordergrund steht, nach der schneller, härter und repressiver reagiert werden muss, denn das ist aus empirischer und pädagogischer Sicht nur selten sinnvoll. Vielmehr muss das Ziel sein, Absprachen zu kriminologisch sinnvollen Reaktionen zu treffen, durch die Inanspruchnahme von Angeboten der Jugendhilfe strafende Sanktionen zu verhindern, gegenläufige Wirkungen von gleichzeitig getroffenen Einzelmaßnahmen der verschiedenen beteiligten Institutionen oder einen „Verschiebebahnhof" zwischen Institutionen zu vermeiden und so Brüche im Lebenslauf und einen damit verbundenen weiteren Abstieg abzuwenden.[43]

Schließlich können aus Sicht der Jugendhilfe Fallkonferenzen in zwei weiteren Situationen sinnvoll erscheinen:

- wenn Interventionen oder Entscheidungen anderer Institutionen im Widerspruch zu denen der Jugendhilfe stehen und sich kontraproduktiv auf Hilfeverläufe auswirken können, z. B. Ordnungsmaßnahmen der Schule oder Schulverweise, Entscheidungen hinsichtlich der (Nicht-)Fortsetzung von Berufsbildungsmaßnahmen, aufenthaltsbeendende Maßnahmen der Ausländerbehörde, der Entzug der Fahrerlaubnis oder Sanktionen des Jobcenters;

---

42 Trenczek in Münder, Meysen & Trenczek, 2022, § 52 Rn. 78.
43 Goldberg in Wabnitz, 2021, § 52 Rn. 61.

- in der Phase der Vollstreckung bereits entschiedener Maßnahmen, um (insbes. auch mit den Sorgeberechtigten) die Abläufe zu besprechen.[44]

3.2.2 Beteiligte

Wenn nun also überhaupt eine Fallkonferenz sinnvoll erscheint, ist weiter zu klären, welche Personen und Institutionen außer der Jugendhilfe an dieser Konferenz teilnehmen sollten. Der Gesetzgeber benennt explizit Jugendstaatsanwaltschaften, Polizeibehörden, die Schule, Ausländerbehörden und den Gesundheitsbereich; darüber hinaus geht er wohl davon aus, dass die Fallkonferenzen grundsätzlich unter Beteiligung der Personensorgeberechtigten und auch der jungen Menschen erfolgen,[45] was aber in der Praxis nur selten der Fall ist.[46]

Die Beteiligung der jungen Menschen und ihrer Personensorgeberechtigten ist aus Sicht der Jugendhilfe elementar, betont sie doch das Prinzip der Partizipation, welches durch das Kinder- und Jugendstärkungsgesetz an vielen Stellen noch einmal herausgehoben wurde. Auch Lohse unterstreicht dies: „eine behördenübergreifende Fallkonferenz ohne Beteiligung des jungen Menschen (und ggf. seiner Erziehungsberechtigten) [ist] nur im Ausnahmefall denkbar. Es sollte unbedingt der Eindruck vermieden werden, die Akteure träfen über den Kopf des jungen Menschen bzw. seiner Erziehungsberechtigten hinweg ‚Absprachen im Hinterzimmer'."[47] Gleichzeitig ist Rollenklarheit und eine wohlwollende professionelle Haltung notwendig: „So sehr es wünschenswert ist, dass die Jugendlichen nicht den Eindruck haben, die Akteur*innen würden gegeneinander arbeiten oder könnten gegeneinander ausgespielt werden, so ist auch problematisch, wenn die Jugendlichen sich einer einheitlichen Front gegenübersehen, deren Rollen verschwimmen."[48] In jedem Fall ist eine gute Vorbereitung der jungen Menschen und der Personensorgeberechtigten nötig, damit die Fallkonferenz die aus Sicht der Jugendhilfe förderlichen Ziele erreichen kann.[49] Wichtig ist darüber hinaus, dass durch die Fallkonferenzen rechtsstaatliche Verfahrensgarantien nicht umgangen werden, so dass Belehrungen über die Freiwilligkeit

---

44 DVJJ, 2022.
45 RegE, BT-Drs. 19/26107, S. 107; s. dazu auch Lohse in Meysen, Lohse et al., 2022, Kap. 7, Rn. 118.
46 DVJJ, 2022.
47 Lohse in Meysen, Lohse et al., 2022, Kap. 7, Rn. 123.
48 DVJJ, 2022.
49 S. dazu die praktischen Hinweise in dieser Arbeitshilfe.

der Teilnahme und das Schweigerecht unbedingt erfolgen müssen.[50] Insofern sollte auch die Möglichkeit eingeräumt werden, dass die jungen Menschen eine*n Verteidiger*in hinzuziehen, zumal es sich in vielen Fällen ohnehin um Verfahren mit notwendiger Verteidigung handeln wird.[51] Ebenso sollte es den jungen Menschen möglich sein, einen Beistand (§ 69 JGG; § 13 Abs. 4 SGB X) mitzubringen.

Welche weiteren Personen und Institutionen beteiligt werden, ist sehr vom Einzelfall abhängig. Häufig werden das Akteur*innen aus dem Bereich der Jugendstrafjustiz und Jugendstraffälligenhilfe sein (insbes. Polizei und Jugendstaatsanwaltschaft, zudem ggf. die Bewährungshilfe, der Justizvollzug und/oder Fachkräfte der ambulanten sozialpädagogischen Angebote). Darüber hinaus sind häufig die Schulen oder Einrichtungen der beruflichen Bildung relevant, ebenso wie Personen oder Institutionen der Gesundheitshilfe (z. B. Suchtberatung, psychiatrische Einrichtungen). Weiter kommen andere Sozialleistungsträger in Frage (z. B. Jobcenter, Arbeitsagentur, Sozialamt, Träger der Eingliederungshilfe) oder andere Behörden (z. B. Fahrerlaubnisbehörde, Ausländerbehörde).

Bei all diesen Personen und Institutionen ist relevant, dass sie einerseits Ziele verfolgen können, die auch aus Sicht der Jugendhilfe positiv zu werten sind (wie z. B. die Legalbewährung, die Integration, der Erwerb eines Schulabschlusses, gute Gesundheit), andererseits können ihre Maßnahmen aber den Zielen der Jugendhilfe bzw. der Wirksamkeit ihrer Hilfen entgegenstehen, so dass es sinnvoll erscheint, aufeinander abgestimmte Hilfeansätze zu entwickeln. Auch wenn es selten möglich sein wird, in den Fallkonferenzen verbindliche Vereinbarungen zu treffen, können dennoch Handlungsempfehlungen ausgesprochen werden, die dann bestenfalls von den einzelnen Akteur*innen im Rahmen ihrer eigenen rechtlichen Möglichkeiten umgesetzt werden.

3.2.3 Rahmenbedingungen und Verfahrensvorschriften

Für die Jugendhilfe steht außer Frage, dass jede Fallkonferenz mit ihrer Beteiligung auf die Förderung der Entwicklung der jungen Menschen zu einer selbstbestimmten, eigenverantwortlichen und gemeinschaftsfähigen Persönlichkeit zielt, was insbes. durch soziale Integration zu erreichen ist. Die Ziele der Jugend-

---

50 DVJJ, 2022.
51 DVJJ, 2022.

hilfe gehen damit weit über die Ziele der Jugendstrafjustiz hinaus, die sich lediglich an der Legalbewährung orientieren (dürfen).

Darüber hinaus ist die Jugendhilfe an die Grundprinzipien des SGB VIII gebunden, die auch im Rahmen von Fallkonferenzen umzusetzen sind. Dazu zählen insbes. die folgenden:

Partizipation: Fallkonferenzen finden grundsätzlich unter Beteiligung der jungen Menschen (und ihrer Personensorgeberechtigten) statt. Diese sind über Sinn und Zweck, Ziele und Möglichkeiten, aber auch eventuelle Risiken und Grenzen der Konferenzen aufzuklären. Wesentlich für die Jugendhilfe ist, dass die Beteiligung und Beratung „in einer [...] verständlichen, nachvollziehbaren und wahrnehmbaren Form" erfolgt (§ 8 Abs. 4 SGB VIII).

Freiwilligkeit:[52] Die Leistungen des SGB VIII sind freiwillig, d. h., die jungen Menschen können nicht gezwungen werden zur Inanspruchnahme von Hilfen, die aus Sicht der Jugendhilfe sinnvoll und notwendig sind. Ebenso wenig müssen die jungen Menschen die Dienste der JuhiS in Anspruch nehmen und sich von den Jugendhilfe-Fachkräften beraten, begleiten und betreuen lassen. Der Aspekt der Freiwilligkeit wird durch das Ziel der „Selbstbestimmung", das durch das KJSG in § 1 Abs. 1 SGB VIII neu eingefügt wurde, noch einmal unterstrichen. Die Freiwilligkeit gilt auch im Hinblick auf die Teilnahme an Fallkonferenzen, und zwar einerseits bezogen auf die eigene Teilnahme (oder Nichtteilnahme) der jungen Menschen an einer stattfindenden Fallkonferenz, andererseits bezogen auf die Erteilung einer Einwilligung zum Sozialdatenschutz, die für die Fachkräfte der Jugendhilfe notwendig ist, um Informationen an die anderen Beteiligten weitergeben zu dürfen.

Ressourcenorientierung:[53] Für die Jugendhilfe zentral ist die Planung von Unterstützungsmöglichkeiten, die an individuelle und soziale Ressourcen (wie z. B. Begabungen, Bewältigungsstrategien, gute Integration in eine Peergroup oder familiärer Rückhalt) der jungen Menschen anknüpfen, da die intendierten Ziele durch ressourcenorientierte Hilfen deutlich besser und nachhaltiger erreicht werden können als bei Orientierung an den Defiziten.

Prozesshaftigkeit: Während es im Jugendstrafrecht um zurückliegende punktuelle Ereignisse sowie die zukünftige Legalbewährung geht, nimmt die Jugendhilfe ganzheitliche und dynamische Biografien in den Blick. Sie ist dabei auf Prozesse, einvernehmliche Konfliktklärungen, kooperative Entscheidungen

---

52 S. dazu Trenczek & Goldberg, 2016, S. 169 f.
53 S. dazu Trenczek & Goldberg, 2016, S. 145.

und die Mobilisierung von Ressourcen ausgerichtet.[54] Aus der Desistance-Forschung ist bekannt, dass Veränderungsprozesse (insbes. solche, die mit dem Abbruch sogenannter krimineller Karrieren in Verbindung stehen) selten geradlinig verlaufen, sondern von Rückschlägen und Ambivalenzen gekennzeichnet sind.[55]

Schließlich spielt der **(Sozial-)Datenschutz** für die Jugendhilfe (wie auch für die Polizei bzw. Justiz) in Fallkonferenzen eine wesentliche Rolle.[56] Dabei werden der Jugendhilfe oft einseitig Vorwürfe gemacht, die (aus Sicht der Polizei oder Justiz) notwendigen Informationen zurückzuhalten. Dabei gibt es Vertraulichkeit durchaus auf beiden Seiten: Gerade, wenn Straftaten noch nicht gänzlich ausermittelt sind, hält auch die Polizei bestimmte Informationen aus guten Gründen zurück.

Für die Jugendhilfe ist aber in jedem Fall der Sozialdatenschutz entscheidend, der vergleichsweise strenge Vorgaben zur Erhebung und Übermittlung von personenbezogenen (Sozial-)Daten enthält. Als wichtige Grundprinzipien gelten der Zweckbindungs- und der Datensparsamkeits- bzw. Erforderlichkeitsgrundsatz (Art. 5 EU-DSGVO; §§ 62 Abs. 1, 63 Abs. 1, 64 Abs. 1 SGB VIII),[57] wobei die konkrete Aufgabe der Jugendhilfe (hier also der JuhiS) maßgeblich ist. Bei der Datenerhebung gilt ferner der Grundsatz der Betroffenenerhebung (§ 67a Abs. 2 SGB X; § 62 Abs. 3 SGB VIII), d. h., nur in den gesetzlich geregelten Ausnahmefällen dürfen Informationen bei Dritten (z. B. den anderen Beteiligten einer Fallkonferenz) eingeholt werden, und dieser Ausnahmetatbestand dürfte regelmäßig nicht erfüllt sein.[58]

Noch relevanter dürfte im Hinblick auf Fallkonferenzen aber die Zulässigkeit einer Datenübermittlung sein, d. h., inwieweit die Fachkräfte der JuhiS Informationen an die anderen Beteiligten weitergeben dürfen – zumal die Kenntniserlangung für Polizei und Strafjustiz häufig ein zentraler Grund für die Anberaumung einer Fallkonferenz sein dürfte. Die Datenübermittlung ist den Fachkräften der JuhiS aber nur gestattet, wenn die/der Betroffene (freiwillig und gut informiert) eingewilligt hat *oder* eine gesetzliche Regelung die Datenübermittlung erlaubt. Als gesetzliche Regelung kommt vor allem § 69 Abs. 1 Nr. 1 Var. 2 SGB X in Betracht, d. h., wenn sie „für die Erfüllung einer gesetzlichen

---

54 Goldberg in Wabnitz, 2021, § 52 Rn. 20 m. w. N.
55 Ghanem & Stadler, 2022, S. 177 f.
56 S. dazu den Beitrag von Riekenbrauk in diesem Band, S. 35–63, sowie DVJJ, 2022.
57 S. Goldberg in Wabnitz, 2021, § 52 Rn. 115 ff. sowie allgemein Goldberg, 2021b, S. 183 f. und Goldberg, 2021c, S. 31 f.
58 Goldberg in Wabnitz, 2021, § 52 Rn. 116.

Aufgabe der übermittelnden Stelle nach diesem Gesetzbuch" erforderlich ist. Also nur, wenn es förderlich für die Aufgaben der JuhiS ist, Informationen an andere Beteiligte der Fallkonferenz weiterzugeben, ist dies auch erlaubt. Die Förderlichkeit für die Aufgaben von Polizei oder Strafjustiz reicht hingegen nicht aus. Hinzu kommt, dass die jugendhilferechtlichen Übermittlungssperren (§ 64 Abs. 2 SGB VIII: Gefährdung des Erfolgs einer Leistung; § 65 Abs. 1 SGB VIII: Besonderer Vertrauensschutz für anvertraute Daten)[59] vermutlich häufig einschlägig sein werden. Im Ergebnis wird also eine Weitergabe von Informationen nur dann möglich sein, wenn die Betroffenen eingewilligt haben. Auch wenn der Gesetzgeber innerhalb der Grenzen des Datenschutzes „durchaus Spielräume für eine gelingende, enge Kooperation zum Zweck einer zielorientierten Erfüllung des Auftrags der Kinder- und Jugendhilfe"[60] sieht, ist zu betonen, dass gegen den Willen der Betroffenen für die Fachkräfte der Jugendhilfe eine Teilnahme an einer Fallkonferenz ausgeschlossen sein dürfte; zumindest aber erscheint eine Weitergabe von Informationen dann als unzulässig, so dass sie zu unterbleiben hat. Dies sah auch der Gesetzgeber: „Die Beachtung des Sozialdatenschutzes kann in bestimmten Konstellationen auch dazu führen, dass die Fachkraft im Strafverfahren verpflichtet ist, ihr bekannte Informationen nicht weiterzugeben."[61]

Die Verantwortung für die Entscheidung über die Zulässigkeit der Datenübermittlung liegt übrigens eindeutig bei den Fachkräften der JuhiS (§ 67d Abs. 1 Satz 1 SGB X). Eine pauschale Regelung (z. B. in Kooperationsverträgen) verbietet sich dabei, vielmehr ist in jedem Einzelfall gesondert darüber zu entscheiden.

Zusammenfassend ist also zu betonen, dass es für die Fachkräfte der Jugendhilfe sehr weitreichende Grundsätze und Verfahrensvorschriften gibt, die (auch) in Fallkonferenzen zu beachten sind. Dies scheint am ehesten möglich zu sein, wenn eine solche einzelfallbezogene Konferenz, die überhaupt nur in Ausnahmefällen sinnvoll und zulässig ist, unter Federführung der Jugendhilfe stattfindet, so dass sie auch Einfluss auf die äußeren Rahmenbedingungen hat.

---

59   Zu diesen s. Goldberg in Wabnitz, 2021, § 52 Rn. 118.
60   BT-Drs. 19/26107, S. 105.
61   BT-Drs. 19/26107, S. 105 f.

4　Fazit

Auf den ersten Blick klingen viele Argumente für interdisziplinäre Fallkonferenzen durchaus plausibel:[62] Der Jugendkriminalität könne durch umfassenden Informationsaustausch und vernetzte/abgestimmte Reaktion am ehesten begegnet werden; gegenläufige, sich ggf. sogar widersprechende Wirkungen gleichzeitig getroffener Einzelmaßnahmen verschiedener Akteur*innen würden vermieden; durch ein geschlossenes und einheitliches Auftreten werde ein deutliches erzieherisches Signal gegenüber den Betroffenen gesetzt und es könnten Brüche im Lebenslauf sowie ein „Verschiebebahnhof" zwischen verschiedenen Institutionen vermieden werden. Zudem könnten Doppeltermine und Zuständigkeitskonflikte verhindert werden.[63] Auch die Ziele und Zwecke, die in Praxisbeschreibungen oder Konzepten zu finden sind, klingen zunächst durchaus nachvollziehbar:[64] Die Jugendkriminalität soll wirksam bekämpft und Jugendstrafverfahren beschleunigt werden, weitere Straftaten und Gefährdungen sollen vermieden werden, es soll weniger Informationsverlust geben, um ein vollständiges Bild bzw. abgestimmtes Gesamtkonzept zu erlangen.

Bei näherer Betrachtung aus dem Blickwinkel der Jugendhilfe zeigt sich jedoch, dass in jedem Einzelfall genau zu prüfen ist, ob eine einzelfallbezogene Fallkonferenz tatsächlich für die Erfüllung der Aufgaben der Jugendhilfe (unbedingt) erforderlich ist, denn nur dann darf die Jugendhilfe daran (aktiv) teilnehmen (und selbst eine rein passive Teilnahme verbietet sich im Grunde). Wenn die Fachkräfte der JuhiS zum Ergebnis kommen, dass eine Fallkonferenz wirklich sinnvoll wäre, kommt es ferner auf die Einwilligung der Betroffenen an, denn ohne diese ist die Teilnahme weiterhin unzulässig. Wenn auch die (freiwillige und gut informierte) Einwilligung vorliegt, kommt es weiter darauf an, die Fallkonferenz so zu gestalten, dass sie im Sinne der jungen Menschen abläuft, d. h. dazu beiträgt, ihnen Möglichkeiten zu einem gelingenden Leben zu eröffnen.

Wenn alle diese Voraussetzungen erfüllt sind, kann es in der Praxis tatsächlich Fallkonferenzen geben, die Ergebnisse im Sinne der jungen Menschen erzielen, die sonst eventuell nicht möglich gewesen wären. Es könnte z. B. bei den anderen Beteiligten für Verständnis für einen (weiteren) Rückschlag in einem Desistance-Prozess geworben werden, so dass auf eigentlich vorgesehene ein-

---

62　S. dazu die aus der Literatur zusammengetragenen Argumente bei Riekenbrauk in Kunkel, Kepert & Pattar, 2022, § 52 Rn. 59 und bei Goldberg in Wabnitz, 2021, § 52 Rn. 62.

63　Wapler in Wiesner & Wapler, 2022, § 52 Rn. 30.

64　DVJJ, 2022.

schneidende Maßnahmen verzichtet wird, die die soziale Integration behindern würden. Oder es könnten Hilfen und Unterstützungsmaßnahmen aus verschiedenen Systemen aufeinander abgestimmt werden, die dann auch im Rahmen eines Strafverfahrens Bedeutung erlangen können, beispielsweise als erzieherische Maßnahmen i. S. d. § 45 Abs. 2 JGG. Fraglich ist gleichwohl, ob solche Ergebnisse nicht auch ohne Fallkonferenz möglich gewesen wären. Wenn eine Kooperation ohnehin verantwortungsvoll gelebt wird, sich die beteiligten Personen gut kennen und die jeweiligen Aufgaben und Befugnisse akzeptieren, wird es vermutlich kaum einen Mehrwert durch eine Fallkonferenz geben; wo dies aber nicht der Fall ist, erscheint die Umsetzung von Vereinbarungen aus Fallkonferenzen unrealistisch, so dass auf das Instrument auch verzichtet werden könnte.[65]

Darüber hinaus sind die Erkenntnisse der wohl einzigen Evaluation solcher Fallkonferenzen zu berücksichtigen:[66] Auch wenn es einen zügigeren Informationsaustausch gab und die weiteren Maßnahmen unter den Beteiligten abgestimmt wurden, so konnte kein komplexeres Fallverstehen, keine differenziertere Analyse der Probleme erreicht werden, die zu einer Erarbeitung von innovativen Handlungsalternativen hätten führen können. Und die beschlossenen Maßnahmen fanden keine Akzeptanz bei den Jugendlichen, die jedoch an den evaluierten Konferenzen nicht teilnahmen. Damit wird sehr deutlich, dass die Adressat*innen bei allen Bemühungen um Kooperation nicht aus den Augen verloren werden dürfen und in jedem Falle zu beteiligen sind.[67] „Kooperation ist kein Selbstzweck und nicht schon für sich genommen ein Erfolg", eine noch so gute Zusammenarbeit „im Sinne von Expert*innen unter sich" ist keine Garantie für eine erfolgreiche Arbeit aus Sicht der jungen Menschen.[68] Neben der Kommunikation zwischen den verschiedenen Professionen ist im Rahmen der Kooperation daher immer auch die Beteiligung und Mitwirkung der Adressat*innen mitzudenken und umzusetzen, denn die Partizipation ist ein wesentlicher Erfolgsfaktor in der Jugendhilfe.

Und die Jugendhilfe darf auf keinen Fall ihre Interessen und Grundprinzipien hintanstellen und sich von den Interessen der Polizei und Staatsanwaltschaft in Dienst stellen lassen, denn dann bleiben die jungen Menschen mit ihren Unterstützungs-, Entwicklungs- und Teilhabebedarfen auf der Strecke.[69]

---

65 Trenczek in Münder, Meysen & Trenczek, 2022, § 52 Rn. 80; DVJJ, 2020, S. 411.
66 Sturzenhecker, Karolczak & Braband, 2011, S. 311.
67 Goldberg in Wabnitz, 2021, § 52 Rn. 50a.
68 Hoops, 2019, S. 170
69 Kilian, 2019, S. 222.

Erforderlich ist also eine eindeutige Rollenklarheit, damit die jungen Menschen die einzelnen beteiligten Akteur*innen mit ihren spezifischen Aufgaben, Pflichten und Befugnissen unterscheiden können, sonst gerät das für eine wirksame Jugendhilfe erforderliche Vertrauen in Gefahr.[70] Und natürlich müssen sich die Fachkräfte der Jugendhilfe ausdrücklich auf ihre eigenen Grundprinzipien, Ziele, Aufgaben und Befugnisse beschränken. Ohne eine ausgeprägte sozialpädagogische Professionalität geht es mithin nicht.[71] Die Fachkräfte der JuhiS können ihrer eigenständigen (sozialpädagogischen) Perspektive nur dann Geltung verschaffen, wenn diese argumentativ überzeugt. Dazu ist Distanz gegenüber einer strafrechtlichen Sichtweise von Sozialisationsdefiziten als kriminogenen Faktoren im Jugendstrafverfahren erforderlich.[72] Zudem muss das sozialpädagogische Kriterium, wie junge Menschen zu einer selbstbestimmten, eigenverantwortlichen und sozial akzeptablen Lebensführung befähigt und motiviert werden können, anstelle des justiziellen Kriteriums der Legalbewährung ins Zentrum der eigenen Fallbetrachtung gestellt werden.[73] Gefordert ist folglich ein offensives Einmischen der Jugendhilfe (nicht nur, aber auch) in Fallkonferenzen, damit z. B. durch Inanspruchnahme von Jugendhilfe-Angeboten strafende Sanktionierung vermieden wird.[74] Es bleibt dabei: „Jugendhilfe muss ihren Auftrag als ‚kooperatives Konkurrenzverhältnis' zur Polizei und Justiz verstehen: so viel Jugendhilfe wie möglich, so wenig Strafrecht wie nötig."[75]

Literaturverzeichnis

Breymann, K. (2009). Kooperation im Jugendstrafverfahren. In J. Goerdeler & BAG Jugendhilfe im Strafverfahren in der DVJJ (Hrsg.), Jugendhilfe im Strafverfahren. Arbeitshilfen für die Praxis (S. 201–207). Hannover: DVJJ-Eigenverlag.
Deutsche Vereinigung für Jugendgerichte und Jugendgerichtshilfen e. V. (2020). Stellungnahme zum Referentenentwurf eines Gesetzes zur Stärkung von Kindern und Jugendlichen vom 05.10.2020. Zeitschrift für Jugendkriminalrecht und Jugendhilfe 31 (4), S. 409–412.

---

70 Riekenbrauk in Kunkel, Kepert & Pattar, 2022, § 52 Rn. 63.
71 Zur notwendigen sozialpädagogischen Professionalisierung im Arbeitsfeld der JuhiS s. Goldberg in Wabnitz, 2021, § 52 Rn. 67c.
72 Scherr, 2011, S. 180.
73 Scherr, 2015, S. 184.
74 Riekenbrauk in Kunkel, Kepert & Pattar, 2022, § 52 Rn. 62.
75 DIJuF, 2007, S. 324.

Deutsche Vereinigung für Jugendgerichte und Jugendgerichtshilfen e. V. (2022). Positionspapier der DVJJ zu sogenannten Fallkonferenzen. Online verfügbar unter: https://www.dvjj.de/wp-content/uploads/2022/08/Positionspapier-Fallkonferenzen_final_SE.pdf (letzter Abruf am: 30.08.2022).

Deutscher Berufsverband für Soziale Arbeit e. V. (2014). Berufsethik des DBSH. Ethik und Werte. Forum Sozial, Heft 4.

Deutsches Institut für Jugendhilfe und Familienrecht (DIJuF) (2007). Jugendhilfe und Jugendgerichtsbarkeit: Die Unterschiede als Chance verstehen! Kommunikation, Kooperation und der § 36a SGB VIII. Zeitschrift für Jugendkriminalrecht und Jugendhilfe 18 (3), S. 323–329.

Ghanem, C. & Stadler, H. (2022). Desistance-orientierte Straffälligenhilfe – Forschungsergebnisse und Praxisimplikationen. In AK HochschullehrerInnen Kriminologie/Straffälligenhilfe in der Sozialen Arbeit (Hrsg.), Kriminologie und Soziale Arbeit. Ein Lehrbuch (2. Aufl.) (S. 177–190). Weinheim: Beltz Juventa.

Goldberg, B. (2022). Hilfeplanung in der Jugendhilfe im Strafverfahren. In DVJJ (Hrsg.), Jugend, Recht und Öffentlichkeit. Selbstbilder, Fremdbilder, Zerrbilder. Dokumentation des 31. Deutschen Jugendgerichtstages vom 16. bis 18. September 2021. Online-Veranstaltung (S. 253–278). Mönchengladbach: Forum Verlag Godesberg.

Goldberg, B. (2021a). Das Gesetz zur Stärkung der Verfahrensrechte von Beschuldigten im Jugendstrafverfahren. Fort- und Rückschritte aus der Perspektive der Jugendhilfe im Strafverfahren. Bochum: Ev. Hochschule Rheinland-Westfalen-Lippe. Online verfügbar unter: https://kidoks.bsz-bw.de/frontdoor/index/index/year/2021/docId/2214 (letzter Abruf am: 30.08.2022).

Goldberg, B. (2021b). Datenschutz. In R.-C. Amthor, B. Goldberg, P. Hansbauer, B. Landes & T. Wintergerst (Hrsg.), Kreft/Mielenz. Wörterbuch Soziale Arbeit. Aufgaben, Praxisfelder, Begriffe und Methoden der Sozialarbeit und Sozialpädagogik (9. Aufl.) (S. 181–187). Weinheim: Beltz Juventa.

Goldberg, B. (2021c). Schweigepflicht und Datenschutz in der Sozialen Arbeit und Beratung. Bochum: Ev. Hochschule Rheinland-Westfalen-Lippe. Online verfügbar unter: https://kidoks.bsz-bw.de/frontdoor/index/index/docId/2100 (letzter Abruf am: 02.09.2022).

Goldberg, B. & Trenczek, T. (2021). Jugendgerichtshilfe, Jugendhilfe im Strafverfahren. In R.-C. Amthor, B. Goldberg, P. Hansbauer, B. Landes & T. Wintergerst (Hrsg.), Kreft/Mielenz. Wörterbuch Soziale Arbeit. Aufgaben, Praxisfelder, Begriffe und Methoden der Sozialarbeit und Sozialpädagogik (9. Aufl.) (S. 458–462). Weinheim: Beltz Juventa.

Hoops, S. (2019). „Alle an einem Strang?" – Entwicklungen und Herausforderungen auf dem Weg zu einer institutionenübergreifenden Kooperation. In DVJJ (Hrsg.), Herein-, Heraus-, Heran-, – Junge Menschen wachsen lassen. Dokumentation des 30. Deutschen Jugendgerichtstages vom 14. bis 17. September 2017 in Berlin (S. 165–180). Mönchengladbach: Forum Verlag Godesberg.

Kilian, I. (2019). Kooperation von Polizei und Kinder- und Jugendhilfe in den Häusern des Jugendrechts. Ein kritischer Blick. Unsere Jugend 71 (5), S. 220–223.

Kunkel, P.-C., Kepert, J. & Pattar, A. K. (Hrsg.) (2022). Sozialgesetzbuch VIII. Kinder- und Jugendhilfe. Lehr- und Praxiskommentar (LPK-SGB VIII) (8. Aufl.). Baden-Baden: Nomos.

Meysen, T., Lohse, K., Schönecker, L & Smessaert, A. (Hrsg.) (2022). Das neue Kinder- und Jugendstärkungsgesetz – KJSG. Baden-Baden: Nomos.

Münder, J., Meysen, T. & Trenczek, T. (Hrsg.) (2022). Frankfurter Kommentar SGB VIII. Kinder- und Jugendhilfe (9. Aufl.). Baden-Baden: Nomos.

Scherr, A. (2011). Jugendgerichtshilfe als professionelle Praxis – Anforderungen und Konflikte. Zeitschrift für Jugendkriminalrecht und Jugendhilfe 22 (2), S. 175–180.

Scherr, A. (2015). Professionalisierung im Kontext von Hilfe und Kontrolle. In R. Becker-Lenz, S. Busse, G. Ehlert & S. Müller-Hermann (Hrsg.), Bedrohte Professionalität. Einschränkungen und aktuelle Herausforderungen für die Soziale Arbeit. (S. 165–187). Wiesbaden, Springer VS.

Schönecker, L. (2021). Fallbezogene Planung. In R.-C. Amthor, B. Goldberg, P. Hansbauer, B. Landes & T. Wintergerst (Hrsg.): Kreft/Mielenz. Wörterbuch Soziale Arbeit. Aufgaben, Praxisfelder, Begriffe und Methoden der Sozialarbeit und Sozialpädagogik (9. Aufl.) (S. 277–280). Weinheim: Beltz Juventa.

Schrapper, C. (2021). Diagnostik, sozialpädagogische und Fallverstehen. In R.-C. Amthor, B. Goldberg, P. Hansbauer, B. Landes & T. Wintergerst (Hrsg.): Kreft/Mielenz. Wörterbuch Soziale Arbeit. Aufgaben, Praxisfelder, Begriffe und Methoden der Sozialarbeit und Sozialpädagogik (9. Aufl.) (S. 191–196). Weinheim: Beltz Juventa.

Sturzenhecker, B., Karolczak, M. & Braband, J. (2011). Ergebnisse der Evaluation der „Gemeinsamen Fallkonferenzen" im Rahmen des Hamburger Handlungskonzepts „Handeln gegen Jugendgewalt". Zeitschrift für Jugendkriminalrecht und Jugendhilfe, 22 (3), S. 305–312.

Trenczek, T. & Goldberg, B. (2016). Jugendkriminalität, Jugendhilfe und Strafjustiz. Mitwirkung der Jugendhilfe im strafrechtlichen Verfahren. Stuttgart u. a.: Boorberg.

Wabnitz, J. (Hrsg.) (2021/2022). GK-SGB VIII. Kinder- und Jugendhilferecht. Gemeinschaftskommentar zum SGB VIII (Loseblatt, Stand 89. Aktualisierungslieferung Juli 2022). Hürth: Wolters Kluwer Luchterhand.

Wiesner, R. & Wapler, F. (Hrsg.) (2022). SGB VIII Kinder- und Jugendhilfe. Kommentar (6. Aufl.). München: C. H. Beck.

Wieso, weshalb, warum? Und was macht da eigentlich die Polizei? Fallkonferenzen aus einem polizeilichen Blickwinkel

Tilman Wesely

Die Kooperation der in Jugendstrafverfahren beteiligten und anderen Institutionen der Jugendhilfe[1] mit der Polizei hat sich in den letzten Jahrzehnten vielerorts verbessert. Dennoch stehen Jugendhilfe und Strafverfolgungsbehörden in komplexen Fallkonstellationen nicht nur in Jugendstrafverfahren regelmäßig vor ganz praktischen Schwierigkeiten. Runde Tische, Fallkonferenzen, Fallbesprechungen und regionale Netzwerktreffen sollen bei der Überwindung von Missverständnissen helfen und die Zusammenarbeit verbessern. Trotz fachlicher Einwände scheinen sich auch einzelfallbezogene Fallkonferenzen in Gesetzen und der Praxis durchzusetzen. Wer darf wem welche Daten übermitteln? Wer bestimmt die Marschrichtung der vereinbarten Maßnahmen und wer verfolgt welche Ziele? Dieser Artikel widmet sich einer polizeilichen Sichtweise auf Fallkonferenzen und blickt dabei anhand verschiedener Beispiele auch über das Jugendstrafverfahren hinaus.

1 Einleitung

Fallkonferenzen finden als Konstrukt und Reaktionsmöglichkeit auf hochfrequent delinquentes Verhalten junger Menschen seit vielen Jahren in der Praxis Anwendung.[2] Dabei werden Ausgestaltung und Nutzen von Fallkonferenzen aus unterschiedlichen Positionen und Gründen diskutiert, befürwortet und kritisiert. Dennoch werden sie in Niedersachsen zunehmend in der Praxis durchgeführt.[3] Gespräche mit polizeilichen Praktiker*innen aus anderen Bundesländern legen die Vermutung nahe, dass es sich möglicherweise um eine bundesweite Entwicklung handeln könnte.

---

[1] Der Beitrag nimmt auf unterschiedliche Kooperationsgründe zwischen der Kinder- und Jugendhilfe und der Polizei Bezug. Es wird nicht ausschließlich die Jugendhilfe im Strafverfahren (JuhiS) betrachtet.

[2] Feuerhelm, 2003, S. 66, 83; Müller-Rakow, 2008, S. 275; Linz, 2013, S. 41, 110.

[3] LKA Niedersachsen, 2022, S. 19 f.

Das *Gesetz zur Stärkung von Kindern und Jugendlichen (Kinder- und Jugend-stärkungsgesetz – KJSG) vom 03.06.2021* (BGBl. I S. 1444) bietet Anlass, die Rolle und Beteiligung der Polizei in diesen interdisziplinären Zusammenkünften aufzugreifen. Der § 52 Abs. 1 SGB VIII formuliert eine Pflicht des Jugendamtes zur Zusammenarbeit mit anderen öffentlichen Stellen, soweit dies zur Erfüllung ihr obliegender Aufgaben erforderlich ist und benennt *gemeinsame Konferenzen oder vergleichbare Gremien* als geeignete Form der Zusammenarbeit. Eine damit korrespondierende Regelung findet sich in § 37a JGG wieder, welche klarstellen soll, dass „Zusammenarbeit in gemeinsamen Konferenzen verschiedener beteiligter oder betroffener Akteure innerhalb der rechtlich gesetzten Grenzen zum zulässigen Instrumentarium der Jugendstrafrechtspflege gehört".[4]

Ziel der Gesetzgebung ist u. a. „die Förderung einzelfallbezogener „Fallkonferenzen" im Kontext von Jugendstrafverfahren und zur Verbesserung der fallübergreifenden Zusammenarbeit in entsprechenden Formen zwischen Jugendhilfe und Jugendstrafrechtspflege und anderen betroffenen Stellen".[5] „Dadurch soll dem zurückhaltenden Gebrauch in der praktischen Umsetzung einer umfassenderen behördenübergreifenden einzelfallbezogenen Zusammenarbeit entgegengewirkt werden."[6] Ziel sei eine frühzeitige wirkungsvolle Reaktion, u. a. um weitere Strafbarkeit des jungen Menschen zu vermeiden.[7]

Neben Jugendstaatsanwaltschaften werden auch Polizeibehörden bei der Aufzählung derjenigen öffentlichen Akteure genannt, deren Tätigkeit sich auf die Lebenssituation junger Menschen in einzelfallbezogenen Kooperationen auswirkt.[8] In der Praxis gehören sie regelmäßig zum festen Kreis der Teilnehmer*innen bei einzelfallbezogenen Fallkonferenzen, oft sogar als initiierende Institution.

Durchaus positive Wirkungen von Fallkonferenzen auf die institutionelle Zusammenarbeit werden im Abschlussbericht der Evaluation des Handlungskonzepts „Handeln gegen Jugendgewalt"[9] und von Praktiker*innen von Polizei und Justiz[10] ausgemacht. Die Kritik entzündet sich überwiegend an Fragen des

---

4   BMFSJ, 2020, RefE KJSG vom 05.10.2020, S. 153.
5   BMFSJ, 2020, RefE KJSG vom 05.10.2020, S. 120.
6   BMFSJ, 2020, RefE KJSG vom 05.10.2020, S. 121.
7   BMFSJ, 2020, RefE KJSG vom 05.10.2020, S. 121.
8   BMFSJ, 2020, RefE KJSG vom 05.10.2020, S. 122.
9   Richter & Sturzenhecker, 2010, S. 34; Braband, Karolczak & Sturzenhecker, 2010, S. 389–392.
10 Müller-Rakow, 2008, S. 277.

Datenschutzes, der Innovationskraft und der Gefahr einer Umgehung von Verfahrensrechten.[11]

Ziel dieses Beitrags ist nicht die umfassende rechtliche Würdigung der möglichen Konstellationen von Fallkonferenzen. Vielmehr geht es dem Verfasser um eine Darlegung des aus polizeilicher Sicht angestrebten Zieles, um ein Aufzeigen der Beweggründe polizeilichen Handelns und darum, Handelnde der Jugendhilfe durch diesen Einblick zu unterstützen.

2   Fallkonferenz ist nicht gleich Fallkonferenz ...

2.1   Fallübergreifende Gesprächsformate

Wie angedeutet, haben sich verschiedenste Formate der institutionellen Zusammenarbeit entwickelt und in der Praxis etabliert, welche nicht nur unter dem Begriff der Fallkonferenz firmieren. Die Unterscheidung in fallübergreifende Konferenzen und einzelfallbezogene Fallkonferenzen, wie sie von JGG-Kommentatoren[12] und in dem Positionspapier der Deutsche Vereinigung für Jugendgerichte und Jugendgerichtshilfen e. V.[13] vorgenommen wird, bietet eine aus meiner Sicht wichtige Orientierung.

Fallübergreifende Konferenzen sind an dem Ziel der Verbesserung der institutionellen Zusammenarbeit ausgerichtet. Sie sollen die Handelnden der verschiedenen Institutionen regelmäßig zu gemeinsamen Besprechungen an einem Tisch versammeln, damit sich mit der Zeit ein vertrauensvoller Umgang, ein gegenseitiges Verständnis der Systemlogiken, Handlungsmaximen und tragfähige Kommunikationsstrukturen für etwaige Ernstfälle ausbilden. Diese Gesprächsformate spiegeln sich in gemeinsamen Arbeitstagungen, runden Tischen, Kooperationsgesprächen, regelmäßigen Netzwerktreffen und Präventionsräten und -gremien wider.

Diese von konkreten Fallkonstellationen losgelösten Formate werden in der Regel nicht kritisiert. Um sie erstmalig einzuberufen und zu etablieren, bedarf es jedoch in der Regel eines konkreten Auslösers und einer gesteigerten Moti-

---

11   Braband, Karolczak & Sturzenhecker, 2010, S. 337, 393; DVJJ, 2014, S. 2–5; DVJJ, 2020, S. 3–6; Eisenberg & Kölbel, 2020, § 43, Rn. 17b, § 79 Rn. 3c.

12   Sommerfeld in Ostendorf, 2021, § 37a Rn. 3 f.; Eisenberg & Kölbel, 2020, § 37a.

13   DVJJ, 2014, „Positionspapier der DVJJ zu sogenannten Fallkonferenzen"; abgedruckt im Anhang dieses Bandes auf S. 225–233.

vation oder Problemfeststellung auf Seiten eines der beteiligten Netzwerk-partner. Mitunter bieten öffentlichkeitswirksame Straftaten und andere beson-dere (Gewalt-)Vorfälle den Anlass, erstmalig zu einem solchen Treffen einzula-den. Im optimalen Fall wird das Gesprächsformat von allen Institutionen als nützlich erachtet und deshalb weiter beibehalten.

Auch in Niedersachsen hat die fallunspezifische Zusammenarbeit längst ih-ren Weg in die Praxis gefunden. Regelmäßige interdisziplinäre Besprechungen werden von Erlassen, Richtlinien und den Kooperationsvereinbarungen der Häuser des Jugendrechts als Maßnahme für die Verbesserung der interdiszipli-nären Zusammenarbeit genannt.[14]

So formuliert beispielsweise die *Landesrahmenkonzeption Junge Schwellen-und Intensivtäterinnen und Schwellen- und Intensivtäter (JuSIT)*[15] ressortübergrei-fend bereits im Vorwort: „Das Sanktionssystem des Strafrechts und das Hilfe-system des SGB VIII/KJHG bieten ein sehr flexibles und vielseitiges Instrumen-tarium zur Reaktion auf delinquentes Verhalten junger Menschen, das den in-dividuellen Besonderheiten von Tat und tatverdächtiger Person hinreichend Rechnung trägt." Und weiter: „Neben einer konsequenten Strafverfolgung er-scheint ein individuell ausgerichtetes, interdisziplinäres Maßnahmen- und Handlungskonzept mit erzieherischen und spezialpräventiven Maßnahmen sinnvoll und zweckmäßig." Ziele der Erlassgeber sind ausdrücklich die „Etablie-rung und Intensivierung von Netzwerken" samt „Einbindung und Abstimmung zwischen Polizei, Jugendhilfe, Justiz, Schule und anderen beteiligten Behörden und Einrichtungen".

Auch der Erlass *Sicherheits- und Gewaltpräventionsmaßnahmen an Schulen in Zusammenarbeit mit Polizei und Staatsanwaltschaft*[16] definiert eine kontinuierli-che Förderung und Verbesserung einer „vertrauensvolle[n] und partnerschaftli-che[n] Zusammenarbeit von Schule, Polizei und Staatsanwaltschaft" als gemein-sames Ziel. Durch feste Ansprechpartner*innen mit sichergestellter Erreich-

---

14   Der Autor ist Polizeibeamter in Niedersachsen und ausgebildeter Jugendsachbearbeiter. Daher werden nachfolgend am Beispiel Niedersachsens Ziele und Schwerpunkte darge-stellt. Die niedersächsische Herangehensweise entspricht nicht zwangsläufig den Verfah-rensweisen anderer Bundesländer.

15   Landesrahmenkonzeption „Junge Schwellen- und Intensivtäterinnen und Schwellen- und Intensivtäter", Gem. RdErl. d. MI, d. MJ, d. MK u. d. MS v. 27.11.2020, Nds.MBl. 55/2020, S. 1492.

16   „Sicherheits- und Gewaltpräventionsmaßnahmen an Schulen in Zusammenarbeit mit Po-lizei und Staatsanwaltschaft", Gem. RdErl. d. MK, d. MI u. d. MJ v. 01.06.2016, Nds.MBl. 23/2016, S. 648.

barkeit bei Schule und örtlich zuständiger Polizeidienststelle (Ziffer 3.1), gemeinsame Bewertung der Zusammenarbeit in regelmäßigen Besprechungen (Ziffer 3.2) und die „wechselseitige Teilnahme an Konferenzen und Dienstbesprechungen bei der Behandlung von Themen, die die Zusammenarbeit betreffen" (Ziffer 3.4) soll die Zusammenarbeit [hier als Beispiel] im Besonderen zwischen Schule und Polizei gefördert werden.

2.2 Die Arbeit am konkreten Einzelfall

Der fallunspezifischen Zusammenarbeit stehen Konferenzen und Besprechungen gegenüber, die aufgrund eines konkreten Einzelfalles und/oder einer speziellen Person, Familie oder Gruppe einberufen werden. Viele der Kritikpunkte des Daten- und Vertrauensschutzes beziehen sich auf diese Konstellationen. Aber auch in regionalen Fall- und Fachgesprächen, an runden Tischen, Diversionsbesprechungen und bei Kooperationsgesprächen z. B. in Häusern des Jugendrechts finden Besprechungen unter anderem Namen mit gleichen Vorzeichen statt.[17] In der Regel liefert ein junger Mensch durch die Begehung mehrerer Straftaten oder eines besonders schweren Delikts den Anlass für das Zusammenkommen der verschiedenen Institutionen.

In Niedersachsen sind diese einzelfallbezogenen Fallkonferenzen gerade bei Mehrfach- und Intensivtäter*innen[18] fester Bestandteil des Maßnahmenkatalogs. Die Landesrahmenkonzeption *Junge Schwellen- und Intensivtäterinnen und Schwellen- und Intensivtäter (JuSIT)* eröffnet ressortübergreifend die Möglichkeit zur Durchführung von Fallkonferenzen und benennt die obligatorischen und mögliche weitere Beteiligte. Jede beteiligte Stelle kann zu einer Fallkonferenz einladen.[19]

---

[17] Linz, 2013, S. 110.

[18] Obwohl in vielen Bundesländern Konzepte zum Umgang mit sog. Mehrfach- und Intensivtäter*innen eingeführt wurden, existiert keine bundesweit einheitliche Definition für den Begriff „Intensivtäter". „Die Bezeichnung [...] stammt aus der polizeilichen Praxis und findet üblicherweise bei Personen Anwendung, die über einen festgelegten Zeitraum hinweg für eine bestimmte Anzahl von Delikten als Tatverdächtige identifiziert wurden." (Walsh, 2018, S. 7); vgl. auch Bliesener, Riesner & Thomas, 2012.

[19] „6.1.5 Fallkonferenzen; Jede beteiligte Stelle kann anlassbezogene Fallkonferenzen anregen. Bei Jugendlichen und Heranwachsenden sind Polizei, Staatsanwaltschaft und Jugendhilfe zu beteiligen. Soweit erforderlich, nehmen Vertreterinnen oder Vertreter der Schule an Fallkonferenzen teil. Darüber hinaus können auch Vertreterinnen oder Vertreter des Ambulanten Justizsozialdienstes oder der Ausländerstelle einbezogen werden. Bei Kindern

Dabei handelt es sich um das typische Beispiel für die Einberufung einer einzelfallbezogenen Fallkonferenz durch die Polizei. Es geht um die Zielgruppe der Mehrfach- und Intensivtäter*innen, die durch mehrere und/oder schwere Straftaten in einem festgelegten Zeitraum[20] polizeilich in Erscheinung treten. Das Ziel der Polizei in diesem Zusammenhang ist es, weitere (schwere) Straftaten und Opferwerdungen zu verhindern, und zwar nicht erst, wenn strafrechtliche Reaktionen greifen. Hierfür bedarf es eines konzertierten Zusammenwirkens des gesamten Sanktions- und Hilfesystems. Dabei steht nicht ausschließlich die konsequente Strafverfolgung im Vordergrund. Es geht vielmehr um ein individuell ausgerichtetes, interdisziplinäres Maßnahmen- und Handlungskonzept.

In der jüngeren Vergangenheit ist in Niedersachsen ein weiterer Grund und Anwendungsfall von einzelfallbezogenen Fallkonferenzen in den Fokus der Öffentlichkeit gerückt: der Schutz von Kindern vor sexuellem Missbrauch. Nach den Missbrauchsvorfällen im nordrhein-westfälischen Lügde-Elbrinxen im Jahr 2018 wurde durch den Landespräventionsrat Niedersachsen die sog. Lügdekommission eingesetzt und beauftragt, „die aus Anlass der Missbrauchsfälle von Lügde relevant gewordenen Strukturen und Prozesse zum Schutz von Kindern einer kritischen, systematischen und strukturellen Analyse zu unterziehen. [...] Die Lügde-Kommission bestand aus Vertreter*innen der fachlich betroffenen Ministerien sowie externen Expert*innen."[21]

Zwar beziehen sich die Überlegungen der Lügdekommission auf Vorfälle des sexuellen Missbrauchs von Kindern und den damit einhergehenden Verdacht der Kindeswohlgefährdung i. S. d. § 8a SGB VIII. Die auf Fallanalysen von Gerber & Lillig (2018) beruhende Feststellung, dass „mangelnde Kommunikation und Konflikte zwischen den Professionellen ein bedeutsamer Einflussfaktor" für „problematisch verlaufende Kinderschutzfälle" sein kann,[22] erscheint aus Sicht des Verfassers durchaus auf den Umgang mit der Delinquenz junger Menschen übertragbar zu sein. Zum einen gleichen sich die Reibungspunkte der verschiedenen Rechtsgrundlagen und Handlungslogiken von Polizei und Jugendamt.[23] Zum anderen kann eine vermehrte oder schwerwiegende Delin-

---

kann die Staatsanwaltschaft eingebunden werden. Die Koordination der Fallkonferenzen obliegt der initiierenden Stelle.".

20   In Niedersachsen wird ein Zwölfmonatszeitraum betrachtet. Zu Modalitäten der Einstufung vgl. LKA Niedersachsen, 2020, S. 17.

21   Landespräventionsrat Niedersachsen, 2020, S. 6.

22   Landespräventionsrat Niedersachsen, 2020, S. 9.

23   Vgl. Braband, Karolczak & Sturzenhecker, 2010, S. 337, 382; vgl. Dollinger, 2014.

quenz junger Menschen auch ein Indiz für eine mögliche Kindeswohlgefährdung darstellen.[24]

Gerade in puncto Zusammenarbeit zwischen Jugendämtern und Polizei erkennt die Kommission Potenzial für Verbesserungen und empfiehlt neben jährlichen, interdisziplinären Arbeits- und Netzwerktreffen den Aufbau einer „sicheren Meldekette" mit gegenseitiger, schriftlicher Eingangsbestätigung von Erstmitteilungen des jeweils anderen und Benennung der zuständigen Ansprechperson. Eine weitere Empfehlung ist die Benennung „fester Ansprechpersonen für fallübergreifende Themen sowie grundsätzliche Fragen in Einzelfällen".[25]

Ziel in diesen besonderen Fallkonstellationen ist es, eine bestmögliche Entscheidung zu treffen, ob ein Hilfebedarf vorliegen könnte oder sich ein akuter Schutzauftrag wegen einer Kindeswohlgefährdung ergibt.[26] Für diese Einschätzung bedarf es einer möglichst umfassenden Datengrundlage, welche häufig auch Erkenntnisse und Hinweise aus dem polizeilichen Datenbestand berücksichtigt. Diese werden überwiegend nicht aus Fallkonferenzen generiert, sondern aus Berichten und schriftlichen Mitteilungen der Polizei.

In der Bearbeitung von Jugendstrafverfahren und den Bereich der Prävention sind die o. g. Empfehlungen der Lügdekommission bereits seit vielen Jahren Teil der niedersächsischen Gesamtstrategie.[27] Beispielsweise gehören Mitteilungen der Polizei an das Jugendamt in Niedersachsen zu einem Standard der polizeilichen Jugendsachbearbeitung. Die Richtlinie Jugendamtsberichte der Polizei formuliert dazu: „Warnhinweise müssen frühzeitig weitergegeben werden, um die zuständigen Stellen in die Lage zu versetzen, schnelle sozialpädagogische Hilfsangebote zu unterbreiten oder mit Hilfe der Familiengerichte eingreifen zu können."[28] Neben den klassischen Situationen, welche auf eine Gefährdung von Minderjährigen hindeuten, wird auch in Fällen der Delinquenz Minderjähriger und Heranwachsender eine Mitteilung der Polizei an das Jugendamt übersandt. Ziel ist es, durch frühzeitiges Informieren ein vorfallnahes, eigenständiges Handeln der Jugendhilfe zu ermöglichen.[29]

---

24 Vgl. hierzu Brettel, 2010.
25 Landespräventionsrat Niedersachsen, 2020, S. 10.
26 Landespräventionsrat Niedersachsen, 2020, S. 32, sowie dort Anlage 2 Radewagen, „Must haves" einer Gefährdungseinschätzung.
27 Brandes & Pisczan-Präger, 2013, S. 551, 552.
28 LKA Niedersachsen, Richtlinie Jugendamtsberichte der Polizei, Stand 01.03.2020, S. 2.
29 LKA Niedersachsen, Richtlinie Jugendamtsberichte der Polizei, Stand 01.03.2020, S. 3, 7.

Auch wenn die Übersendung von Mitteilungen und Berichten in der Regel für den größten Teil der zu behandelnden Sachverhalte ausreichend ist, überschreiten die zuvor genannten Beispiele für einzelfallbezogene Fallkonferenzen diesen Rahmen in einem wesentlichen Punkt. Alle oben genannten Konstellationen beinhalten einen starken gefahrenabwehrenden Aspekt. Es geht um das Unterbrechen einer hochfrequenten Straftatenbegehung, um die Verhinderung weiterer schwerer Straf- und Gewalttaten und um den Schutz des Kindeswohls. Damit steht für die Polizei in der Regel eher die Beendigung eines als (dringend) veränderungsbedürftig wahrgenommenen Zustandes als die reine Strafverfolgung oder die Gewinnung von weiteren Beweismitteln im Vordergrund.[30]

3   Rechtliche Grundlagen für die Polizei

Die vorgenannten Ausgangsszenarien verdeutlichen, wie unterschiedlich die Auslöser für einzelfallbezogene Fallkonferenzen sind und dass Fallkonferenzen mitunter ein starker gefahrenabwehrender Aspekt innewohnt. Dieser wird in den kontroversen Debatten um Fallkonferenzen in Jugendstrafverfahren oft nur am Rande berücksichtigt. Fortfolgend werden für die Polizei relevante rechtliche Vorgaben und Ziele dargestellt.

3.1   Verfolgung von Straftaten / Legalitätsprinzip

Das in den §§ 152, 160, 163 StPO verankerte Legalitätsprinzip verpflichtet die Strafverfolgungsbehörden (Staatsanwaltschaft und Polizei) bei dem Verdacht einer Straftat, diese von Amts wegen zu verfolgen. Polizeibeamtinnen und -beamte sind gem. § 163 StPO verpflichtet, Straftaten zu erforschen und erforderliche Anordnungen zu treffen, um deren Verdunklung zu verhüten. Voraussetzung ist der Anfangsverdacht einer rechtswidrigen, verfolgbaren Straftat, welcher auf zureichenden tatsächlichen Anhaltspunkten basiert. Es genügt bereits, wenn kriminalistische Erfahrung es als möglich erscheinen lässt, dass überhaupt eine Straftat begangen wurde.[31] Sofern sich ein Anfangsverdacht begrün-

---

30   Die Verwaltungsbehörden und die Polizei haben gemeinsam die Aufgabe der Gefahrenabwehr. Sie treffen hierbei auch Vorbereitungen, um künftige Gefahren abwehren zu können. Die Polizei hat im Rahmen ihrer Aufgabe nach Satz 1 insbesondere auch Straftaten zu verhüten.

31   Matzke & Schramm, 2008, S. 2.

den lässt, ist die Polizei verpflichtet, die erforderlichen Ermittlungen zu führen und deren Ergebnis zur weiteren Entscheidung der Staatsanwaltschaft zu übermitteln (vgl. hierzu Abschnitt 4). Ein rechtlicher Ermessensspielraum, ob ein Ermittlungsverfahren eingeleitet wird oder ob ermittlungsrelevante Erkenntnisse aufgenommen werden, obliegt der Polizei aus gutem Grund nicht. Eine Möglichkeit zur eigenständigen Verfahrenseinstellung durch die Ermittlungsbehörde Polizei ist nicht vorgesehen. Diese Entscheidung trifft die Staatsanwaltschaft als zuständige Verfolgungsbehörde. Die Gewaltenteilung zwischen Exekutive und Judikative ist ursächlich für diese Rollenverteilung. Das Legalitätsprinzip wird grundlegend aus dem verfassungsrechtlichen Grundsatz der Gleichbehandlung (Art. 3 GG) abgeleitet.

Eine Nichtbeachtung des Legalitätsprinzips durch Nichtanzeige bekanntgewordener Straftaten oder Verschweigen ermittlungsrelevanter Erkenntnisse ist gem. § 258a StGB als Strafvereitelung im Amt für Polizeibeamtinnen und -beamte strafbar.

Verrät eine Polizeibeamtin oder ein Polizeibeamter ermittlungsrelevante Erkenntnisse und kommt es dadurch dazu, dass Straftaten nicht mehr aufgeklärt werden können, machen sie sich strafbar. Auch der Schutz der Ermittlungen ist folglich für die Polizei bei Fallkonferenzen eine relevante Größe. Daher empfiehlt es sich bei einzelfallbezogenen Fallkonferenzen, die Staatsanwaltschaft als Herrin des Ermittlungsverfahrens einzubeziehen. Ihr obliegt auch die Entscheidung, ob und an wen welche Erkenntnisse aus noch laufenden Verfahren preisgegeben werden können.[32]

3.2 Verfolgung von Ordnungswidrigkeiten / Opportunitätsprinzip

Anders verhält es sich bei der Verfolgung von Ordnungswidrigkeiten (§§ 47, 53 OWiG). Hierbei ist Polizeibeamtinnen und- beamten grundsätzlich ein Ermessensspielraum zugestanden, ob (Handlungsermessen) und wie (Auswahlermessen) im Falle von ordnungswidrigem Verhalten oder Zuständen eingegriffen werden kann. Dabei kann sich dieser Ermessensspielraum auf null reduzieren, je schwerwiegender und gefahrenträchtiger sich die jeweilige Verfehlung darstellt.

---

32 Vgl. Anordnung über Mitteilungen in Strafsachen (MiStra), Nr. 31–35.

Das Opportunitätsprinzip spielt in Fallkonferenzen eher eine untergeordnete Rolle, wird aber in Abgrenzung zum Legalitätsprinzip und als Teil der polizeilichen Aufgabenzuweisung an dieser Stelle mit angeführt.

3.3   Gefahrenabwehr

„Die Verwaltungsbehörden und die Polizei haben gemeinsam die Aufgabe der Gefahrenabwehr. Sie treffen hierbei auch Vorbereitungen, um künftige Gefahren abwehren zu können. Die Polizei hat im Rahmen ihrer Aufgabe nach Satz 1 insbesondere auch Straftaten zu verhüten."[33] Gleichlautende Bestimmungen finden sich in allen Polizeigesetzen des Bundes und der Länder. Auch die Abwehr von Gefahren erfolgt entsprechend dem Opportunitätsprinzip nach pflichtgemäßem Ermessen der einzelnen Polizeibeamtinnen und -beamten. Bei der Ausübung des Ermessens sind die Grundrechte des Bürgers, Zuständigkeiten anderer Institutionen und der Grundsatz der Verhältnismäßigkeit[34] (Schaden-Nutzen-Relation) zu berücksichtigen. Auch bei der Gefahrenabwehr reduziert sich der Ermessensspielraum auf null, wenn zum Beispiel „eine unmittelbare, schwere und mit anderen Mitteln nicht behebbare Gefahr für Leib oder Leben droht".[35]

Die Abwehr konkreter Gefährdungssituationen und die Verhütung von Straftaten liefern die gesetzliche Grundlage für das präventive Handeln der Polizei. Dies gilt auch für einzelfallbezogene Fallkonferenzen und die fallunspezifische Zusammenarbeit.

Auch die Befugnisse zur Übermittlung personen- und sachverhaltsbezogener Daten an Verwaltungsbehörden und andere Institutionen, welche von der niedersächsischen Polizei im Rahmen von Fallkonferenzen genutzt werden, ergeben sich aus dem Niedersächsischen Polizei- und Ordnungsbehördengesetz (NPOG).[36]

---

33   Niedersächsisches Polizei- und Ordnungsbehördengesetz (NPOG), § 1.
34   Vgl. Thiel, 2022.
35   Burghard, Hamacher et. al., 1996, S. 226.
36   Siehe hierzu §§ 41, 43 NPOG.

3.4 Belehrungspflichten und Elternrechte

Am Erziehungsgedanken des Jugendstrafrechts (§ 2 JGG) hat sich das gesamte Jugendverfahren auszurichten. Er erstreckt sich damit auch auf einzelfallbezogene Fallkonferenzen. Der Hauptteil des Erziehungsauftrages liegt im Regelfall bei den Erziehungsberechtigten und den gesetzlichen Vertreter*innen.

Nehmen Beschuldigte und ihre gesetzlichen Vertreter*innen an einer institutionsübergreifenden Fallkonferenz unter Beteiligung der Strafverfolgungsbehörden teil, sind ihre Verfahrensrechte einzuhalten. Im Besonderen wird daher eine Belehrung der Beschuldigten zu Rechten und Pflichten im Strafverfahren erforderlich sein (vgl. § 136 StPO, §§ 70b, 70a JGG), bevor eine Befragung zum Sachverhalt oder eine Einlassung zum Tatvorwurf erfolgt.

4 Fallkonferenzen mit Polizeibeteiligung – Diskussion und Nutzen

Das Legalitätsprinzip ist aus Sicht des Verfassers für einzelfallbezogene Fallkonferenzen mit Beteiligung der Polizei von besonderer Bedeutung. Werden durch die Teilnehmer*innen der Fallkonferenzen strafrechtlich relevante Sachverhalte[37] genannt oder für die Aufklärung von Straftaten relevante Hinweise offenbart, so sind Polizeibeamtinnen und -beamte verpflichtet, Strafverfahren einzuleiten und die Beweise weiter zu verfolgen. Anderenfalls setzen sich Polizeibeamtinnen und -beamte selbst der Strafverfolgung und einem Disziplinarverfahren aus.

Diese Konsequenz von spontanen Äußerungen oder bewussten Mitteilungen über strafrechtlich relevante Inhalte seitens der Teilnehmer*innen im Beisein der Polizei sollte gerade von Mitarbeiter*innen der Jugendhilfe in den Vorbereitungen einer Fallkonferenz bedacht werden. Die Entscheidung, welche Informationen über den jungen Menschen oder seine Lebensverhältnisse offenbart werden können, obliegt den Mitarbeiter*innen der Jugendhilfe entsprechend der gesetzlichen Vorgaben. Sie wird in der Regel zugunsten des Sozialdaten- und Vertrauensschutzes und zum Nachteil der polizeilichen Ermittlungsziele und des beweissicheren Strafverfahrens zu treffen sein. Hieraus resultiert

---

37 Dabei ist es unerheblich, ob die Straftaten von Beschuldigten begangen wurden. Beispielsweise können auch offenbarte Gewaltdelikte zwischen den Eltern oder Hinweise auf Betäubungsmittelhandel durch Dritte in der Fallkonferenz die Verpflichtung zur Einleitung eines Strafverfahrens aufgrund des Legalitätsprinzips auslösen.

das verbreitete und von Kolleginnen und Kollegen der Polizei gelegentlich kritisierte, aber richtige Bild der Einbahnstraße des Informationsflusses, dessen Durchbrechung in der Regel nur aufgrund einer Einverständniserklärung, gesetzlichen Offenbarungsbefugnissen/-pflichten oder rechtfertigenden Notstands möglich ist.[38]

Über diesen Regelfall hinausgehend könnten sich aber auch Konstellationen ergeben, die möglicherweise eine Preisgabe von Informationen und eine damit verbundene Strafanzeige oder Strafverfolgung rechtfertigen könnten. Beweggründe für eine solche Entscheidung könnten Erkenntnisse über besonders schwere Straftaten oder massive Gewalttaten sein, deren Offenlegung und strafrechtliche Aufarbeitung auch aus Sicht der Jugendhilfe gerechtfertigt erscheinen. Ebenso könnten bevorstehende und gerade stattfindende, nicht vollständig beendete Straf- und Gewalttaten ein Grund für eine Information der Polizei sein. Meiner Erfahrung zufolge kommt in diesen Fällen regelmäßig hinzu, dass ein schützenswertes Vertrauen von Seiten der Jugendhilfe weder zu dem jungen Menschen noch zu seinem Lebensumfeld besteht. Die Gründe hierfür können vielfältig sein. Gemein haben sie alle, dass für die Jugendhilfe alle Einwirkungsmöglichkeiten erschöpft erscheinen und Zugänge zu dem jungen Menschen versperrt sind und bleiben.[39]

Wie beschrieben, können in einzelfallbezogenen Fallkonferenzen Überlegungen der Gefahrenabwehr und Risikoabwägung eine gewichtige Rolle spielen. Hauptziel der polizeilichen Bestrebungen ist dann die Beendigung des als problematisch oder gefährlich wahrgenommenen Zustandes. Oft offenbaren sich diese Situationen und Hinweise zuerst aus der polizeilichen Daten- und Erkenntnislage, mitunter bevor Jugendhilfe und Justiz überhaupt damit befasst sind.

Zur Erklärung erscheint ein Exkurs zur Entstehung der polizeilichen Erkenntnisse und des polizeilichen Datenbestands sinnvoll: Die Polizei kommt

---

38   Zu den Möglichkeiten und Grenzen der Datenübermittlung vgl. Riekenbrauk in diesem Band, Röm. III Ziffer 2, Seite XXY.

39   Vgl. BMFSJ, 2020, RefE KJSG vom 05.10.2020, S. 121: „Ohne Mitwirkung des Betroffenen dürfen Daten nur nach den in § 62 Absatz 3 SGB VIII abschließend aufgezählten Ausnahmetatbeständen erhoben werden. Gemäß § 62 Absatz 3 Nummer 2 Buchstabe c SGB VIII liegt ein solcher Fall vor, wenn die Erhebung beim Betroffenen nicht möglich ist oder die jeweilige Aufgabe ihrer Art nach eine Erhebung bei anderen erfordert, die Kenntnis der Daten aber erforderlich ist für die Wahrnehmung einer Aufgabe nach § 52. Dies bedeutet konkret, dass die Datenkenntnis erforderlich sein muss, um den jungen Menschen gemäß der im SGB VIII vorgegebenen sozialpädagogischen und rechtlichen Aspekte im Strafverfahren zu begleiten."

überwiegend durch die Aufnahme von Straftaten, Ordnungswidrigkeiten und im Zuge der Gefahrenabwehr mit den jungen Menschen in Kontakt. Diese Begegnungen stehen regelmäßig am Anfang einer späteren Zuspitzung und können als erstes Anzeichen auf bisher verborgene Problemkonstellationen hindeuten. Dabei handelt es sich häufig um Situationen, die krisenähnlich, hochemotional oder mindestens emotional aufgeladen sind. Polizeibeamtinnen und -beamte greifen, falls notwendig (auch massiv), in Grundrechte von Personen ein und werden selbst Ziel von Aggression und Angriffen. Die Begegnungssituation, Wahrnehmung des Individuums und die anschließende Datenlage der Polizei unterscheidet sich damit deutlich von Situation, Wahrnehmung und Datenlage der anderen am Jugendstrafverfahren beteiligten Professionen. Die polizeiliche Wahrnehmung und damit auch der polizeiliche Datenbestand fokussieren folglich eher auf Problemkonstellationen.[40]

Die empirische Datenlage zeigte bereits, dass Polizeibeamtinnen und -beamte allgemein negativere Einstellung gegenüber Straftäter*innen aufweisen als Vergleichsgruppen.[41] Es wäre naheliegend, dass auch Jugendsachbearbeiter*innen, aufgrund der besonderen Begegnungssituationen, Straftäter*innen anders wahrnehmen als andere am Jugendstrafverfahren beteiligte Professionen. Mit dieser Wahrnehmung geht möglicherweise ein höheres Risikoempfinden einher, sodass der Fokus auf solchen Informationen liegt, die ein Zeichen weiterer „Gefahr" darstellen. Eine Studie mit polizeilichen Jugendsachbearbeiterinnen und -sachbearbeitern zeigte sogar, dass diese das Kriminalitätsrisiko junger Straftäter*innen im Mittel höher einschätzten als eine Vergleichsgruppe polizeilicher Kolleginnen und Kollegen außerhalb der Jugendsachbearbeitung.[42]

Dies erklärt, weshalb der überwiegende Teil der in einzelfallbezogenen Fallkonferenzen behandelten Sachverhalte und Personen von der Polizei gemeldet und eingebracht wird. Auch im Kontext von Kindeswohlgefährdungen fußt in Deutschland wiederkehrend ein großer Anteil aller Inobhutnahmen auf Hinweisen von Polizei, Gericht oder Staatsanwaltschaft. Im Jahr 2020 war es ein Anteil von 26,5 %.[43] Die Wahrnehmungen und Erkenntnisse der Strafverfolgungsbehörden scheinen demnach für die Einschätzung und Beurteilung von Inobhutnahmefällen für das Jugendamt besonders relevant und von Nutzen zu sein.

---

40 Bergmann & Wesely, 2021.
41 Cunha & Goncalves, 2017.
42 Bergmann, 2020.
43 Erdmann, 2021, S. 6.

Aus den obigen Annahmen heraus hege ich die Hoffnung auf einen weiteren Nutzen der interdisziplinären, einzelfallbezogenen Fallkonferenzen, der zu einem hohen Maß an die Professionalität der handelnden Menschen geknüpft ist: Der gegenseitige Austausch unterschiedlicher Sichtweisen und Erkenntnisse zu derselben Person und Sachlage eröffnet den Polizeibeamtinnen und -beamten die Möglichkeit, ein breiteres Bild der Person und ihrer Lebensumstände zu erlangen. Sie haben so die Chance, ihre Einschätzung der Sachlage mit derjenigen anderer Professionen, insbesondere der Jugendhilfe, abzugleichen. Nehmen Polizeibeamtinnen und -beamte wiederholt an einzelfallbezogenen Fallkonferenzen teil und werden dann auch tatsächlich Einschätzungen der Institutionen geteilt und erläutert, können Standpunkte und Sichtweisen erweitert und etwaige Bewertungstendenzen der Beteiligten relativiert werden. Das an der Auseinandersetzung mit unterschiedlichen Wahrnehmungen eines Falles angestoßene Lernen birgt das Potenzial, zukünftige Entscheidungen (nicht nur bei Polizeibeamtinnen und -beamten) zu verbessern. Von jedweder Objektivierung der Entscheidungsprozesse profitieren darüber hinaus die jungen Menschen, die (Verhandlungs-)Gegenstand von Fallkonferenzen sind und sein werden.

Ein weiterer damit verbundener Effekt und angestrebtes Ziel von einzelfallbezogenen Fallkonferenzen ist das gemeinsame Fallverständnis der beteiligten Institutionen. Die Schaffung eines Gesamtbildes kann für eine geeignete Unterstützung des jungen Menschen erforderlich sein, gerade „wenn Straftaten häufig auftreten [...], es sich um sehr schwere Straftaten handelt oder eine Straftat gemeinsam mit anderen Auffälligkeiten, wie z. B. Schulverweigerung, Suchtproblemen oder familiären Problemen vorliegt und ein Bedarf an Beratung und Abstimmung mehrerer Stellen im Interesse des betroffenen Jugendlichen besteht".[44] Für dieses Gesamtbild ist die polizeiliche Perspektive als Ausgangspunkt und Ressource zu verstehen, welche es dem Jugendamt und der Jugendhilfe im Strafverfahren ermöglicht, eigenverantwortlich die erforderlichen Maßnahmen zu initiieren. Im Vergleich zur bilateralen Übermittlung von Berichten ermöglicht das (Gesprächs-)Format der Fallkonferenz direkte Nachfragen zum Sachverhalt und Konkretisierung der Rohinformationen. Im persönlichen Gespräch können Informationen für die Jugendhilfe sichtbar gemacht und bei der Polizei abgefragt werden, von deren Relevanz für die Jugendhilfe die Polizei im Einzelfall keinerlei Vorstellung hatte oder haben konnte. Die Teile des Puzzles können zu einem vollständigeren Gesamtbild zusammengefügt werden.

---

[44] BMFSJ, 2020, RefE KJSG vom 05.10.2020, S. 121.

Ähnliche Überlegungen ergeben sich aus der Amok(präventions)forschung. Wenn potenzielle Täter*innen aufgrund der intensiven gedanklichen Beschäftigung mit der Tatausführung im Vorfeld durch das sog. Leaking bei unterschiedlichsten Stellen und Personen Hinweise verlieren, sind die relevanten Erkenntnisse breit verteilt. Einzeln betrachtet überschreiten die Hinweise die Grenze einer anzunehmenden Gefahr mitunter nicht. Jeder weiß etwas, aber erst im Austausch mit anderen formt sich ein Gesamtbild, welches die Gefahr sichtbar werden lässt.[45]

Aber wie können die einzelfallbezogenen Fallkonferenzen als Ressource verstanden und bestmöglich für die gemeinsame Aufgabenerfüllung von Jugendhilfe, Staatsanwaltschaft und Polizei nutzbar gemacht werden?

5 Abschließende Überlegungen

Aus den obigen Ausführungen und den zugehörigen Quellen ergeben sich einige Bedingungen, die das Gelingen von Fallkonferenzen erleichtern und eine einzelfallbezogene Kooperation von Jugendhilfe und Polizei befördern können:

- feste Ansprechpartner*innen auf allen Seiten
- Klarheit von Rolle und Auftrag der handelnden Personen
- Anerkennung der Arbeitsprinzipien der jeweils anderen Institution
- zeitliche Ressource zur Umsetzung und kontinuierliche Netzwerkpflege
- personelle Konstanz in den Kooperationsfunktionen
- regelmäßige nicht fallgebundene Besprechungen mit Beteiligung der Leitungsebenen
- Teilnahme an gemeinsamen Aus- und Fortbildungsveranstaltungen
- rotierende Moderationsverantwortung

---

45 Bannenberg, 2017, S. 44, 53, 54, 57; Eckenfels, 2016, Bayrische Staatszeitung, Artikel vom 02.08.2016, Interview mit Dr. Britta Bannenberg; „FRAGE: Sie und Ihr Team haben unter anderem 35 Amoktaten junger Menschen untersucht. Hätte man sie verhindern können? ANTWORT: Ja. Wenn Hinweise in den Schulen entsprechend zusammengeführt worden wären. Zwar waren die Fälle unterschiedlich, aber einige Täter haben über zwei Jahre hinweg deutlichste Signale gesandt, dass sie so etwas vorhaben. Das wussten viele, es ist aber nicht zusammengeführt, nicht der Polizei gemeldet worden. Das ist einer der Gründe, warum wir Beratungsnetzwerke empfehlen – und für Schulen ganz speziell. Sie brauchen Unterstützung durch geschulte Personen wie Präventionsbeamte der Polizei, die Ansprechpartner sind für solche schwierigen Probleme. Wir brauchen viel mehr Netzwerke."

- individuelle Zusammenstellung des Teilnehmendenkreises entsprechend konkreten Zielen
- gleichberechtigte Diskussion auf Augenhöhe

Die Grundbedingung jedweder Kooperationsbestrebung ist jedoch ein Wille zur Kooperation der vor Ort handelnden Menschen. Selbstverständlich können Schwierigkeiten, die Anlass für die Einführung von Fallkonferenzen sind, auch auf andere Weise geklärt werden. Geht man von einer funktionierenden Zusammenarbeit aus, sind viele Fragen mit vergleichsweise niedrigem Aufwand zweckmäßig und rechtlich unproblematisch auf anderem Wege zu beantworten.[46] Diese positive Ausgangslage ist jedoch längst nicht überall vorhanden und leider auch nicht auf Dauer zu garantieren, da alle Netzwerke einer stetigen Veränderung unterliegen. Außerdem entstanden viele Kooperationsmodelle von runden Tischen über Fallkonferenzen bis zu Häusern des Jugendrechts gerade, weil auf Kommunikationsmängel und Probleme zwischen den am Jugendverfahren beteiligten Institutionen reagiert wurde.

Deshalb sollte allen Netzwerkpartnerinnen und -partnern bewusst sein, „dass Kooperation ein sehr anspruchsvolles Konzept ist, das für die Entwicklung Zeit braucht"[47] und sich eine „Kooperationskultur" nicht auf Knopfdruck entwickelt. Hierfür bedarf es einer fortwährenden Aufwendung personeller und zeitlicher Ressourcen sowie aufgeschlossener Menschen, die bereit sind, sich über ihr eigenes Tätigkeitsfeld hinaus mit den Aufgaben, Grenzen und Möglichkeiten der anderen Institutionen auseinanderzusetzen und dabei eigene Vorbehalte hintanzustellen. „Ohne die Kenntnis der Verfahren und Handlungslogiken der Kooperationspartner ist eine Erfolg versprechende Zusammenarbeit in schwierigen Fällen kaum möglich."[48]

Heribert Ostendorf formulierte 1998 bei einem Vortrag auf dem 24. Deutschen Jugendgerichtstages wie folgt:

„Schon die persönliche Kenntnis der am Verfahren Beteiligten kann den Verfahrensablauf beschleunigen. Damit werden Hemmschwellen für Kontaktaufnahmen abgebaut. Dies ist auch deshalb geboten, um immer noch bestehende wechselseitige Vorbehalte, wenn nicht Vorurteile zwischen Sozialarbeit einerseits und Polizei und Justiz andererseits auszuräumen. Hierfür sind Gesprächsrunden vor Ort zu installieren, um über das persön-

---

46   DVJJ, 2014, S. 6.
47   Holthusen, 2007, S. 409.
48   Holthusen, 2007, S. 411.

liche Kennenlernen hinaus die Hemmfaktoren für einen zügigen Ablauf des Verfahrens zu benennen und zu diskutieren. Hier ist der Ort, um Mißverständnisse auszuräumen, um unnötige Arbeit in Zukunft zu vermeiden, um Fehlerquellen versiegen zu lassen. [...] Wir brauchen lokale Runden zu Jugendstrafverfahren, die in Parallele zu den kommunalen Räten für Kriminalprävention operieren."[49]

Mangelnde Kenntnis und fehlende Anerkennung der Arbeitsprinzipien der Jugendhilfe wurde von fallzuständigen Fachkräften der Jugendhilfe auch 2010 empfunden und in der Gesprächsrunde zur Evaluation der Fallkonferenzen in Hamburg zur Sprache gebracht.[50] Auch heute bestehen noch genügend Vorbehalte: sowohl auf Seiten der Polizei als auch von Seite der Jugendhilfe. Häufig beruhen diese Einstellungen auf individuellen, negativen Erfahrungen, die vom Unverständnis gegenüber den Entscheidungen und Handlungen der anderen Seite geprägt sind.

Das als Gegengewicht so notwendige Verständnis der unterschiedlichen System- und Handlungslogiken und ein vertrauensvoller Umgang miteinander wachsen nicht über Nacht. Es bedarf der Begegnung, des Austauschs und auch der Kontroverse. Mit Blick auf die Vergangenheit zeigt sich hier eine Baustelle, in die dauerhaft investiert werden muss. Allein die hohe Personalfluktuation innerhalb der Polizei zeigt, dass es sich bei diesem Thema um einen „Dauerbrenner" handelt, der wohl nie vollends erlöschen wird.

Feltes und Fischer weisen darauf hin, dass personale, institutionelle und funktionale Differenzen zwischen Polizei und Sozialarbeit und -pädagogik respektiert werden sollten. Dazu gehöre auch, dass sich alle Akteure im Jugendstrafverfahren ihrer originären Rolle und Aufgaben bewusst sind. „Dabei ist pädagogisches und polizeiliches Handeln prinzipiell und funktional zwar nicht per se kompatibel, aber auch nicht per se inkompatibel".[51]

Gegen eine fallunspezifische Zusammenarbeit bestehen grundsätzlich keine Einwände, sofern keine personenbezogenen Daten ausgetauscht werden. Unstrittig ist auch, dass dieser Form des interdisziplinären Austauschs grundsätzlich positive Effekte auf das Verstehen der jeweiligen System- und Handlungslogiken der jeweils anderen Profession zugesprochen werden.

---

49 Ostendorf, 1998, S. 586.
50 Braband, Karolczak & Sturzenhecker, 2010, S. 337.
51 Feltes & Fischer, 2018, S. 1220.

Daneben haben sich aber die einzelfallbezogenen Fallkonferenzen in der Praxis (auch vom Gesetzgeber gewollt)[52] allem Anschein nach vielerorts etabliert.

Mein Wunsch ist daher, dass die polizeilichen Erkenntnisse als das betrachtet werden, was sie sind: ein erster Impuls, um im Rahmen der jeweiligen Grenzen miteinander an einem Fall zu arbeiten. Hilfreich wäre auch, wenn die Erkenntnisse aus polizeilichen Ermittlungen und das Mitwirken der Polizei in einzelfallbezogenen Fallkonferenzen als Ressource für den weiteren Erkenntnisgewinn und gegenseitiges Verstehen betrachtet werden könnten.

Die aus der Praxis berichteten positiven Erfahrungen im Zusammenhang mit der Bearbeitung von problembehafteten Einzelfällen in Fallkonferenzen deuten darauf hin, dass mit einer bundesweiten Verbreitung dieses Formats der interdisziplinären Zusammenarbeit zu rechnen ist.

Aufgrund der Vorgaben des Daten- und Vertrauensschutzes erscheint es aus meiner Sicht sinnvoll, das Instrument *einzelfallbezogene Fallkonferenzen* auf diejenigen Fälle zu beschränken, die über eine ubiquitäre Jugenddelinquenz hinausgehen[53] und bei welchen ein Zuwarten und Nichthandeln nicht zu verantworten wäre.

Literaturverzeichnis

Bannenberg, B. (2017). Schlussbericht Projekt TARGET Teilprojekt Gießen: Kriminologische Analyse von Amoktaten – junge und erwachsene Täter von Amoktaten, Amokdrohungen im Verbundprojekt TARGET (Tat- und Fallanalysen hoch expressiver zielgerichteter Gewalt). Online verfügbar unter: https://www.uni-giessen.de/fbz/fb01/professuren-forschung/professuren/bannenberg/mediathek/dateien/schlussbericht-target-giessen.pdf. (letzter Abruf am: 15.03.2022).

Bergmann, B. (2020). Ein Weg zu einer besseren Prognosepraxis bei der Einschätzung des Kriminalitätsrisikos junger Straftäter. In R. Berthel (Hrsg.), Kriminalistik und Kriminologie in der VUCA-Welt – Lage, Herausforderung, Lösungsansätze (S. 223–234). Rotheburg/Oberlausitz: Hochschule der Sächsischen Polizei (FH).

Bergmann, B. & Wesely, T. (2021). Der Nutzen von Schutzfaktoren für eine erweiterte Sichtweise auf junge Straftäter – MEIKs in der Diskussion. Zeitschrift für Jugendkriminalrecht und Jugendhilfe, 32 (3), S. 194–200.

---

[52] BMFSJ, 2020, RefE KJSG vom 05.10.2020, S. 121.
[53] DVJJ, 2020, S. 4.

Bliesener, T., Riesner, L. & Thomas, J. (2012). Polizeiliche Mehrfach- und Intensiv-täterprogramme. Zeitschrift für Jugendkriminalrecht und Jugendhilfe, 23 (1), S. 40–47.

Braband, J., Karolsczak, M. & Sturzenhecker, B. (2010). M8 – Gemeinsame Fallkon-ferenzen. In H. Richter & B. Sturzenhecker (Hrsg.), Evaluation des Handlungs-konzepts „Handeln gegen Jugendgewalt". Abschlussbericht, September 2010 (S. 290–396). Online verfügbar unter: https://epub.sub.uni-hamburg.de/epub/volltexte/2012/15027/pdf/Evaluation_HALT_Abschlussbericht_278_8_10.pdf (letzter Abruf am: 14.03.2022).

Brandes, O. & Pisczan-Präger, D. (2013). Polizeiliche Jugendsachbearbeitung und Präventionsarbeit in Niedersachsen – Keine Experimente mit der Jugend! Kriminalistik, (8-9), S. 550–554.

Brettel, H. (2010). Straftaten als Hinweis auf eine Kindeswohlgefährdung. Stiftung SPI (Hrsg.) Infoblatt 53. Online verfügbar unter: https://www.stiftung-spi.de/file admin/user_upload/Dokumente/veroeffentlichungen/srup_lebenslagen/clearing stelle_infoblatt_53.pdf (letzter Abruf am: 03.09.2022).

Bundesministerium für Familie, Senioren, Frauen und Jugend (2020). Entwurf ei-nes Gesetzes zur Stärkung von Kindern und Jugendlichen (Kinder- und Jugend-stärkungsgesetz – KJSG) vom 05.10.2020. Online verfügbar unter: https://www. bmfsfj.de/resource/blob/163648/b5a5c7f8747c5e669e0f243c1a218858/kinder-und-jugendstaerkungsgesetz-data.pdf. (letzter Abruf am: 15.03.2022).

Burghard, W., Hamacher, H. W., Herold, H., Howorka, H., Kube, E., Schreiber, M. & Stümper, A. (1996). Kriminalistik Lexikon (3. Aufl.). Heidelberg: Kriminalistik Verlag, Hüthig GmbH.

Cunha, O. S. & Goncalves, R. A. (2017). Attitudes of police officers toward offenders: implications for future training. Policing: An International Journal, 40 (2), S. 265–277.

Deutsche Vereinigung für Jugendgerichte und Jugendgerichtshilfen e. V. (DVJJ) (2014). Positionspapier der DVJJ zu sogenannten Fallkonferenzen. Online ver-fügbar unter: https://www.dvjj.de/aktuelles/2014/01/20/positionspapier-der-dvjj-zu-sogenannten-fallkonferenzen/ (letzter Abruf am: 15.03.2022).

Deutsche Vereinigung für Jugendgerichte und Jugendgerichtshilfen e. V. (DVJJ) (2020). Stellungnahme zum Referentenentwurf eines Gesetzes zur Stärkung von Kindern und Jugendlichen vom 5.10.2020. Online verfügbar unter: https://www.dvjj.de/wp-content/uploads/2020/10/DVJJ-Stellungnahme-zum-RefE-eines-Gesetzes-zur-Sta%CC%88rkung-von-Kindern-und-Jugendlichen-Stand-26.10.2020.pdf (letzter Abruf am: 15.03.2022).

Diemer, H., Schatz, H. & Sonnen, B.-R. (2020). Jugendgerichtsgesetz (8. Aufl.). Hei-delberg: C. F. Müller

Dollinger B. (2014). Jugendhilfe und Polizei. Bundeszentrale für politische Bildung. Online verfügbar unter: https://www.bpb.de/themen/innere-sicherheit/dossierinnere-sicherheit/193891/jugendhilfe-und-polizei/ (letzter Abruf am: 11.03. 2022).

Eckenfels, C. (2016). Amoktaten können verhindert werden. Interview mit Dr. Britta Bannenberg. Bayrische Staatszeitung, Artikel vom 02.08.2016. Online verfügbar unter: https://www.bayerische-staatszeitung.de/staatszeitung/leben-in-bayern/ detailansicht-leben-in-bayern/artikel/amoktaten-koennen-verhindert-werden. html#topPosition (letzter Abruf am: 15.03.2022).

Eisenberg, U. & Kölbel, R. (2020). Jugendgerichtsgesetz (21. Aufl.). München: C. H. Beck.

Erdmann, J. (2021). Gefährdungseinschätzungen der Jugendämter in 2020 – trotz Pandemie nur geringe Veränderungen. In T. Rauschenbach (Hrsg.), Kommentierte Daten der Kinder- und Jugendhilfe, Informationsdienst der Arbeitsstelle Kinder- und Jugendhilfestatistik. Heft 2 (S. 5–8). Dortmund.

Feltes, T. & Fischer, T. A. (2018). Jugendhilfe und Polizei – Kooperation zwischen Hilfe und Kontrolle. In K. Böllert (Hrsg.), Kompendium Kinder- und Jugendhilfe (S. 1213–1230). Wiesbaden: Springer.

Feuerhelm, W. (2003). Das Haus des Jugendrechts in Stuttgart Bad Cannstatt Konzeption und empirische Befunde. Institut für Sozialpädagogische Forschung Mainz. Online verfügbar unter: https://baden-wuerttemberg.dvjj.de/wp-content/ uploads/sites/2/2019/08/feuerhelm2003.pdf (letzter Abruf am: 14.03.2022).

Holthusen, B. (2008). Jugendliche Mehrfach- und Intensivtäter – Probleme und Chancen institutionenübergreifender, fallbezogener Kooperation. In DVJJ (Hrsg.), Fördern Fordern Fallenlassen – Aktuelle Entwicklungen im Umgang mit Jugenddelinquenz. Dokumentation des 27. Deutschen Jugendgerichtstages vom 15.–18. September 2007 in Freiburg (S. 399–415). Mönchengladbach: Forum Verlag Godesberg.

Landeskriminalamt Niedersachsen (2022). Jahresbericht Junge Menschen – Delinquenz, Gefährdung, Prävention. Online verfügbar unter: https://www.lka.polizei -nds.de/startseite/praevention/kinder_und_jugend/jahresberichte-112158.html (letzter Abruf: 04.09.2022)

Landeskriminalamt Niedersachsen, Richtlinie Jugendamtsberichte der Polizei, Stand 01.03.2020.

Landespräventionsrat Niedersachsen (2020). Abschlussbericht der Lügde-Kommission beim Niedersächsischen Landespräventionsrat vom 03. Dezember 2020. Online verfügbar unter: https://www.luegdekommission-nds.de/html/download.cms?id=11&datei=Abschlussbericht-Luegdekommission.pdf. (letzter Abruf am: 11.03.2022).

Linz, S. (2013). Häuser des Jugendrechts in Hessen – Ergebnisse der Begleitforschung für Wiesbaden und Frankfurt am Main-Höchst. Wiesbaden: Kriminologische Zentrale e. V.

Matzke, M. & Schramm, C. (2008). Das Legalitätsprinzip – aus juristischer Sicht und Bedeutung für die Jugendhilfe. In Stiftung SPI Sozialpädagogisches Institut Berlin Clearingstelle Jugendhilfe/Polizei, Infoblatt Nr. 47, Berlin. Online verfügbar unter: https://www.stiftung-spi.de/fileadmin/user_upload/Dokumente/veroeffentlichungen/srup_lebenslagen/clearingstelle_infoblatt_47.pdf. (letzter Abruf am: 12.03.2022).

Müller-Rakow, P. (2008). Fallkonferenzen in Ermittlungsverfahren gegen jugendliche und heranwachsende „Mehrfach- und Intensivtäter" – Eine vergleichende (nicht abschließende) Kurzbetrachtung. Zeitschrift für Jugendkriminalrecht und Jugendhilfe, 19(3), S. 275–278.

Ostendorf, H. (Hrsg.) (2021). Jugendgerichtsgesetz (11. Aufl.). Baden-Baden: Nomos.

Richter, H. & Sturzenhecker, B. (Hrsg.) (2010). Evaluation des Handlungskonzepts „Handeln gegen Jugendgewalt". Abschlussbericht, September 2010. Online verfügbar unter: https://epub.sub.uni-hamburg.de/epub/volltexte/2012/15027/pdf/Evaluation_HALT_Abschlussbericht_278_8_10.pdf_(letzter Abruf am: 14.03.2022).

Thiel, M. (2022). Der Verhältnismäßigkeitsgrundsatz bei (sicherheits-)behördlichen Maßnahmen gegenüber Kindern und Jugendlichen. Zeitschrift für Jugendkriminalrecht und Jugendhilfe, 33 (1), S. 4–9.

Walsh, M. (2018). Effekte von Ansätzen und Maßnahmen im Umgang mit jungen „Intensiv-" und Mehrfachtätern. Nationales Zentrum für Kriminalprävention (Hrsg.), Heft 2.

„Was man draußen macht, sehen die ja nicht."
Fallkonferenzen aus Sicht der
(Jugend-)Staatsanwaltschaft

Maxi Wantzen

Der Gesetzesbegründung zur Neuregelung des § 52 Abs. 2 SGB VIII ist zu entnehmen, dass es Zweck der Änderung war, die Beteiligten in der jugendstrafrechtlichen Praxis aufzufordern, mehr Gebrauch von behördenübergreifenden, einzelfallbezogenen Fallkonferenzen zu machen.[1] Beispielhaft wird auf die einzelfallbezogene Fallkonferenz Bezug genommen,[2] die sich – nach Ansicht des Gesetzgebers – insbesondere bei Mehrfachtäter*innen, schweren Straftaten oder wenn eine Straftat gemeinsam mit anderen Auffälligkeiten, wie zum Beispiel Schulverweigerung, Suchtproblemen oder familiären Problemen vorliegt, anbietet.[3] Konkrete Voraussetzungen bzw. Bedingungen, unter denen solche einzelfallbezogenen Fallkonferenzen stattfinden sollen, sind aber von Seiten des Gesetzgebers nicht vorgeschrieben worden. Gerade deswegen müssen sich die Beteiligten im Jugendstrafverfahren selbst die Frage stellen, welche Erwartungen sie an einzelfallbezogene Fallkonferenzen haben und mit welcher konkreten Zielsetzung sie teilnehmen. Erst wenn die Beteiligten im jugendrechtlichen Strafverfahren dieses für sich geklärt haben, können sie entscheiden, ob ein konkreter Fall bzw. ein*e konkrete*r Beschuldigte*r für eine solche Kooperation geeignet erscheint.

Um den Blickwinkel einer Jugendstaatsanwältin auf einzelfallbezogene Fallkonferenzen nachzuvollziehen, ist es zunächst erforderlich, sich die Rolle und Aufgabe der Jugendstaatsanwaltschaft vor Augen zu führen.

1 Aufgabe und Rolle der Jugendstaatsanwaltschaft

Die (Jugend-)Staatsanwaltschaft ist eine reine Strafverfolgungs- und Strafvollstreckungsbehörde. Als Organ der Strafrechtspflege obliegt es ihr im Ermittlungsverfahren, für dessen Recht- und Ordnungsmäßigkeit, Gründlichkeit

---

[1] BT-Drucksache 19/26107, S. 105.
[2] BT-Drucksache 19/26107, S. 106.
[3] BT-Drucksache 19/26107, S. 105.

sowie dessen zeitgerechte Durchführung Sorge zu tragen. Hierzu bedient sie sich u. a. der Polizei als sogenannte Ermittlungsperson. Im Gegensatz zur Polizei umfasst die Gefahrenabwehr aber nicht den Aufgabenkreis der Staatsanwaltschaft. Auch wenn die Verfolgung von Straftaten (wünschenswerterweise) zur Verhinderung von neuen Straftaten führt, gehört die Verhütung von Straftaten per se nicht zum originären Aufgabenbereich der Staatsanwaltschaft.

Grundsätzlich liegt der (Jugend-)Staatsanwaltschaft ein neutrales Rollenverständnis zugrunde, sie ist zur Objektivität verpflichtet. Im Strafprozess ist es zwar die Staatsanwaltschaft, die die Anklage vertritt (daher auch oft als Anklagebehörde bezeichnet). Sie ist dennoch nicht als Partei oder gar „Gegner" des*der Beschuldigten bzw. Angeklagten anzusehen. Nach § 160 Abs. 2 StPO hat sie im Rahmen der Sachverhaltsaufklärung nämlich nicht nur die zur Belastung, sondern auch die zur Entlastung dienenden Umstände zu ermitteln.

Dabei ist es Aufgabe der (Jugend-)Staatsanwaltschaft nicht nur die Umstände der Straftat an sich zu ermitteln, sondern auch die Umstände, die für die Bestimmung der Rechtsfolgen der Tat von Bedeutung sind (§ 160 Abs. 3 StPO). Dazu gehört insbesondere die Täterpersönlichkeit einschließlich deren Entwicklung. Im Jugendstrafrecht bestimmt § 43 Abs. 1 Satz 1 JGG ergänzend, dass sobald wie möglich die Lebens- und Familienverhältnisse, der Werdegang, das bisherige Verhalten des*der Jugendlichen bzw. heranwachsenden Beschuldigten und alle übrigen Umstände ermittelt werden sollen, die zur Beurteilung seiner*ihrer seelischen, geistigen und charakterlichen Eigenart dienen können. Hierzu kann sich die Jugendstaatsanwaltschaft nicht nur der eigenen und der Ermittlungen der Polizei bedienen, sondern wird nach § 38 Abs. 2 JGG durch die Jugendhilfe im Strafverfahren unterstützt.

2   Ziele der einzelfallbezogenen Fallkonferenz

Ausgehend von diesem Rollen- und Aufgabenverständnis stellt sich also die Frage, welches Ziel ein Jugendstaatsanwalt/eine Jugendstaatsanwältin mit der Teilnahme an einer einzelfallbezogenen Fallkonferenz verfolgt. Welche Erwartungen gehen einher, die für eine*n Jugendliche bzw. Heranwachsende*n relevanten Beteiligten bereits frühzeitig vor einer Hauptverhandlung zusammenzubringen und nicht den Verlauf der Hauptverhandlung abzuwarten?

Vorab, für Fälle, in denen es schon gar nicht zu einer Hauptverhandlung kommen wird, dürften sich meines Erachtens einzelfallbezogene Fallkonferenzen nicht anbieten. Wenn nämlich das Verfahren bereits anderweitig eingestellt werden kann, würde es sich um einen Fall von „net-widening" handeln, also einer nicht erforderlichen Ausweitung von Sozialkontrolle.

Denkbar erscheinen mir daher die folgenden Ziele:

Aufgrund der bereits bestehenden Erkenntnisse aus vorangegangenem Kontakt mit dem*der Jugendlichen bzw. Heranwachsenden erscheint es zur Verhinderung von Untersuchungshaft erforderlich, den*die Jugendliche*n unmittelbar einer alternativen Maßnahme zuzuführen. Beispielsweise könnte es in einer einzelfallbezogenen Fallkonferenz konkret darum gehen, für eine*n wohnungslose*n Jugendliche*n bzw. Heranwachsende*n einen Aufenthaltsort zu finden, den er*sie bereit ist auch einzunehmen; oder bei einem*einer drogenabhängigen jugendlichen bzw. heranwachsenden Beschuldigten einen Entzugs- und/oder Therapieplatz zu finden, um weitere Straftaten, die vornehmlich aufgrund der Betäubungsmittelabhängigkeit begangen werden, zu verhindern. Abstraktes Ziel wäre in diesen Fällen also eine Art Krisenintervention.

Aber auch, wenn kein unmittelbarer Freiheitsentzug im Ermittlungsverfahren droht, kann es Ziel einer einzelfallbezogenen Fallkonferenz sein, Vorbereitungen zu treffen, um im Fall des Ausspruchs einer Jugendstrafe diese zum Zeitpunkt der Hauptverhandlung zur Bewährung aussetzen zu können. Dies bietet sich vor allem für solche Fälle an, in denen kostenintensive, länger vorzuplanende Maßnahmen im Raum stehen. Abstraktes Ziel wäre es daher, zum einen dem*der jugendlichen bzw. heranwachsenden Beschuldigten die möglichen jugendstrafrechtlichen Sanktionen vor Augen zu führen und dadurch die Motivation zu fördern, sich im Vorfeld eine „Bewährung zu erarbeiten"; zum anderen aber die bessere Vorbereitung des Sanktionsvorschlags der Jugendhilfe im Strafverfahren.

Da die (Jugend-)Staatsanwaltschaft als Herrin des Ermittlungsverfahrens fungiert, kann es aber auch immer übergeordnetes Ziel einer einzelfallbezogenen Fallkonferenz sein, festzustellen, ob und mit welcher Tiefe weitere Ermittlungen zu führen sind, und/oder das Tempo des Ermittlungs- und Zwischenverfahrens zu bestimmen. Erscheint es sinnvoll, die Ermittlungen zu beschleunigen und auf eine zeitnahe Hauptverhandlung hinzuwirken? Oder ist es vielleicht folgerichtiger, dem*der Jugendlichen bzw. Heranwachsenden Zeit zu geben, um bereits laufende Maßnahmen zu erproben?

Zu guter Letzt wäre es wünschenswert, wenn die einzelfallbezogene Fallkonferenz dem*der Jugendlichen bzw. Heranwachsenden verdeutlicht, dass verschiedene Beteiligte sich zusammensetzen und bemühen, ihm*ihr eine Hilfestellung zu bieten, und auf Seiten des*der Betroffenen dadurch die Akzeptanz für und das Vertrauen in das staatliche Handeln verbessert wird. Im Idealfall erarbeiten sämtliche Beteiligte der einzelfallbezogenen Fallkonferenz – also einschließlich des*der jugendlichen bzw. heranwachsenden Beschuldigten – einen gemeinsamen Entwicklungsplan und ziehen im Hinblick auf die erzieherischen Maßnahmen an einem Strang. Dem*Der Jugendlichen bzw. Heranwachsenden soll im Ergebnis deutlich gemacht, dass er*sie nicht allein gelassen wird.

Abschließend ist klarzustellen, dass es – auch aus Sicht der Strafverfolgungsbehörde – nicht Sinn und Zweck der einzelfallbezogenen Fallkonferenz sein kann, den*die jugendlichen bzw. heranwachsenden Beschuldigten dazu zu bringen, mögliche Straftaten zu gestehen bzw. weitere Beweismittel zur Überführung einer Straftat zu sichern. Daher können die möglichen Straftaten nur Anlass zur einzelfallbezogenen Fallkonferenz bieten, aber die Erörterung der Straftaten kann und darf nicht das Kernthema sein.

3   Voraussetzungen einer einzelfallbezogenen Fallkonferenz

Unstreitig gehen einzelfallbezogene Fallkonferenzen mit einem nicht nur unerheblichen organisatorischen und zeitlichen Aufwand für alle Beteiligten einher. Allein eine zeitnahe Terminfindung erweist sich in der Praxis meist als problematisch. Aber nicht nur wegen des organisatorischen Aufwands, sondern auch aus den folgenden Gründen erscheint meines Erachtens eine einzelfallbezogenen Fallkonferenz nur in Ausnahmefällen sinnvoll, auch wenn der Gesetzgeber selbst formal keine Voraussetzungen für die Frage des „Ob" einer Durchführung einer solchen Zusammenarbeit bestimmt hat.

Grundsätzlich gilt im Ermittlungsverfahren der Grundsatz der Unschuldsvermutung (Art. 6 Abs. 2 EMRK) und es besteht das Recht eines*einer jeden*jeder Beschuldigten, sich nicht selbst belasten zu müssen (§ 136 Abs. 1 Satz 2 StPO). Aber auch bei Vorliegen eines Geständnisses muss dieses anhand von weiteren Beweismitteln überprüft und bestätigt werden. Daher sollte meines Erachtens mindestens ein sogenannter dringender Tatverdacht – vergleichbar zu den Voraussetzungen der Untersuchungshaft nach § 112 StPO – vorliegen. Es sollte also eine große und hohe Wahrscheinlichkeit bestehen, dass der*die Beschuldigte Täter*in oder Teilnehmer*in einer verfolgbaren Straftat ist und deswegen jugendrechtlich sanktioniert werden wird.

Entsprechend den oben genannten Zielen dürfte sich darüber hinaus die Frage der Durchführung einer einzelfallbezogenen Fallkonferenz in der Praxis vor allem immer dann stellen, wenn ein Freiheitsentzug in irgendeiner Form in Betracht kommt: wenn also entweder Untersuchungshaft wegen Fluchtgefahr und/oder Wiederholungsgefahr droht oder zur Vermeidung einer möglicherweise drohenden Jugendstrafe, deren Vollstreckung nicht mehr zu Bewährung ausgesetzt werden kann.

Grundsätzlich kommt eine einzelfallbezogene Fallkonferenz nur dann in Betracht, wenn der Stand der Ermittlungen weitestgehend offengelegt werden kann und insbesondere keine verdeckten Ermittlungsmaßnahmen andauern oder in Erwägung gezogen werden. Denn in den meisten Fällen dürfte es sich aus den oben dargelegten Gründen um solche handeln, bei denen der Fall der Pflichtverteidigung vorliegt, insbesondere weil dem*der Beschuldigten ein Verbrechen vorgeworfen wird und/oder die Verhängung oder die Aussetzung einer Verhängung einer Jugendstrafe zu erwarten ist. Das bedeutet aber, dass, wenn auch der*die Jugendliche bzw. Heranwachsende an der einzelfallbezogenen Fallkonferenz teilnehmen soll, zuvor ein*e Pflichtverteidiger*in zu bestellen ist. Es ist dann aber davon auszugehen, dass ein*e Pflichtverteidiger*in einer Teilnahme nur zustimmen wird, wenn er*sie vorher Akteneinsicht nehmen durfte, um die Beweissituation einzuschätzen und das Verteidigungshandeln daran auszulegen.

4 Ausblick

Es bleibt abzuwarten, ob durch die gesetzgeberische Klarstellung zukünftig tatsächlich mehr einzelfallbezogene Fallkonferenzen durchgeführt werden, zumal keinerlei Verpflichtung dazu geschaffen wurde. Aus meiner Sicht dürfte die durch die Einfügung des § 68a JGG geschaffene Neuregelung der Pflichtverteidigung bereits dazu beigetragen haben, dass in der Praxis weniger einzelfallbezogene Fallkonferenzen durchgeführt werden. Denn wenn nach § 68a Abs. 1 Satz 1 JGG in den Fällen der notwendigen Verteidigung dem*der Jugendlichen bzw. Heranwachsenden ein*e Pflichtverteidiger*in spätestens dann gerichtlich zu bestellen ist, bevor eine Vernehmung des*der Jugendlichen bzw. Heranwachsenden durchgeführt wird, dürfte dies auch für die Fälle einer einzelfallbezogenen Fallkonferenz unter Beteiligung des*der jugendlichen bzw. heranwachsenden Beschuldigten gelten. Diese Regelung dürften in vielen Fällen dazu führen, dass eine zeitnahe Anberaumung einer einzelfallbezogenen Fallkonferenz nicht möglich ist. Inwieweit aber zu einem späteren Zeitpunkt die Durchführung einer solchen Fallkonferenz noch sinnvoll ist, ist dann im jeweiligen Einzelfall zu prüfen.

„Miteinander statt übereinander reden"
Fallkonferenzen aus Sicht der Bewährungshilfe

Corinna Seel

In den vergangenen Jahren wurden Konzepte zu Fallkonferenzen von Seiten der Polizei für Mehrfachauffällige und Intensivstraftäter*innen entwickelt und federführend durchgeführt. Im Zuge der gesetzlichen Neuregelungen durch das Kinder- und Jugendstärkungsgesetz sieht u. a. der neue § 37a JGG solche interdisziplinären Fallkonferenzen verstärkt in der Praxis vor, sofern sie zur Erfüllung der Aufgaben der beteiligten Akteur*innen erforderlich sind und dienen. Die Bewährungshilfe ist in diesem Konstrukt namentlich nicht benannt, versteht sich aber als öffentliche Stelle, die im Falle einer Unterstellung unter die Bewährungshilfe maßgeblich zu der Zusammenarbeit beitragen kann und selbst, vor allem für die Arbeit mit den jungen Menschen, profitieren kann. Sowohl fallübergreifende als auch einzelfallbezogene Fallkonferenzen sind wichtiger Bestandteil der Arbeitsweise der Bewährungshilfe und erscheinen sinnvoll, um im Sinne der jungen Menschen und im Hinblick auf allgemeine strafrechtliche Entwicklungen etwas erreichen zu können. Dazu gilt es, durch gewonnene Erfahrungen Regelungen und Rahmenbedingungen immer wieder an die neuen Gegebenheiten und Bedarfe anzupassen.[1]

1 Einleitung

Von den gesetzlichen Neuregelungen für Akteur*innen im Jugendstrafverfahren in § 52 Abs. 1 S. 2 und 3 SGB VIII sowie § 37a JGG, welche sich aus dem Gesetz zur Stärkung von Kindern und Jugendlichen (Kinder- und Jugendstärkungsgesetz – KJSG)[2] vom 03. Juni 2021 ergeben, ist die Bewährungshilfe auf den ersten Blick nicht betroffen. Die Bewährungshilfe wird vom Gesetzgeber weder im Hinblick auf die fallübergreifende noch auf die einzelfallbezogene Zusammenarbeit neben der Jugendhilfe, den Jugendstaatsanwälten, den Polizeibehörden sowie weiteren Akteur*innen wie der Schule und der Ausländerbehörde

---

1   Der Artikel spiegelt die Haltung der Bewährungs- und Gerichtshilfe Baden-Württemberg wider und ist aus dem Blickwinkel der Jugendspezialistin in der Einrichtung Stuttgart geschrieben.

2   BGBl. I, S. 1444.

namentlich benannt.[3] In der Gesetzesbegründung heißt es, dass umfassende einzelfallbezogene Kooperationen mit beteiligten Institutionen bei Mehrfachauffälligen, sehr schweren (Gewalt-)Straftaten oder bei Straftaten mit anderen Auffälligkeiten[4] erforderlich sind.[5] Die Bewährungshilfe ist auch bei den bereits vor mehreren Jahren entstandenen Programmen zu jugendlichen Intensivstraftäter*innen und jungen Schwellenstraftäter*innen,[6] konzeptionell, zumindest namentlich, nicht mitgedacht.[7] Das mag den Grund haben, dass die Bewährungshilfe keine Verfahrensbeteiligte im Jugendstrafverfahren ist und gegebenenfalls nur in Folgeverfahren nach bereits erfolgter Verurteilung zur Bewährung eine Stellungnahme verfasst.

Einen zweiten Blick auf die gesetzliche Neuregelung geworfen, werden neben den namentlichen Benennungen sowohl in § 37a Abs. 1 JGG als auch in § 52 Abs. 1 S. 2 öffentliche Einrichtungen und sonstige Stellen benannt, die zu Konferenzen hinzugezogen werden können, sofern sich „deren Tätigkeit auf die Lebenssituation junger Menschen auswirkt". Durch die originäre Aufgabe, dem*der Unterstellte*n helfend und betreuend zur Seite zu stehen, versteht sich die Bewährungshilfe als elementare öffentliche Einrichtung, „deren Tätigkeit sich auf die Lebenssituation der jungen Menschen auswirkt".[8]

Um dies zu verdeutlichen, wird zunächst auf den Auftrag und die Arbeitsweise der Bewährungshilfe im Kontext des Jugendstrafrechts eingegangen, um anschließend die Haltung der Bewährungshilfe zu einzelfallbezogenen Fallkonferenzen zu begründen sowie die Möglichkeiten und Grenzen aus Sicht der Bewährungshilfe aufzuzeigen.

2   Bewährungshilfe und ihre Informationspflicht

Durch den § 56d Abs. 3 StGB geregelt, steht der helfenden und betreuenden Seite die überwachende und kontrollierende Seite gegenüber, mit dem Ziel,

---

3   Positionspapier der DVJJ, 2022, abgedruckt im Anhang dieses Bandes auf S. 235–243; Gesetzesbegründung, BT-Drucksache 19/26107, S. 105 f.
4   Wie beispielsweise Schulverweigerung, Suchtproblemen oder familiären Problemen.
5   Gesetzesbegründung, BT-Drucksache 19/26107, S. 106 f.
6   Beispielhaft wird hier in Baden-Württemberg das Initiativprogramm „Jugendliche Intensivtäter" (JUGIT) und in Niedersachsen die Landesrahmenkonzeption „Junge Schwellen- und Intensivtäterinnen und Schwellen- und Intensivtäter (JuSIT) angeführt. Eine Konzeption zur Eindämmung der Jugenddelinquenz mit Federführung der (Kriminal-)Polizei.
7   Landesrahmenkonzeption JuSIT, S. 172; Fritscher, 2003, S. 47 f.
8   Gesetzesbegründung, BT-Drucksache 19/26107, S. 106 f.

künftige Straffälligkeit zu vermeiden. Die Arbeit der Bewährungshilfe ist damit durch das doppelte Mandat gekennzeichnet, womit für Bewährungshelfer*innen häufig ein Rollenkonflikt einhergeht.[9]

Die Bewährungshilfe hat bei der Zusammenarbeit mit anderen Behörden verschiedene Informationspflichten. Wesentlich ist die Berichts- und Mitteilungspflicht an das aufsichtführende Gericht nach § 56d Abs. 3 StGB, welches die Pflicht zur Zusammenarbeit und Datenweitergabe aus dem gesetzlichen Auftrag besagt. Im Einzelfall handelt es sich hierbei um die regelmäßige Berichtspflicht über den Bewährungsverlauf, die Lebensführung sowie die Mitteilungspflicht bei gröblich und beharrlichen Verstößen gegen Auflagen und Weisungen und bei Verdacht auf neue Straftaten oder bei einschlägigen Rückfallen. Darüber hinaus hat die Bewährungshilfe die Anzeigepflicht geplanter Straftaten nach § 138 StGB. Auf Antrag ist sie verpflichtet vollumfänglich Auskunft gegenüber Staatsanwaltschaften (§ 160 StPO) und gegenüber Ermittlungsbehörden, sprich im Rahmen eines staatsanwaltschaftlichen Ermittlungsverfahrens der Polizei (§ 161 StPO), zu erteilen. Auf Antrag können Gerichte, Staatsanwaltschaften und Justizbehörden Akteneinsicht nach § 474 StPO verlangen. Ebenfalls erteilt die Bewährungshilfe auf Anfrage des Jugendamts in einem Verfahren nach § 8a SGB VIII stets Auskunft (Rechtsgrundlage § 474 Abs. 2 StPO). Auskünfte der Bewährungshilfe an andere öffentliche Stellen sind nach § 474 Abs. 2 StPO zulässig, wenn nach pflichtgemäßen Ermessen die öffentliche Stelle oder Behörde entsprechend aufgelistete Aufgaben wahrnimmt.

2.1   Bewährungshilfe im Kontext des Jugendstrafrechts

Es gibt im Jugendgerichtsgesetz (JGG) fünf Möglichkeiten, die obligatorisch zur Unterstellung unter die Bewährungshilfe führen:

- Strafaussetzung der Jugendstrafe zur Bewährung (§ 21 JGG)
- Aussetzung der Verhängung der Jugendstrafe, sog. Schuldspruch (§ 27 JGG)
- Vorbehalt der nachträglichen Entscheidung über die Aussetzung der Jugendstrafe zur Bewährung, sog. Vorbewährung (§61 JGG)
- Aussetzung des Restes der Jugendstrafe, sog. vorzeitige Entlassung (§ 88 JGG)

---

9   Kurze, 1998, S. 224, 239; § 56d StGB.

- Führungsaufsicht (§ 7 i. V. m. §67c Abs. 1 StGB)

Der § 24 JGG begründet die Unterstellung unter die Bewährungshilfe in der Regel für zwei Jahre. In Absatz 3 heißt es, dass „der Bewährungshelfer dem Jugendlichen helfend und betreuend zur Seite steht. Er überwacht im Einvernehmen mit dem Richter die Erfüllung der Weisungen, Auflagen, Zusagen und Anerbieten. Der Bewährungshelfer soll die Erziehung des Jugendlichen fördern und möglichst mit dem Erziehungsberechtigten und dem gesetzlichen Vertreter vertrauensvoll zusammenwirken." Die Bewährungshilfe hat nach § 24 Abs. 3 JGG „bei der Ausübung des Amtes das Recht auf Zutritt zu dem Jugendlichen. Er [der Bewährungshelfer] kann von dem Erziehungsberechtigten, dem gesetzlichen Vertreter, der Schule, dem Auszubildenden Auskunft über die Lebensführung des Jugendlichen verlangen."

Unter der Formulierung „helfend und betreuend zur Seite zu stehen" versteht Martin Kurze eine Vielzahl an sozialpädagogischen und sozialen Hilfen, wie beispielsweise die Gewährung rechtlicher Hilfestellungen, Hilfestellungen bei der Überwindung von sozialen Anpassungsschwierigkeiten, persönliche Beratung bei psychosozialen Problemen und die Vermittlung von Hilfen anderer Dienste.[10] Konkret bezieht sich die Unterstützung auf verschiedene Lebensbereiche, wie bei der Arbeits- und Berufsfindung, bei der Schuldentilgung, aktive persönliche Kontaktaufnahme mit entsprechenden Behörden und Gläubigern, Hilfe bei Bearbeitung von persönlichen und zwischenmenschlichen Problemen oder Weitervermittlung bei Drogenproblemen.[11] Hinzu kommt der Aufbau eines Vertrauensverhältnisses,[12] welcher durch den Zwangskontext grundlegend erschwert ist. Eine Kooperationsbereitschaft ist dennoch Voraussetzung für die erfolgreiche Zusammenarbeit, aus der durch gemeinsame Formulierungen gegenseitiger Erwartungen und Ziele eine vertrauensvolle Arbeitsbeziehung entstehen kann.[13] Der Aufbau einer tragfähigen Beziehung ist die zentrale Einwirkungsfähigkeit bei jungen Menschen.[14]

Die Bewährungshilfe hat bei der Arbeit mit jungen Menschen nach § 2 Abs. 1 JGG und § 24 Abs. 3 S. 3 JGG den besonderen Auftrag, sich am Erziehungsgedanken zu orientieren.

---

10   Kurze, 1998, S. 214.
11   Thum, 1994, S. 12, zitiert nach Kurze, 1998, S.239, mit weiteren Beispielen.
12   Kurze, 1998, S. 240.
13   Waibel & Lübbemaier, 2001, S. 5.
14   Sommer, 2001, S. 11.

Bis zur Volljährigkeit der jungen Menschen hat die Bewährungshilfe eine Auskunftspflicht gegenüber den Sorgeberechtigten. Die Sorgeberechtigten werden vor dem Erstgespräch bei der Bewährungshilfe über die Bewährungshilfe schriftlich informiert. In dem Schreiben wird der Ersttermin genannt, sodass die Sorgeberechtigten den jungen Menschen zum Erstgespräch bei der Bewährungshilfe begleiten können.

Bei der Bewährungs- und Gerichtshilfe Baden-Württemberg erschließt sich die vorgegebene Kontaktfrequenz zunächst aus einer Sozialen Diagnostik[15] sowie der sozialarbeiterischen Einschätzung des*der Bewährungshelfer*in. Haftentlassene junge Menschen, Minderjährige und Intensivstraftäter*innen sowie junge Menschen unter Vorbewährung werden in der Regel in Intensivbetreuung geführt. Dies bedeutet, dass Gespräche bei der Bewährungshilfe in zweiwöchigen Abständen stattfinden. Im Einzelfall können Gespräche auch wöchentlich geführt werden. Zu berücksichtigen ist weiterhin die oftmals zu tätigende Netzwerkarbeit.

2.2 Netzwerkarbeit

Nach § 24 Abs. 3 JGG hat die Bewährungshilfe das Recht, mit der Schule und der Ausbildungsstätte auch ohne Zustimmung des jungen Menschen und der Sorgeberechtigten zu sprechen. In der Praxis wird von diesem Recht jedoch nur in Ausnahme- und Notfällen Gebrauch gemacht, um die Daten des jungen Menschen sowie das Vertrauen zu schützen. In der Regel bleibt das Vorgehen transparent und die Bewährungshilfe bezieht andere Institutionen und Personen mit Zustimmung des jungen Menschen mit ein und arbeitet mit diesen eng zusammen, sofern dies nötig erscheint.[16] Die Bewährungshilfe ist landesweit eng in der freien Straffälligenhilfe vernetzt und kooperiert sowohl fallübergreifend als auch einzelfallbezogen. Die Netzwerkarbeit gilt als eine der wichtigsten Methoden, um eine Zusammenarbeit aller notwendigen Institutionen gewährleisten zu können.[17] Ein bedeutender Bestandteil der alltäglichen Arbeit ist die Zusammenarbeit mit Kooperationspartnern, gemeinsame Kooperationsgespräche, Kooperationsvereinbarungen und ggf. Runde Tische. Die Bewährungshilfe agiert

15 Hierzu Audick, 2021, S. 345 ff.
16 Thum, 1994, S. 12, zitiert nach Kurze, 1998, S.239.
17 Nowak, 2022, S. 219.

hierbei teilweise in einer Form des Case Managements.[18] Zentraler Kooperationspartner für die Bewährungshilfe im Jugendstrafrecht ist die Jugendhilfe im Strafverfahren. Neben der Jungendhilfe im Strafverfahren hat die Bewährungshilfe bei jungen Menschen gelegentlich Kontakt zu Jugendstaatsanwält*innen und Jugendsachbearbeiter*innen bei der Polizei. Vor allem in der Vergangenheit fanden sich in der Sozialen Arbeit Positionen, die einer Zusammenarbeit und Kooperation mit der Polizei eher kritisch gegenüberstanden.[19] In der Zwischenzeit stehen dem gute Erfahrungen mit Kooperationen zwischen Bewährungshilfe und Polizei gegenüber.[20] Auch die vermehrte Installation von Häusern des Jugendrechts zeigt eine positive Entwicklung.

3   Einzelfallbezogene Fallkonferenzen aus Sicht der Bewährungshilfe – Überlegungen zu Grenzen und Möglichkeiten[21]

Nach Eduard Matt zeigen erste Erfahrungen, „dass Fallkonferenzen zu besseren Entscheidungen führen und deshalb als das Mittel der Wahl zur Erreichung des bestmöglichen Ergebnisses angesehen werden".[22] Direkte Ansprechpartner*innen und Zuständigkeiten sind im Einzelfall bekannt. Dadurch können sich für Einzelfälle kürzere Wege in der Zusammenarbeit ergeben, was wiederum den jungen Menschen zugutekommt. Der interdisziplinäre Austausch ermöglicht eine Erarbeitung und Umsetzung von gemeinsamen Handlungsstrategien unter Berücksichtigung der einzelnen Arbeitsweisen und Aufträge, wobei das Ziel nicht die Stärkung der eigenen Position und des eigenen Interesses sein soll.[23]

Die Praxis zeigt, dass es unterschiedliche Sichtweisen aufgrund der verschiedenen Settings, in denen die Akteur*innen mit den jungen Menschen in Kontakt treten, gibt. Gerade deshalb erscheint es sinnvoll, dass verschiedene Perspektiven in den Fallkonferenzen geschildert werden und zusammenkommen,

---

[18]   Gemeint ist hiermit die Vermittlung zu anderen professionellen öffentlichen Stellen und Beratungsstellen.

[19]   Matt, 2022, S. 232.

[20]   Matt, 2022, S. 224.

[21]   Um den Schreib- und Lesefluss zu vereinfachen wird in diesem Teil des Beitrags grundlegend davon ausgegangen, dass als Rechtsgrundlage einer der genannten fünf Möglichkeiten zur obligatorischen Unterstellung unter die Bewährungshilfe im Jugendstrafrecht dient und die Bewährungshilfe somit als Beteiligte in Frage kommt.

[22]   Matt, 2022, S. 228.

[23]   Matt, 2022, S. 226.

um ein umfassendes Bild über die Lebensverhältnisse und Lebenssituation der jungen Menschen erhalten zu können.[24] Bündelungen der verschiedenen Perspektiven werden bereits durch die Häuser des Jugendrechts umgesetzt, indem verschiedene Akteur*innen des Jugendstrafverfahrens mit dem Ziel, „den jungen Menschen in seiner Gänze zu betrachten und die Maßnahmen und Hilfen aller Beteiligten gut abzustimmen", unter einem Dach sitzen.[25]

Wie eingangs beschrieben, ist die Bewährungshilfe – im Gegensatz zu anderen jugendnahen Institutionen – nicht namentlich im Gesetz der Stärkung von Kindern und Jugendlichen (Kinder- und Jugendstärkungsgesetz – KJSG) genannt. In den Häusern des Jugendrechts ist die Bewährungshilfe ebenfalls nicht verankert, sodass die gesetzliche Neuregelung zu den Fallkonferenzen eine Chance bietet, dass die Bewährungshilfe sich in die Zusammenarbeit mit den im Jugendstrafverfahren beteiligten Institutionen einklinken und zugleich Kooperationen und Netzwerke ausbauen kann. Die Bewährungshilfe kann wesentlich für die Erlangung eines umfänglichen Wissens- und Informationsaustausches sein, welche eine Einschätzung eines Falles als Ganzes ermöglicht.[26] Die Bewährungshilfe hat, sofern keine Jugendhilfemaßnahmen (u. a. Installierung eines Erziehungsbeistandes, stationäre Unterbringung in eine Jugendwohngemeinschaft) eingeleitet sind, in der Regel von den genannten Akteur*innen den häufigsten Kontakt zu den jungen Menschen und kann zudem über die Lebensführung Bericht erstatten. Außerdem kann im Einzelfall die Berichterstattung über den Stand der Erfüllung der Auflagen und Weisungen zum Gesamtbild des jungen Menschen beitragen; zumal Weisungen zur Besserung der Lebensführung beitragen und nach § 23 Abs. 1 JGG den jungen Menschen erzieherisch beeinflussen sollen. Je nach Erfüllung der Weisung kann sich demnach herauskristallisieren, ob der junge Mensch noch erzieherisch beeinflussbar ist und welche Maßnahmen und Interventionen notwendig erscheinen, um weiter erzieherisch auf ihn *sie einzuwirken. Der Stand der Weisungen kann zudem unter anderem Auskunft darüber geben, ob der junge Mensch bemüht ist, etwas an seiner Lebensführung verändern zu wollen. Auflagen dienen in der Regel der Strafe und der Genugtuung für das begangene Unrecht (§ 23 Abs. 2 JGG), können aber beispielsweise in Form von gemeinnütziger Arbeit auch der (Wieder-)Herstellung einer Tagesstruktur dienen.

---

24 Hierzu auch Matt, 2022, S. 230.

25 Am Beispiel Haus des Jugendrechts Stuttgart (Bad Cannstatt), online unter: Haus des Jugendrechts Stuttgart - Repression (justiz-bw.de).

26 Matt, 2022, S. 230.

Umgekehrt gilt: Sollte die Bewährungshilfe – aufgrund von Fehlkontakten des jungen Unterstellten – nicht maßgeblich zum Wissens- und Informationsaustausch beitragen können, sind die erlangten Informationen, die die Bewährungshilfe bei einzelfallbezogenen Fallkonferenzen vor allem von Polizei und der Jugendstaatsanwaltschaft erhalten kann, sehr wertvoll für eine weitere konstruktive Zusammenarbeit mit den jungen Menschen. Sofern die Bewährungshilfe nicht zu den einzelfallbezogenen Fallkonferenzen eingeladen wird, erhält sie Informationen wie polizeiliche Auffälligkeiten nicht oder sehr spät, wenn neue Strafverfahren bereits laufen und schon eine Anklageschrift vorliegt, sodass nur schwer rechtzeitig bzw. zeitnah interveniert werden kann.[27] Durch einzelfallbezogene Fallkonferenzen können die jungen Menschen vermittelt bekommen, dass alle Akteur*innen an einem Strang ziehen und die Begehung von Straftaten mit Konsequenzen verbunden ist. Zugleich können sie erleben, dass das gesamte Hilfenetzwerk sie bei einer straffreien Lebensführung unterstützen möchte. Der*die Bewährungshelfer*in kann zielgerichtet und konkret auf gewonnene Informationen in den Gesprächen bei der Bewährungshilfe eingehen und gezielter zur Rückfallvermeidung beraten und intervenieren.

Zudem kann von Seiten der Bewährungshilfe für einen möglichen Bewährungswiderruf sensibilisiert werden. Zu berücksichtigen ist, dass nach § 56d Abs. 3 StGB das aufsichtführende Gericht bei Verdacht auf neue Straftaten oder bei einschlägigen Straftaten zu informieren ist. Wenn ein junger Mensch bereits unter Bewährung steht, können weitere Straftaten zu einem Bewährungswiderruf führen (§ 26 JGG). Aufgrund dessen sollten bei einzelfallbezogenen Fallkonferenzen die jungen Menschen einen Anspruch haben, einen Anwalt zu der Konferenz hinzuziehen zu können.

Die Grenzen bei der Umsetzung einzelfallbezogener Fallkonferenzen äußern sich vor allem im Datenschutz. Ohne Einwilligung, sprich ohne unterschriebene Schweigepflichtentbindung des jungen Menschen bzw. ggf. der*des Sorgeberechtigten ist zwar eine Teilnahme an einer Fallkonferenz möglich, jedoch kann die Bewährungshilfe dann keine Informationen einbringen. Sofern der Bewährungshilfe eine schriftliche Einwilligung vorliegt, liegt die Herausforderung bei dem*der Bewährungshelfer*in selbst, mit den Äußerungen so bedacht wie möglich zu sein, um den jungen Menschen in Hinblick auf das Lega-

---

27 So kann es zum Beispiel der Fall sein, dass die Bewährung hinsichtlich der Auflagen und Weisungen und der Kontakthaltung zur Bewährungshilfe sehr gut läuft, Orte, an denen sich der junge Mensch jedoch aufhält und polizeilich auffällt, nicht bekannt sind und es infolgedessen zu neuen Straftaten kommt. Ohne dies zu wissen, können mit dem jungen Menschen keine präventiven Maßnahmen ergriffen werden.

litätsprinzip nicht „auszuliefern". Hierbei ist ein hohes Maß an Sensibilisierung und Professionalität gefragt. Die Teilnahme ermöglicht es der Bewährungshilfe an Informationen zu kommen, die ihr der junge Mensch ggf. bewusst verschweigen würde. Dies kann kritisch betrachtet werden, da es das Recht des jungen Menschen ist, selbst zu entscheiden, welche Informationen er der Bewährungshilfe preisgeben möchte. Deshalb sollte an dieser Stelle der Sozialdatenschutz unbedingt geachtet werden, auch wenn dies eine einzelfallbezogene Zusammenarbeit erschweren würde. Daher sollten vor allem strukturelle Unterschiede bei den einzelnen Institutionen wie rechtliche Rahmenbedingungen – zum Beispiel das Legalitätsprinzip, Schweigepflichten oder der Sozialdatenschutz –, das Wissen um die verschiedenen Aufgabenstellungen und die Handlungslogiken gegenseitig bekannt sein und berücksichtigt werden, um gemeinsam akzeptable Regelungen für den Datenschutz und den Informationsfluss zu finden.[28]

Aufgrund der vorangegangenen Schilderungen ist es aus Sicht der Bewährungshilfe unabdingbar, dass der junge Mensch sowie die Sorgeberechtigten an der Fallkonferenz beteiligt sind und involviert werden. Zumal jeder Mensch selbst nach dem Konzept von Hans Thiersch der Experte seiner eigenen Lebenswelt und seiner Bewältigungsstrategien ist.[29] Gleichzeitig birgt die Einbeziehung der jungen Menschen selbst, bei der Konfrontation mit vielen Beteiligten, die Gefahr eines Widerstands. Sofern die Bewährungshilfe in die Planungen der Fallkonferenzen involviert bzw. zu den Fallkonferenzen eingeladen ist, könnte diese durch transparentes Auftreten einem Widerstand bei jungen Menschen vorab entgegenwirken. Im Sinne des Case-Managements kann die Bewährungshilfe über die unterschiedlichen Aufgaben und Arbeitsweisen der Akteur*innen informieren sowie über die Rechte des jungen Menschen aufklären. Zudem kann den jungen Menschen bei positivem Bewährungsverlauf die Vorteile einer Teilnahme der Bewährungshilfe an den Fallkonferenzen erläutert werden.

Durch die Einbeziehung der jungen Menschen und der Sorgeberechtigten könnte zudem das Thema des Datenschutzes in gewissem Umfang geklärt sein, da der junge Mensch vor Ort seine mündliche Einwilligung erteilen kann. Der junge Mensch kann im Rahmen der Fallkonferenz bei dem Wissens- und Informationsaustausch durchweg miteinbezogen werden, sodass nicht über seinen Kopf hinweggeredet und entschieden wird, sondern gemeinsam nach Lösungen und Handlungsmaximen gesucht wird.

---

28 Matt, 2022, S. 226.
29 Grunwald & Thiersch, 2018, S. 304 ff.

Die Arbeitsbeziehung bei der Bewährungshilfe ist von Beginn an eine sogenannte „Zwangsbeziehung", welche eine hohe Anpassungsleistung der jungen
Menschen und eine gegenseitige Achtung, Akzeptanz und Respekt im Umgang
miteinander voraussetzt. Das gegenseitige Vertrauen muss in einem individuellen Prozess zunächst aufgebaut werden und kann durch transparentes Handeln
der Bewährungshilfe wachsen. Transparentes Handeln fördert zudem die Zusammenarbeit. Unter Umständen könnte eine zu starke Konfrontation mit gewonnenen Informationen oder zu wenig Transparenz und eine Nichteinbezie-
hung der jungen Menschen die vertrauensvolle Zusammenarbeit zwischen den
jungen Menschen und der Bewährungshilfe einschränken.[30]

Des Weiteren sieht die Bewährungshilfe die Gefahr, dass durch das in der
Gesellschaft zunehmend vorrangige Ziel der Absicherung bzw. des Sicherheits-
gedankens das Suchen und Installieren von individuellen und konstruktiven Lö-
sungsmöglichkeiten in den Hintergrund geraten kann. Es stellt sich die Frage,
wie zielführend und lösungsorientiert eine einzelfallbezogene Fallkonferenz
aufgrund der verschiedenen Zielsetzungen der beteiligten Institutionen sein
kann.

Wenn zu den verschiedenen Akteur*innen der beteiligten Institutionen die
jungen Menschen und die Sorgeberechtigten hinzugezogen werden sollen, stellt
dies eine Herausforderung der zeitlichen Planung dar. Vor allem da in Zeiten
hoher Fallbelastungen die Ressourcen bei allen Akteur*innen begrenzt sind.[31]
Daher sollten Fallkonferenzen frühzeitig geplant und eine zentrale Koordinationsstelle sowie Ansprechpartner*innen in den einzelnen Institutionen klar benannt sein.

4   Fazit

Aus Perspektive der Bewährungshilfe sind einzelfallbezogene Fallkonferenzen
der richtige Ansatz, um im Einzelfall umfassend interdisziplinär zusammenarbeiten und so den jungen Menschen signalisieren zu können, dass alle an einem
Strang ziehen und das Bestmögliche für den jungen Menschen erreichen zu
können. Damit dies in Zukunft gelingen kann, müssen junge Menschen und
die Sorgeberechtigten miteinbezogen werden. Durch die gesetzlichen Neuregelungen scheint eine erste rechtliche Absicherung geleistet worden zu sein, welche mit den Erfahrungen der Umsetzung im Hinblick auf eine Sicherung des

---

30   Sommer, 2001, S. 14 ff.
31   Sommer, 2001, S. 15.

Datenschutzes und klare Regelungen zum Informationsfluss sowie der Datennutzung angepasst werden sollten.[32] Für Evaluationen und Anpassungen, aber auch zur weiteren Vernetzung und der Wissensvermittlung über die Arbeitsweisen der einzelnen Institutionen, scheinen die fallübergreifenden Fallkonferenzen notwendig. Neben den rechtlichen Voraussetzungen sind die organisatorischen Voraussetzungen zu beachten, welche klare Ansprechpartner*innen bei den einzelnen Institutionen und eine zentrale Koordinationsstelle umfassen sollten. Einzelfallbezogene Fallkonferenzen ermöglichen der Bewährungshilfe, ihr Netzwerk zu vergrößern und relevante Informationen über einzelne junge Menschen zu erhalten, welche ggf. durch die jungen Menschen bei der Bewährungshilfe nicht bekannt werden. Fallkonferenzen können und sollen aus Sicht der Bewährungshilfe einen präventiven Charakter haben, vor allem in Zeiten, in denen jugendliche Straftäter*innen tendenziell immer jünger werden und sich zu gewaltbereiten (Klein-)Gruppierungen zusammenfinden. [33] Die Berücksichtigung und die Miteinbeziehung der Bewährungshilfe bei einzelfallbezogenen Fallkonferenzen ist ausdrücklich erwünscht.

Literaturverzeichnis

Audick, J. (2021). Soziale Diagnostik bei der BGBW. Bewährungshilfe, 68 (4), S. 345–358.

Deutsche Vereinigung für Jugendgerichte und Jugendgerichtshilfen e. V. (2022). Positionspapier der DVJJ zu sogenannten Fallkonferenzen. Online verfügbar unter: https://www.dvjj.de/wp-content/uploads/2022/08/Positionspapier-Fallkonferenzen_final_SE.pdf (letzter Abruf am: 01.01.2023).

Fritscher, B. (2003). Initiativprogramm „Jugendliche Intensivtäter" in Baden-Württemberg. Landeskriminalamt Baden-Württemberg, Stuttgart. Online verfügbar unter: https://baden-wuerttemberg.dvjj.de/wp-content/uploads/sites/2/2019/08/fritscher2003.pdf (letzter Abruf am: 01.01.2023).

---

[32] Matt, 2022, S. 228.

[33] Beispielhaft die Entstehung des Haus des Jugendrechts: Haus des Jugendrechts Stuttgart – Haus des Jugendrechts – Entstehung (justiz-bw.de) und folgende Zeitungsartikel: Razzia im Kreis Ludwigsburg: Polizei gelingt Schlag gegen Jugendbande (stuttgarter-zeitung.de, 01.07.2021), Mitglieder der Gruppe „716_Ludwigsburg" festgenommen: Fünf Jugendliche verhaftet – Ludwigsburg – Bietigheimer Zeitung, 01.07.2021, Karlsfeld: Jugendliche nach Gewalttaten im Gefängnis – Dachau – SZ.de (sueddeutsche.de, 06.07.2021), Augsburg: Eine Jugendbande bedroht 16-Jährigen am helllichten Tag (augsburger-allgemeine.de, 07.11.2022), Straftaten im Kreis Ludwigsburg: Wird die Jugend immer krimineller? (stuttgarter-nachrichten.de, 22.01.2023).

Grunwald, K. & Thiersch, H. (2018). Lebensweltorientierung. In G. Graßhoff, A. Renker & W. Schröer (Hrsg.), Soziale Arbeit. Eine elementare Einführung (S. 303–316). Wiesbaden: Springer VS.

Kurze, M. (1998). Das berufliche Selbstverständnis der Bewährungshilfe. Bewährungshilfe, 45 (3), S. 211–260.

Landesrahmenkonzeption „Junge Schwellen- und Intensivtäterinnen und Schwellen- und Intensivtäter (JuSIT)", Gem. RdErl. D. MI, d. MJ, d. MK u. d. MS v. 22.12.2014 – 23.15-51603/1.5.1., Nds. MBl. Nr. 6/2015. Online verfügbar unter: Landesrahmenkonzeption Junge Schwellen- und Intensivtäterinnen und Schwellen- und Intensivtäter (JuSIT) (schure.de) (letzter Abruf am: 01.01.2023).

Matt, E. (2022). Institutionsübergreifende Zusammenarbeit. Bewährungshilfe, 69 (3), S. 223–234.

Nowak, J. (2022). Soziale Netzwerke. Bewährungshilfe, 69 (3), S. 213–222.

Sommer, M. (2001). Vertrauen im Bereich der Bewährungshilfe und Führungsaufsicht. Bewährungshilfe, 48 (1), S. 11–16.

Waibel, J. & Lübbemeier, M. (2001). Sozialarbeit in der Justiz und Vertrauen. Bewährungshilfe, 48 (1), S. 5–10.

„Unabhängig bleiben"
Fallkonferenzen aus Sicht der Strafverteidigung

Verina Speckin

I.

Eine Vielzahl von Akteur*innen beschäftigt sich mit der Frage, ob und welche Hilfen oder Grenzen einem*einer straffälligen Jugendlichen zuteilwerden sollen.

Um sich hierzu zu koordinieren, wurden schon in der Vergangenheit einzelfallbezogene Fallkonferenzen abgehalten. Mit dem aktuellen § 52 SGB VIII wird in diesem Zusammenhang nochmal ausdrücklich auf die Beteiligung im Verfahren nach dem Jugendgerichtsgesetz verwiesen. Der Ort der Verteidigung ist jedoch das Ermittlungsverfahren und die Hauptverhandlung. In der einzelfallbezogenen Fallkonferenz geht es um Maßnahmen nach dem SGB VIII.

§ 37a JGG regelt in Abs. 1, dass Jugendrichter*innen und Jugendstaatsanwälte bzw. -anwältinnen zum Zweck einer abgestimmten Aufgabenwahrnehmung fallübergreifend mit öffentlichen Einrichtungen und sonstigen Stellen zusammenarbeiten können, und dies insbesondere durch Teilnahme an gemeinsamen Konferenzen und Mitwirkung in vergleichbaren gemeinsamen Gremien. Nach Abs. 2 sollen Jugendstaatsanwälte bzw. -anwältinnen einzelfallbezogen an einer derartigen Zusammenarbeit teilnehmen, wenn dies dem Ziel des § 2 JGG, erneuten Straftaten eines*einer Jugendlichen entgegenzuwirken, dienlich ist.

Die Verteidigung wird hierin ebenso wenig erwähnt wie in § 43 JGG oder im SGB VIII.

Mit gutem Grund?

II.

Mit gutem Grund. Denn was ist die Aufgabe der Verteidigung? § 1 Abs. 3 BerufsO der Rechtsanwälte (BORA) regelt:

> „Als unabhängiger Berater und Vertreter in allen Rechtsangelegenheiten hat der Rechtsanwalt seine Mandanten vor Rechtsverlusten zu schützen, rechtsgestaltend, konfliktvermeidend und streitschlichtend zu begleiten,

vor Fehlentscheidungen durch Gerichte und Behörden zu bewahren und gegen verfassungswidrige Beeinträchtigung und staatlicher Machtüberschreitung zu sichern."

Art. 6 Abs. 2 der Europäischen Menschenrechtskonvention (EMRK) lautet: „Jede Person, die einer Straftat angeklagt ist, gilt bis zum gesetzlichen Beweis der Schuld als unschuldig."

Das Gewaltmonopol des Staates erleben wir am einschneidendsten und gravierendsten im Bereich des Strafrechts und des Strafprozessrechts. Die Freiheitsrechte des*der Einzelnen werden eingeschränkt. Es droht Entzug der Freiheit – der massivste Eingriff, den sich der Rechtsstaat gestattet. In diesem Spannungsfeld bewegt sich die Verteidigung. Nicht nur im Kontext Jugendstrafrecht ist die Verteidigung für den*die Betroffene*n, der*die sich immer in einer Ausnahmesituation befindet, die einzige Person, der er*sie sich anvertrauen kann und die als einzige seinen*ihren Interessen dienen will.

Es ist Aufgabe der Verteidigung, zu verhindern, dass der*die Betroffene nicht nur Objekt der Behandlung mit dem prozessualen (oder sozialpädagogischen) Besteck bleibt, sondern in seiner*ihrer Subjektivität wahrgenommen wird. Die Prozesssituation muss erklärt werden, das Agieren der anderen Prozessbeteiligten ist einzuschätzen und zu bewerten und manchmal deren nächsten Handlungen vorauszusehen. Die Eigentümlichkeit der juristischen Fachsprache ist zu vermitteln und der Spagat zwischen Nähe und Distanz zu wahren. Auch wenn das Verhältnis stets professionell bleiben muss, bleibt nicht nur bei jugendlichen Mandant*innen aus, dass ein Näheverhältnis entsteht. Das kann zwar für den jungen Menschen genutzt werden, aber Vertraulichkeit geht vor. Einzig die Verteidigung stellt im Verfahren weder Anforderungen an den*die Beschuldigte*n noch Erwartungen, die er*sie zu erfüllen hat.

Die Aufgabe der Verteidigung besteht darin, das Ermittlungsergebnis einzuschätzen und Chancen und Risiken von Verteidigungsverhalten zu bewerten und zu erläutern. Ob der*die Beschuldigte dem Rat folgt, ist seine*ihre Entscheidung, unabhängig von seinem*ihrem Lebensalter. § 1I BORA lautet: „Der Rechtsanwalt übt seinen Beruf frei, selbstbestimmt und unreglementiert aus, soweit Gesetz oder Berufsordnung ihn nicht besonders verpflichten." Anders als Gericht und Staatsanwaltschaft ist die Verteidigung nicht zur Unparteilichkeit verpflichtet. Die Verteidigung muss nicht der Wahrheitsermittlung dienen. Aufgabe ist nur, auf die Entlastung des Mandanten bzw. der Mandantin hinzuwirken.

Eine*n Tatverdächtige*n und damit auch Täter*in vor Strafverfolgung zu schützen, ist die der Verteidigung zugewiesene Schutzaufgabe. Dabei ist die

Grenze zur strafbaren Strafvereitelung gewissenhaft zu wahren. Konflikte in der Praxis sind damit aufgrund der prozessualen Besonderheiten und der Stellung der Verteidigung vorprogrammiert, denn i. d. R. erwartet die Staatsanwaltschaft und das Gericht Einsicht und ein Geständnis des*der Beschuldigten. Die Jugendhilfe im Strafverfahren möchte nicht nur biographische Details erfahren, sondern erklären können, wie es zum Tatvorwurf kam, um einen sinnvollen Vorschlag einer richterlichen Reaktion zu unterbreiten.

Richtschnur des anwaltlichen Handelns ist nur das sachlich und rechtlich begründete Schutzinteresse des*der Betroffenen und das Berufsrecht. Staatliche Eingriffe in Verteidigerhandeln sind verboten. Eine Verpflichtung, Anweisungen des Mandanten bzw. der Mandantin zu folgen, besteht nicht. Intention der Fallkonferenz ist es aber, den*die „vom geraden Weg" abgekommenen Jugendliche*n in die richtige Bahn zu bringen. Diesen Auftrag hat die Verteidigung nicht. Der Beistand für den*die Jugendliche*n reicht nur so weit wie die Beiordnung geht.

Ohne Zweifel gehört zur guten Verteidigung im Jugendstrafrecht u. a. ein pädagogisches und entwicklungspsychologisches Grundwissen, Kenntnis von den Unterstützungsangeboten in der Region und gute Kontakte zu allen am Verfahren Beteiligten. Der Zugriff darauf erfolgt immer in Orientierung am objektiven Interesse des*der Beschuldigten.

Dieses Wissen und die guten Kontakte sollten gepflegt und genutzt werden, wenn die Verteidigung im Einvernehmen mit dem Mandanten bzw. mit der Mandantin auf ein bestimmtes Ergebnis hinwirken möchte, aber nicht um im vermeintlich wohlverstandenen Interesse des Mandanten bzw. der Mandantin daran mitzuwirken.

III.

Eine Nachbemerkung sei gestattet, da diese Ausführungen sowohl in der Projektgruppe als auch in der BAG Justiz und Anwaltschaft diskutiert wurden und Anmerkungen zur Regelungen und Höhe der Vergütung für beigeordnete Pflichtverteidiger*innen für wichtig erachtet wurden.

Jugendliche und Heranwachsende und deren Eltern haben in der Regel nicht die finanziellen Möglichkeiten, mit der Verteidigerin oder dem Verteidiger ihrer Wahl eine Honorarvereinbarung abzuschließen und deren Einsatz nach Stunden zu bezahlen. In den allermeisten Fällen erfolgt die Beiordnung einer Pflichtverteidigerin bzw. eines Pflichtverteidigers.

Das Rechtsanwaltsvergütungsgesetz, nach dem abzurechnen ist, gibt in Teil 4 – Strafsachen- Gebührensätze für den*die Wahlverteidiger*in vor. Es handelt sich um Rahmengebühren. Regelmäßig darf die Mittelgebühr angewendet werden. Die Gebührensätze für die Pflichtverteidigung enthalten keine Variablen und liegen unterhalb der Mittelgebühr.

Für die Tätigkeit im Ermittlungsverfahren fällt eine Grundgebühr, eine Verfahrensgebühr und im Einzelfall eine Termingebühr an. Alle drei Gebühren ergeben zusammen ca. 470 € netto. Vor dem Amtsgericht gibt es eine Verfahrensgebühr i. H. v. 145 € netto, für einen Hauptverhandlungstag 242 € netto und 121 € netto dazu, wenn die Verhandlung mehr als 5 Stunden und bis zu 8 Stunden andauert. Ist der*die Beschuldigte in Haft, erhöhen sich diese Gebühren ein wenig.

Damit ist das gesamte Verteidiger*innenhandeln abgedeckt, die aufgewendete Arbeitszeit spielt allenfalls bei Hauptverhandlungen, die länger als 5 Stunden dauern, eine Rolle. Bei der Einführung des neuen §§ 37a JGG wurden Verteidiger*innen weder im Gesetzestext erwähnt noch Gebühren für die Teilnahme an einer Fallkonferenz gesetzlich geregelt.

„Ihr wollt was von mir wissen? Fragt mich doch!" – Vertrauensbeziehung zu jungen Menschen in Haft im Wechselspiel mit notwendigen Informationen Fallkonferenzen aus Sicht des Jugendvollzuges

Bill Borchert

Die Diskussionen und Fachbeiträge zur Kooperation zwischen Jugendvollzug und Jugendhilfe im Strafverfahren sind nicht neu. Ebenso ist allen Beteiligten der Hinweis auf die Unterschiedlichkeit bekannt. Dabei scheint dieser Hinweis der Jugendhilfe wichtiger als dem Jugendvollzug zu sein. Oft wird pauschal an die Grenzen der Kooperation erinnert und mit datenschutzrechtlichen Aspekten argumentiert, die im Einzelnen nicht falsch und auch wichtig sind, den Kern der Sache meiner Meinung nach aber nicht treffen.

Förderkontinuum Jugendhilfe und Kooperation

Richtig ist, dass bei allgemeiner Betrachtung eine kooperative, integrierte Betreuung zwischen Jugendvollzug und Jugendhilfe den Klient*innen im Einzelfall zuweilen besser helfen kann, Problemlagen zu überwinden und Perspektiven sowie Hilfeangebote zu erarbeiten. Versteht man den Jugendvollzug als einen Bestandteil des im Sozialgesetzbuch VIII skizzierten Förderkontinuums der Jugendhilfe, dann drängt sich eine Kooperation geradezu auf. Alle Jugendstrafvollzugsgesetze machen den Förder- und Erziehungsauftrag zur Grundlage ihres gesetzlichen Auftrages und halten dementsprechend neben dem Fachpersonal eine Vielzahl an (sonder-)pädagogischen Angeboten und Einrichtungen vor. Eine enge Kooperation, die neben dem fachlichen Austausch ja stets auch die persönliche Komponente betrifft, kann insbesondere dabei helfen, gegenseitiges Verständnis für die unterschiedlichen Aufgabenfelder zu erwerben.

Der Jugendvollzug bemängelt jedoch oftmals, dass Informationen nur in eine Richtung ausgetauscht werden. Und diese Richtung bestehe überwiegend darin, dass er seine Informationen aus Vollzugsverläufen zu gemeinsamen Klient*innen der Jugendhilfe im Strafverfahren zur Verfügung stelle, umgekehrt es aber schwierig oder unmöglich sei, Informationen aus Betreuungsverhältnissen auf Seiten der Jugendhilfe zu erlangen.

In der Tat, allein die in den letzten Jahren erlassenen spezialgesetzlichen Regelungen zum Justizvollzugsdatenschutz benennen mittlerweile ganz konkret die Verpflichtung der Justizvollzugsanstalten, aus vollzuglichen Zwecken erhobene Daten an andere öffentliche Stellen weiterzuleiten, wenn dies für die Erfüllung des Aufgabenzweckes dieser öffentlichen Stellen erforderlich ist; so auch an die Jugendhilfe im Strafverfahren, die Jugendbewährungshilfe und allgemein an die Jugendämter[1] Manchmal ziehen Bedienstete des Jugendvollzuges daraus den Umkehrschluss, dass auf dieser gesetzlichen Grundlage ebenso der Informationsaustausch und der Datentransfer von der Jugendhilfe in Richtung Jugendvollzug verbindlich sei, weil die Kooperation keine Einbahnstraße sein könne. Dies ist natürlich rechtlich wie inhaltlich unzutreffend.

Anlässlich der in einigen Bundesländern vollzogenen Einführung des IT-Fallaktenverarbeitungsprogramms SoPart® in der Jugendhilfe, der Jugendbewährungshilfe und dem Jugendvollzug wurden diese Diskussionen umso mehr in den betroffenen ressortübergreifenden Fachdiensten geführt, weil an dieser Stelle allein die technischen Möglichkeiten das Thema nochmals viel zugespitzter auf die Tagesordnung setzten und Befürchtungen ungehinderter Informationsweitergabe aufkommen ließen. Denn auch in diesem IT gestützten Fallaktenverarbeitungsprogramm wurden zu denselben Klient*innen ähnliche oder gleiche Daten, jedoch mit zum Teil unterschiedlicher Zielrichtung erhoben.

Datenschutzrechtliche Diskussionen treffen meiner Meinung nach wie eingangs erwähnt aber nicht den Kern der Problematik, diese Argumente werden teilweise von den Betroffenen auch als vorgeschoben empfunden.

Förder- und Erziehungsgedanke im Jugendvollzug

Ebenso unrichtig wäre es, die Kooperation auszuschließen, weil der Jugendvollzug angeblich nach wie vor repressiven Charakter habe, die Jugendhilfe dagegen ausschließlich präventiv und helfend ausgerichtet sei.

Für den Jugendvollzug ist in dieser Hinsicht zu sagen, dass bereits nach den gesetzlichen Bestimmungen der Jugendvollzugsgesetze aller Bundesländer der Förder- und Erziehungsgedanke an den Beginn der Regelungen gestellt werden und durchlaufend besondere Bedeutung in der Praxis haben. Zeitgemäße Jugendanstalten verfügen über differenzierte Betreuungs- und Behandlungsange-

---

[1]   Vgl. bspw. sehr weitgehend § 47 Abs. 1, Nrn. 1 und 9 Justizvollzugsdatenschutzgesetz Berlin; enger, bezogen auf die ambulanten Sozialen Dienste der Justiz und der Jugendgerichtshilfe § 13 Abs. 2, Nr. 1 Justizvollzugsdatenschutzgesetz NRW.

bote, sowohl sozialpädagogischer wie auch therapeutischer Art. Diese Angebote werden von multiprofessionellen und interdisziplinären Teams umgesetzt.

In diesem Sinne ist eine Jugendanstalt zwar eine Justizvollzugsbehörde, denn sie wird klassisch dem Justizressort zugewiesen, da die durch Gerichte ausgesprochene Jugendstrafen oder Untersuchungshaftbefehle vollzogen werden. Aber zugleich ist eine Jugendanstalt gleichermaßen pädagogische Einrichtung oder sollte es zumindest sein. Dass die Entfaltung der Pädagogik in einer geschlossenen Institution seine Herausforderungen und Schwierigkeiten mit sich bringt, weiß jede*r, der*die in einer Jugendanstalt (sonderpädagogisch) tätig ist. Mitunter ergeben sich ähnliche Probleme, wie sie bei der familiengerichtlich angeordneten, geschlossenen Heimunterbringung nach § 1631 b Bürgerliches Gesetzbuch auftreten.

Gleichwohl kann erwiesenermaßen mit den entsprechenden Konzepten gelingen, im Jugendvollzug pädagogisches Lernen und altersgerechte Persönlichkeitsentwicklung zu ermöglichen.

Wohlmeinendes Interesse und Vertrauensverhältnisse der Klient*innen bestimmen Kooperation und Informationsweitergabe

Im Wesentlichen muss es doch darum gehen, dass Maßstab von gelingender Kooperation und gemeinsamen Fallkonferenzen einzig das wohlmeinende Interesse an den Klient*innen sein kann, die auf unterschiedlichen Ebenen Betreuungs- und Hilfebedarf haben. Beide Akteur*innen – Jugendvollzug und Jugendhilfe – mögen dabei ein Ziel haben, zum Beispiel die auf Förderung und Integration ausgerichtete Betreuung und Behandlung. Dies sollte jedoch nicht darüber hinwegtäuschen, dass in beiden Institutionsfeldern neben den fachlichen Aufgaben auch unterschiedliche Vertrauensbeziehungen zu den Klient*innen entstehen können, die ihrerseits schutzbedürftig sind. Diese Vertrauensbeziehungen sind dabei in der Praxis in qualitativer Hinsicht oft ähnlich, dürfen dem Ziel erfolgreicher Betreuungsarbeit vor dem Hintergrund des berechtigten Vertrauensschutzes allerdings nicht preisgegeben und untergeordnet werden.

Ich will dies an zwei praxisrelevanten Beispielen verdeutlichen:

Fall 1: Ein Jugendlicher in der Strafhaft soll demnächst Vollzugslockerungen erhalten. Er soll die Jugendanstalt eigenständig zu festgelegten Zeiten verlassen und anschließend wieder zurückkehren. Es ist vorgesehen, dass der Jugendliche in naher Zukunft auch bei seiner Familie tageweise am Wochenende übernachten kann. Der zuständige Sozialdienst in der Jugendanstalt macht sich berechtigterweise bei der Prüfung der Flucht- und Missbrauchsgefahren Gedanken zum sozialen Umfeld und der Familie des Jugendlichen. Daraufhin kontaktiert der Sozialdienst die zuständige Kollegin bei der Jugendhilfe im Strafverfahren und erkundigt sich nach dort vorliegenden Erkenntnissen über die Familie.

Fall 2: Eine Jugendliche soll zum sog. Langzeitbesuch mit ihrer Mutter in der Jugendanstalt zugelassen werden (fünf Stunden Besuch in einem separaten Familienbesuchsraum, in dem gekocht und Freizeit im familiären Umfeld gemeinsam ohne Aufsicht verbracht werden kann). Die Jugendliche hat ein latentes Drogen- und Alkoholproblem, welches aktuell unauffällig ist. Beim Sozialdienst der Jugendanstalt besteht vor der Zulassung der Mutter zum Langzeitbesuch Klärungsbedarf, wie die Mutter zur Drogen- und Alkoholproblematik ihrer Tochter steht. Auch gibt es Hinweise, dass die Mutter ihrerseits erhebliche Suchtprobleme hatte und die Beziehung zur Tochter in den zurückliegenden Jahren konfliktbehaftet war. Der zuständige Sozialdienst nimmt Kontakt zur Jugendhilfe im Strafverfahren auf und möchte wiederum nähere Informationen zum familiären Umfeld der Jugendlichen bekommen.

Lösung: In beiden Fällen ist darauf hinzuweisen, dass die möglicherweise berechtigterweise erwünschten Informationen durch den Sozialdienst der Jugendanstalt selbst eingeholt werden müssen, soweit diese Einholung überhaupt rechtlich zulässig ist. Dies bietet sich allein schon deshalb an, weil der persönliche Eindruck vom Umfeld der Jugendlichen ohnehin im Sinne gelingender Beziehungsarbeit zwischen Fachdiensten und Klient*innen vorzugswürdiger als das Sammeln von Informationen durchs Hörensagen ist. Würde die Jugendhilfe in beiden Fallkonstellationen ihre aus einem freiwilligen Vertrauensverhältnis zu den Klient*innen stammenden Informationen preisgeben, würde sie grundlegend gegen ihren Auftrag und Handlungsspielraum verstoßen. Selbst die oft postulierte Vorteilhaftigkeit der Einholung des Einverständnisses der Klient*innen sollte abgelehnt werden, da solche Einverständniserklärungen oftmals nicht frei von einem empfundenen Druck sind, auch wenn im rechtlichen Sinne die Schwelle zum Zwang noch nicht überschritten wurde.

Schlussbemerkung

Kooperative Zusammenarbeit zwischen Jugendhilfe im Strafverfahren und Jugendanstalt ist wichtig. Es geht zu allererst um die Vermittlung eines gemeinsamen Arbeitsverständnisses unter gleichzeitiger Akzeptanz der Unterschiede. Dass der Kooperation gesetzliche und inhaltliche Grenzen gesetzt sind, macht sie deshalb nicht überflüssig.

Diese allgemeine Einordnung betrifft auch die Standortbestimmung der ressortübergreifenden Fallkonferenzen. Sie können als ganzheitliche Herausarbeitung der übergreifenden Hilfebedarfe fachlich einen Gewinn darstellen und für die Fallberatung im Jugendvollzuges wertvoll sein. Allerdings gilt bezogen auf den Jugendvollzug, dass die Grenzen des Vertrauensschutzes der Klient*innen vorrangig sind. Bei ausreichend guter Beziehungsarbeit zwischen Klient*innen und Fachmitarbeiter*innen in den Jugendvollzügen lassen sich die allgemeine Lebenssituation und die daraus abgeleiteten notwendigen Schritte oftmals gut selbst analysieren. Zudem sollte neben allen fachlich-inhaltliche Vorteilen auch auf den Zeitaspekt hingewiesen werden. Ressortübergreifende Fallkonferenzen bedürfen einer Koordination sowie Vor- und Nachbereitung, neben der tatsächlichen Durchführung und Teilnahme. In der Praxis muss das dafür erforderliche Zeitbudget oft in die vollen Terminkalender der Fachmitarbeitenden eingeplant werden. Gutgemeinte fachliche Kooperationsansätze scheitern erfahrungsgemäß leider oftmals allein an zeitlichen Schwierigkeiten.

Der Jugendvollzug muss im Sinne der Interessen der gemeinsamen Klient*innen hinnehmen, dass der Informationsfluss in der Regel ungleich verteilt ist und dass mehr Informationen seitens des Jugendvollzuges an die Jugendhilfe fließen, als dies umgekehrt der Fall ist. Dies ist wie bereits dargelegt datenschutzrechtlich, vor allem aber inhaltlich begründet.

Es sollte jedoch nicht der Eindruck erweckt werden, der Jugendvollzug arbeite nicht pädagogisch und definiere sich als repressive, ausschließlich auf Sicherheit und Ordnung bedachte Justizeinrichtung. Das Gegenteil ist heute auf Grundlage zahlreicher konzeptioneller Ansätze und der Gesetze zum Jugendvollzug in den Bundesländern der Fall.

Insgesamt gilt, dass beide Institutionen mehr mit den Klient*innen als über die Klient*innen sprechen sollten. Aus Sicht des Jugendvollzuges wissen wir, dass bei einer guten Beziehungs- und Vertrauensebene die relevanten Erkenntnisse durch die Betroffenen oft selbständig und auch in einer geschlossenen Institution sogar freiwillig offenbart werden.

Allgemeiner Sozialer Dienst (ASD) des Jugendamtes

Konstanze Fritsch & BAG JuhiS unter Beratung von Beyza Atasoy

Bei welchen Fragestellungen kann der Allgemeine Soziale Dienst des Jugendamtes hilfreich sein?

Die Fachkräfte im ASD informieren, beraten, vermitteln, planen und begleiten Hilfen zur Erziehung. Sie sind im Rahmen des Kinderschutzes dazu verpflichtet, allen Hinweisen auf Gefährdungssituationen von Kindern und Jugendlichen nachzugehen.

Bei der Teilnahme an einer Fallkonferenz können sie mögliche Angebote der Jugendhilfe, die Zugangswege zu diesen und die Grenzen darstellen. Liegt eine Einwilligungserklärung zur Datenweitergabe und ggf. eine Schweigepflichtentbindung vor, können sie zusätzlich die für den jungen Menschen spezifisch passenden Angebote der Jugendhilfe darstellen.

Welche wichtigsten rechtlichen Voraussetzungen sind dabei zu berücksichtigen?

Die Rechtsgrundlagen der Tätigkeiten des ASD bilden die Sozialgesetze, insbesondere das SGB VIII und das SGB XII sowie das BGB. Mit Sicherheit ist als wichtigste Voraussetzung der Datenschutz zu beachten.

Welche Vorteile und Möglichkeiten bringt eine Einbeziehung?

Der ASD kennt passende Angebote, die dem jungen Menschen aus fachlicher Sicht perspektivisch die besten Entwicklungsmöglichkeiten zur Förderung hin zu einer eigenverantwortlichen und gemeinschaftsfähigen Persönlichkeit helfen. Dies ist als Vorteil zu betrachten, da das SGB VIII im Grundsatz, beschrieben im § 1, immer auf eine langfristig positive Persönlichkeitsentwicklung abzielt und sich nicht auf die Legalbewährung beschränkt. Alle pädagogischen Gesichtspunkte können mit eingebracht werden. Ziel bei der Teilnahme sollte demnach immer eine Einflussnahme auf die weiteren Schritte hin zur Erfüllung dieses Ziels sein. Schaden vom jungen Menschen abzuwenden, ist ebenfalls inkludiert.

Welche Risiken gibt es?

In anonymisierter Form wäre eine Teilnahme nicht besonders schadhaft und daher nicht relevant.

Sollte Klarheit über die betroffene/ besprochene junge Person herrschen, gibt es klar ein Risiko der Datenschutzverletzung, insbesondere sofern ein Vorgehen aller anderen Beteiligten als schadhaft für die Entwicklung des jungen Menschen erachtet wird. Ebenfalls ist nicht ausgeschlossen, dass durch geschicktes Fragen Informationserhalt geprobt wird oder Daten weitergegeben werden, die den Grundsätzen des Art. 5 DSGVO widersprechen. Der Eindruck des Gehörten bleibt in jedem Fall haften und könnte das weitere pädagogische Vorgehen unangemessen beeinflussen.

Zudem wird das Arbeitsbündnis mit dem jungen Menschen gestört, wenn die Teilnahme an der Fallkonferenz im Nachhinein verschwiegen und ebenfalls wenn diese mitgeteilt wird.

Schule/Schulsozialdienst

Konstanze Fritsch & BAG JuhiS unter Beratung von Henning Bramkamp

Bei welchen Fragestellungen können Schule und/oder Schulsozialarbeit hilfreich sein?

Schule hat neben der Kernaufgabe, die gezielte und nach wissenschaftlichen Erkenntnissen gestaltete Planung, Organisation und Reflexion von Lehr- und Lernprozessen sowie ihre individuelle Bewertung und systemische Evaluation zu verknüpfen, auch die Aufgabe, grundlegende Kenntnisse und Fertigkeiten in Methoden zu vermitteln, die es dem*der Einzelnen ermöglicht, selbständig den Prozess des lebenslangen Lernens zu meistern. Die Schulsozialarbeit wird in gemeinsamer Verantwortung von Jugendhilfe und Schule durchgeführt.

Schulsozialarbeit ist Teil der Jugendhilfe. Die Erziehungsaufgaben von Schule und Schulsozialarbeit sind eng mit dem Schulleben verknüpft.

Die Einbeziehung von Schule und Schulsozialarbeit kann bei (ggf. strafrechtlich relevanten) Vorfällen innerhalb des Kontexts Schule (Unterricht, Hort oder Schulweg) ebenso hilfreich sein wie bei Eltern-Kind-Konflikten, die in der Schule ausgetragen werden, oder bei Fragestellungen zum Sozialverhalten in einem zentralen Lebensbereich eines jungen Menschen.

Welche wichtigsten rechtlichen Voraussetzungen sind dabei zu berücksichtigen?

Von der Schulsozialarbeit koordinierte und in der Schule durchgeführte Treffen können keine offizielle Fallkonferenz ersetzen, auch wenn alle benötigten Stellen vertreten sind. Schule und Schulsozialarbeit haben unterschiedliche Verschwiegenheitspflichten, die im rechtlichen Rahmen der Jugendhilfe und in den länderspezifischen Schulgesetzen Niederschlag finden.

Welche Vorteile und Möglichkeiten bringt eine Einbeziehung?

Bei Kommunikationsproblemen zwischen verschiedenen Stellen kann die Schulsozialarbeit vernetzend wirken, da sie mit ihrer Schnittstellenfunktion u. U. bereits mit einigen oder sogar allen Stellen im Kontakt steht.

Schulsozialarbeit kann eine fachliche Einschätzung über das Verhalten einer jugendlichen Person in alltäglichen Zusammenhängen vornehmen, die so i. d. R. aus anderen zentralen Lebensbereichen nicht zu bekommen ist.

Welche Risiken gibt es?

Eine Einbindung der Schulsozialarbeit in einen Hilfeprozess kann u. U. bei Konflikten mit der Schule einen jungen Menschen gegen das Hilfeverfahren einnehmen.

Auf der anderen Seite kann das Fehlverhalten des jungen Menschen unabhängig von der Schule sein und dessen Zugang zu dieser verhindern.

Regionale schulbezogene Beratungs- und Unterstützungszentren

(unter verschiedenen Namen, z. B. ReBUZ in Bremen oder ReBBZ in Hamburg und SIBUZ in Berlin)

Konstanze Fritsch & BAG JuhiS unter Beratung von Ulrich Brüggemann

Bei welchen Fragestellungen kann der o. g. Bereich hilfreich sein?

Der Zusammenhang zwischen Jugenddelinquenz und Schulmisserfolg ist in verschiedenen Studien signifikant aufgezeigt worden. Zur Vermeidung und Reduktion von delinquenten Verhaltensauffälligkeiten und oftmals einhergehenden Schulabbrüchen sind die ressortübergreifende Entwicklung von zielgruppen-, schul- und/oder sozialraumbezogenen präventiven Strategien, Maßnahmen und professionelle Beratung von großer Bedeutung. Das System Schule kann als verlässlicher und sicherer Ort für junge Menschen einen wesentlichen Beitrag zur Stabilisierung jugendlicher Biografien leisten. Die Beratungs- und Unterstützungszentren arbeiten daher eng mit den verschiedenen Ressorts an den gemeinsamen Schnittstellen zusammen.

Die einzelnen Bundesländer verfügen über schulbezogene Beratungs- und Unterstützungseinrichtungen für die Bereiche: Beratung, Diagnostik (vor allem in den Bereichen Lern- und Leistungsentwicklung und sozial-emotionale Entwicklung), Prävention, schulunterstützende und schulersetzende Maßnahmen, Netzwerkarbeit und Intervention bei Gewaltvorkommnissen, Krisen und Notfällen.

Welche wichtigsten rechtlichen Voraussetzungen sind dabei zu berücksichtigen?

Grundvoraussetzung ist, dass der junge Mensch Schüler*in des jeweiligen Bundeslandes ist. Weitere rechtliche Voraussetzungen ergeben sich aus den unterschiedlichen gesetzlichen Grundlagen:

DSGVO, Schulverwaltungsgesetze, Schulgesetze und aktuelle (Kooperations-)Vereinbarungen zwischen den verschiedenen Ressorts.

Welche Vorteile und Möglichkeiten bringt eine Einbeziehung?

Gemeinsame Ausgangsbasis für die Zusammenarbeit ist eine sozialräumliche regionale und systemische Betrachtungsweise, in der sich die beteiligte Schule gemeinsam mit den anderen Institutionen als Verantwortliche für junge Menschen mit besonderen Unterstützungsbedarfen in ihrer sozialen und emotionalen Entwicklung begreift.

Durch die Einbeziehung können Schulabbrüche und mehrfache, sich ggf. sogar widersprechende institutionelle Sanktionen vermieden werden. Primäre, sekundäre und tertiäre Präventionsstrategien können aufeinander abgestimmt und verschränkt werden. Die sozialräumliche und systemische multiprofessionelle Perspektive auf die Entwicklung von Kindern und Jugendlichen verbessert die Teilhabemöglichkeiten und stärkt die Jugendlichen als wichtigste Gestalter*innen ihrer Entwicklung.

Welche Risiken gibt es?

Um Risiken einer Kooperation zu minimieren, müssen die Beteiligten ihre unterschiedlichen Aufgaben, Vorgehensweisen und Rahmenbedingungen kennen und berücksichtigen, die gesetzlichen Vorgaben wahren und Personensorgeberechtigte und betroffene Jugendliche transparent einbeziehen und mitwirken lassen. Gut abgestimmte Beratung und Intervention zwischen den beteiligten Institutionen verringert die Gefahr von Parallelstrukturen. Diese sollte aber nicht zufällig auf Grund persönlicher Entscheidungen und Beziehungen basieren, sondern im Sinne einer Strukturqualität durch klare und transparente Verabredungen (z. B. Kooperationsvereinbarungen, gesetzliche Vorgaben etc.) geregelt werden.

Kinder- und Jugendpsychiatrie und -psychotherapie (KJPP)

Konstanze Fritsch & BAG JuhiS unter Beratung von Frank Häßler und Konstantin Fritsch

Bei welchen Fragestellungen kann die Kinder- und Jugendpsychiatrie und -psychotherapie hilfreich sein?

Für die Entwicklung von Verhaltensauffälligkeiten und psychischen Störungen im Kindes- und Jugendalter kommen verschiedene Ursachen in Frage. Die KJPP kann körperliche Erkrankungen, neurologische Funktionsstörungen, psychische Belastungen, familiäre oder soziale Probleme diagnostizieren und bei diagnostischen und therapeutischen Fragestellungen helfen.

Wenn der*die Patient*in bekannt ist, können Entwicklungsverläufe analysiert und Gründe für z. B. antisoziales oder delinquentes Verhalten benannt werden – sowohl Risikofaktoren als auch protektive Faktoren.

Welche wichtigsten rechtlichen Voraussetzungen sind dabei zu berücksichtigen?

Entscheidend ist die Freiwilligkeit der Mitarbeit des jungen Menschen und ggf. das Einverständnis der Personensorgeberechtigten. Voraussetzung ist eine Entbindung von der Schweigepflicht von in der Vergangenheit und in der Gegenwart agierenden/behandelnden Personen des Gesundheitssystems.

Welche Vorteile und Möglichkeiten bringt eine Einbeziehung?

- Risiken, aber auch protektive Faktoren lassen sich multiprofessionell valider abbilden.

- Mit ihrem gestaffelten Angebot an ambulanten, teilstationären und vollstationären Behandlungen kann die KJPP Teil eines

Hilfeplans werden. Eine Kooperation stärkt den systemischen Ansatz.

- Die Betroffenen könnten schneller zu erforderlichen Therapien kommen.

- Gemeinsam können Abbrüche notwendiger Maßnahmen besser verhindert werden.

Welche Risiken gibt es?

Risikofaktoren bestehen in der Gefahr eines Vertrauensverlustes und einer damit einhergehenden Beschädigung der Compliance durch die Weitergabe sensibler Inhalte: Patient*innen, die wissen, dass die behandelnden Therapeut*innen mit anderen Personen über die therapeutischen (und alle sozialisatorischen) Inhalte und ihre spontane wie geleitete Reflexion sprechen, investieren möglicherweise weniger Vertrauen in die Beziehung. Das hängt von den individuellen Vorerfahrungen der Patient*innen ab und hat eine direkte Auswirkung auf die Wirksamkeit der Behandlung. Patient*innen haben – unabhängig von ihrer Prognose – ein Recht auf die therapeutische Parteilichkeit und Verschwiegenheit. Für Beurteilungen gibt es Gutachter*innen.

Jobcenter

Konstanze Fritsch & BAG JuhiS unter Beratung von Stephan Drießen

Bei welchen Fragestellungen kann das Jobcenter hilfreich sein?

Jugendliche brauchen eine Perspektive für ihr weiteres Leben. Es gibt einen kausalen Zusammenhang zwischen Bildungschancen, Arbeitslosigkeit und Straffälligkeit. Erst durch Schul- und Berufsausbildungen wird die Perspektivlosigkeit vieler junger Menschen überwunden.

Ziel des Jobcenters ist der Abbau der Jugendarbeitslosigkeit durch die nachhaltige Integration der Jugendlichen in den Ausbildungs- und Arbeitsmarkt. Mögliche Unterstützungsangebote und Maßnahmen können in einer Fallkonferenz vorgestellt und geplant werden.

Welche wichtigsten rechtlichen Voraussetzungen sind dabei zu berücksichtigen?

Wichtigste Voraussetzung für die Einbeziehung des Jobcenters in die Fallkonferenz ist die Beachtung des Datenschutzes. Sollte eine Schweigepflichtentbindung vorliegen ist hier insbesondere der Art. 13 und 14 der DSGVO und die Einwilligung zur Datenweitergabe nach § 67 b Abs. 2 SGB X zu beachten.

Welche Vorteile und Möglichkeiten bringt eine Einbeziehung?

Die Einbindung des Jobcenters hat einen konkreten Nutzen für die Jugendlichen, da es eine stringente Planung, schnellere Vermittlung in passende Angebote und bessere Begleitung gibt.

Für die Fallarbeit mit den Klienten können die wechselseitigen Informationen aus den verschiedenen Arbeitsbereichen in der weiteren Planung berücksichtigt und an die bestehende Situation angepasst werden, z.B. die Information über noch ausstehende oder ggf. im Raum stehende Rechtsfolgen (Arrest/Verbüßung einer Jugendstrafe).

Welche Risiken gibt es?

Die Zusammenarbeit mit dem jungen Menschen kann durch die vielschichtigen Informationen belastet werden und es könnten Vorurteile bzw. ein „Schubladendenken" entstehen, die die weitere Planung und Zielführung beeinträchtigen.

Es besteht zudem die Gefahr, die Schweigepflicht bzw. den Datenschutz zu verletzen.

Ambulante Sozialpädagogische Angebote (ASA)

Konstanze Fritsch & BAG JuhiS unter Beratung von Sebastian
Las Casas dos Santos in Zusammenarbeit mit der BAG ASA

Bei welchen Fragestellungen kann die Einbeziehung der ambulanten sozialpädagogischen Angebote hilfreich sein?

Die ambulanten sozialpädagogischen Angebote nach den §§ 10, 15
JGG sind Weisungen und Auflagen des Gerichts. Damit wird der Jugendhilfe im Strafverfahren sowie den Jugendgerichten ermöglicht,
eine erzieherisch notwendige und geeignete Hilfe auszuwählen. Die
Jugendhilfe in Strafverfahren beauftragt überwiegend freie Träger
der Jugendhilfe, diese spezialpräventiven Angebote durchzuführen
und überwacht deren Durchführung. Dadurch sind die Mitarbeitenden der ASA dichter an den jungen Menschen als die Jugendhilfe im
Strafverfahren selbst.

Außerdem verfügen die Mitarbeitenden der Ambulanten Sozialpädagogischen Angebote über das Wissen, welche konkreten Inhalte, aktuellen Kapazitäten in Einsatzstellen, Betreuungen etc. vorhanden
sind oder welche Kurse darüber hinaus angeboten werden.

Welche wichtigsten rechtlichen Voraussetzungen sind dabei zu berücksichtigen?

Innerhalb der Jugendhilfe (zwischen Jugendamt, Jugendhilfe im
Strafverfahren und ASA) gibt es ebenfalls datenschutzrechtliche
Grenzen wie auch Mitteilungspflichten.

Unter Umständen stellt sich heraus, dass die eigentlich angedachten
und vielleicht schon angefangenen Angebote nicht passgenau sind
oder z. B. aus einer Betreuungsweisung eine Erziehungsbeistandschaft werden soll. Diese rechtskreisübergreifende Frage muss für einen Freien Träger auch dahingehend geklärt werden, ob er das leisten
kann oder Beziehungsabbrüche drohen.

Welche Vorteile und Möglichkeiten bringt eine Einbeziehung?

Wenn bei Straffälligkeit die ASA noch nicht aktiv sind, kann bei der Einbeziehung in eine Fallkonferenz noch flexibler über die Ausgestaltung von Angeboten gesprochen werden (Stichworte: Flexibilität, Lebensweltorientierung, individuelle Lösungen).

Wenn bereits ein Kontakt besteht, ist durch die vorgegebene Rolle, das Wissen und die bestehende Beziehung zwischen dem jungen Menschen und der pädagogischen Fachkraft eine Teilnahme geboten.

Welche Risiken gibt es?

Durch die Teilnahme an einer Fallkonferenz erhöht sich das Risiko, die Basis für eine vertrauensvolle Zusammenarbeit mit den jungen Menschen zu verlieren, weil der Eindruck der Datenweitergabe und einer zu engen Zusammenarbeit besteht.

Ausländerbehörde

Konstanze Fritsch & BAG JuhiS unter Beratung von Thomas Tanne

Bei welchen Fragestellungen kann die Ausländerbehörde hilfreich sein?

Die Ausländerbehörde erteilt/verlängert Aufenthaltstitel, hierbei wird regelmäßig geprüft, ob Ausweisungsinteressen (i. d. R. vorsätzliche Straftaten) begangen wurden. Ziel ist es, Straftäter*innen unter Beachtung rechtsstaatlicher Grundsätze aus der BRD zu entfernen und ihnen den Aufenthalt hier zu verwehren.

Im Rahmen eines Ausweisungsverfahrens muss die Ausländerbehörde die Interessen des Staates an der Entfernung aus dem Bundesgebiet gegen die Interessen des Betroffenen am Verbleib im Bundesgebiet abwägen. Droht eine Ausweisung, kann eine Information aus einer Fallkonferenz über eine positive Entwicklung dies verhindern und fallbezogene Lösungsansätze für die jungen Menschen können erarbeitet werden.

Welche wichtigsten rechtlichen Voraussetzungen sind dabei zu berücksichtigen?

Die Voraussetzung für eine Ausweisung ergeben sich in erster Linie aus dem Aufenthaltsgesetz, dem Freizügigkeitsgesetz-EU sowie der Zwischenstaatlichen Vereinbarung des Assoziationsratsbeschluss 1/80 EU-Türkei (anwendbar auf bestimmte türkische Arbeitnehmer und deren Familienangehörige).

Des Weiteren darf die Ausländerbehörde Einsicht in die Straf- und Vollstreckungsakten bekommen.

Welche Vorteile und Möglichkeiten bringt eine Einbeziehung?

In einer Entscheidung der Ausländerbehörde zur Ausweisung müssen alle verfügbaren Informationen zur Person und Tat bewertet werden. Frühzeitig zu positiven wie negativen Entwicklungen informiert zu werden, versetzt die Ausländerbehörde in die Lage, schneller zu einer Entscheidung kommen zu können.

Welche Risiken gibt es?

Interessenskonflikte zwischen den Beteiligten könnten auftreten, zum Beispiel dann, wenn es um junge Menschen geht, die keine deutsche Staatsangehörigkeit besitzen, aber hier sozialisiert oder sogar geboren sind.

Teil 3

Arbeitsmaterialien

Hinweise für die Durchführung von einzelfallbezogenen Fallkonferenzen für Praktiker*innen der Jugendhilfe im Strafverfahren

Sprecher*innenrat der BAG Jugendhilfe im Strafverfahren

Die Neuerungen des § 52 SGB VIII verändern die notwendige Kooperation zwischen Jugendhilfe, Polizei und Justiz erheblich. Trotz unterschiedlicher Aufträge und Rollen ist es im Interesse des jungen Menschen, mit der Polizei und der Justiz zusammenzuarbeiten. Das Ziel, junge Menschen in ihrer Entwicklung zu fördern, muss zentraler Bezugspunkt bleiben und darf dadurch nicht unterlaufen oder gar gefährdet werden. Aus diesem Grund ist es dem Sprecherrat der Bundesarbeitsgemeinschaft der Jugendhilfe im Strafverfahren (JuhiS) ein wichtiges Anliegen, die Kolleg*innen mit den folgenden an der Praxis orientierten Hinweisen zu sensibilisieren und zu unterstützen.

1 Grundsätzliches

Die Durchführung bzw. Beteiligung der JuhiS an einer EFK ist mit vielfältigen Anforderungen verbunden. Umfassende Kenntnisse um die entwicklungsfördernden Aufgaben und die Rolle der JuhiS als Teil der Jugendhilfe sind sowohl für eine fachliche Haltung als auch für eine angemessene Aufgabenerfüllung im Rahmen der einzelfallbezogenen Fallkonferenz (EFK) unabdingbar. Aus Sicht des Sprecherrates der BAG JuhiS sind darüber hinaus insbesondere folgende Aspekte notwendig und hilfreich:

- umfassende Kenntnisse des Sozialdatenschutzes gem. SGB X und SGB VIII
- entwicklungspsychologische und neurowissenschaftliche Erkenntnisse: Lebensphase Jugend – Pubertät
- kriminologische Grundlagen in Bezug auf Jugendkriminalität (zentrale Merkmale von abweichendem Verhalten im Jugendalter wie ubiquitär, passager, episodenhaft)
- Auswirkungen von Stigmatisierungsprozessen – z. B. durch Strafverfahren und Verurteilungen sowie Intensivtäterzuschreibungen und den damit einhergehenden Nebenfolgen

- kritischer Umgang mit dem justiziell geprägten Begriff „Intensivtäter*in", „Schwellentäter*in", „Mehrfachtäter*in" und den unzureichenden Prognoseverfahren
- umfassendes Wissen hinsichtlich der Auswirkungen von belastenden Sozialisationserfahrungen bzw. defizitären Entwicklungsbedingungen auf die Entwicklung junger Menschen
- Wissen um die zentralen Wirkfaktoren von pädagogischen Maßnahmen wie der Orientierung an Stärken und Ressourcen von jungen Menschen und dem Einbezug des sozialen Umfelds
- die Bedeutung von Betreuungskontinuität in der Jugendhilfe, tragfähiger Arbeitsbeziehung sowie die Förderung von Selbstwirksamkeit und Selbstbestimmung als wichtige Erfolgsfaktoren in der Zusammenarbeit
- What works? Wissen um die Wirksamkeit der verschiedenen pädagogisch-erzieherischen Jugendhilfeleistungen, den negativen Neben- bzw. Auswirkungen von Zuchtmitteln und Jugendstrafen sowie der Notwendigkeit einer „sinnvollen Verfahrensentschleunigung" insbesondere in komplexen Fällen
- die unterschiedlichen Aufträge und Rollen der beteiligten Akteur*innen und das Bewusstsein um etwaige Rollenkonflikte

Um die unterschiedlichen gesetzlichen Handlungsaufträge und damit einhergehenden Rollen zu verdeutlichen, ist die gemeinsame Erarbeitung von Verfahrensstandards zur Durchführung von einzelfallbezogenen Fallkonferenzen unabdingbar. Dies fördert das gegenseitige Verständnis, sichert Verfahrensabläufe und kann Doppelstrukturen (z. B. Gespräche des jungen Menschen mit verschiedenen Akteur*innen) vermeiden.

In der Praxis ist überdies von der JuhiS fundiert zu prüfen, wann die Durchführung bzw. die Teilnahme an einer EFK sinnvoll und zielführend ist. Aus Sicht des Sprecherrates der BAG JuhiS bedarf es in den allermeisten Fällen keiner EFK, da notwendige Abstimmungsprozesse und Kooperationsabsprachen im Einzelfall auch ohne das Instrument der EFK möglich sind.

Überdies verfügt die Jugendhilfe bei laufenden Hilfen zur Erziehung im Rahmen der Hilfeplanung nach § 36 SGB VIII über das Instrument des Hilfeplangespräches. Seitens der Jugendhilfe/JuhiS sollte also grundsätzlich die Frage gestellt werden, inwieweit es einer EFK bedarf oder es ausreichend ist, im Rahmen der Hilfeplanung andere Institutionen hinzuzuziehen.

2   Spezielles: Vorbereitung, Anwendungsvoraussetzungen, Verfahrens- und Beteiligungsvariationen

In diesem Teil sollen hilfreiche und beachtenswerte praktische Hinweise, Kriterien und Fragestellungen im Hinblick auf

- die Vorbereitung einer EFK, ihren Anwendungsbereich (Klärung der Frage in welchen Fällen kann eine EFK aus Sicht der JuhiS sinnvoll sein?),
- das Vorgespräch bzw. die Vorbereitung des jungen Menschen auf eine EFK,
- die verschiedenen Verfahrensvariationen (wer lädt ein, bin ich nur Beteiligte*r)

dargestellt werden.

Da die Praxis der JuhiS von verschiedenen Organisationformen und Arbeitsschwerpunkten geprägt wird, haben wir uns als Sprecherrat der BAG JuhiS darum bemüht, die aus unserer Sicht zentralen Verfahrensvarianten darzustellen, wobei nicht alle Konstellationen in der Praxis abgedeckt werden können.

2.1   Vorbereitung einer EFK

Holthusen beschreibt zentrale Fragen, mit welchen sich die Fachkraft im Vorfeld einer Einberufung einer EFK befassen sollte:[1]

- Wer lädt zu einer Fallkonferenz ein und ist verantwortlich?
- Welches Ziel wird verfolgt und wer legt dieses Ziel fest?
- Wer nimmt teil: fallführende Fachkraft, Vorgesetzte, Delegierte?
- Zu welchem Zeitpunkt wird eine EFK einberufen?
- Wie wird mit dem (Sozial-)Datenschutz umgegangen? Wann wird welche Einwilligung eingeholt?
- Wie sieht die Beteiligung des jungen Menschen und deren Sorgeberechtigten aus?
- Wie wird Klarheit und Transparenz über die Rollen der Akteur*innen für die Jugendlichen hergestellt?

---

[1]   Holthusen, B. (2011). Jugendliche „Mehrfach- und Intensivtäter" – Chancen und Grenzen der Institutionen übergreifenden Kooperation. 3. Jahrestagung der Kooperationsstelle Kriminalprävention Bremen. (Deutsches Jugendinstitut, Arbeitsstelle Kinder- und Kriminalprävention). S. 1–33, hier S. 10 f.

- Welche Institutionen sind zu beteiligen?

Hinzukommt, dass sich die JuhiS die Frage stellen muss, welchen konkreten Nutzen sich für ihre gesetzlichen Aufgaben nach dem SGB VIII aus der Zusammenarbeit im Rahmen der EFK ergeben? Die JuhiS darf nicht (nur) als Zuträger*in von Informationen auftreten bzw. als Dienstleister*in für das Verfolgungsinteresse der Polizei und Staatsanwaltschaft. Ausschließlich geht es um die Entwicklung von Perspektiven für den jungen Menschen und der Verhinderung von sich widersprechenden Handlungsweisen. Die JuhiS sollte die Erforderlichkeit einer EFK ferner anhand eigener fachlicher Standards festlegen (siehe Grundsätze für die Mitwirkung der Jugendhilfe in Verfahren nach dem Jugendgerichtsgesetz, DVJJ 2022). Die Kriterien der anderen Kooperationspartner*innen sind für die JuhiS nicht bindend und sollten sich daher nicht z. B. an den Begrifflichkeiten der Polizei in Bezug auf Intensiv- und/oder Mehrfachtäter*innen orientieren.

Aus Sicht des Sprecherrates der BAG JuhiS sollten daher zusätzlich folgende Anforderungen bei der Durchführung einer EFK eingehalten werden:

- Erarbeitung einer Geschäftsordnung/Kooperationsvereinbarung, der alle Teilnehmer*innen vorab zustimmen (Beispiel siehe S. 195–198)
- Beteiligung der jungen Menschen und ggfs. ihrer Sorgeberechtigten bereits im Vorfeld und an der EFK
- Die Einladung erfolgt durch die JuhiS.
- JuhiS bestimmt die Örtlichkeit und den zeitlichen Rahmen, so dass die Verantwortung der JuhiS für die EFK verdeutlicht wird.
- Anfertigung eines Protokolls durch die JuhiS
- Überdies wird die Trennung von Moderation und Fallvorstellung als sinnvoll erachtet, da es sich i. d. R. um sehr komplexe Fälle/Fallverläufe handelt und die unterschiedlichen Rollen zu einer Beeinträchtigung der einzelnen Funktionen führen kann.

2.2 Anwendungsbereich und Voraussetzungen für die Durchführung einer EFK

Aus Sicht des Sprecherrats der BAG JuhiS kann eine EFK sinnvoll sein, wenn

- der junge Mensch multiple Problemlagen bzw. verschiedene Belastungsfaktoren aufweist, die einen umfassenden Unterstützungsbedarf durch unterschiedliche Institutionen offensichtlich machen.

- Freiheitsentzug in Form von Jugendstrafe als mögliche Rechtsfolge im Raum steht oder eine konkret drohende sonstige schwere Sanktion, durch die soziale Integration und Entwicklung junger Menschen beeinträchtigt wird.

Bei diesen zumeist komplexen Fällen und unter der Voraussetzung einer verstehenden und lösungsorientierten Grundhaltung kann ein Austausch der verschiedenen Akteur*innen geeignet sein, um Unterstützungs- und Hilfemöglichkeiten zu erarbeiten sowie ggf. negative Konsequenzen zu vermeiden.

Dies betrifft insbesondere Fallkonstellationen, in denen Interventionen, Entscheidungen und Konsequenzen anderer Institutionen zum Teil im Widerspruch zu den Zielen der Jugendhilfe stehen und sich kontraproduktiv auf den Hilfeverlauf auswirken (können). Beispielhaft zu nennen sind hierfür Konsequenzen der Schule (Schulverweis), der Ausländerbehörde (Einschränkungen in Bezug auf Bleibeperspektive oder Arbeits- und Ausbildungserlaubnis), der Führerscheinbehörde (Entzug der Fahrerlaubnis) und des Jobcenters (Kürzungen durch Verhaltens-, Melde- und Mitwirkungspflichten).

Ersttäter*innen oder junge Menschen, die durch Bagatellkriminalität auffallen, scheiden als Zielgruppe zur Durchführung einer EFK grundsätzlich aus. Auch für Kinder, welche mehrfach mit strafrechtlich relevantem Verhalten in Erscheinung getreten sind, kommt eine EFK nicht in Frage, da sie gem. § 19 StGB schuldunfähig sind und nicht in den Mitwirkungsbereich der Jugendhilfe im Strafverfahren nach § 52 SGB VIII fallen. Für sie sind ggf. andere Formen der Kooperation unter Federführung des Allgemeinen Sozialen Dienstes oder Bezirkssozialdienstes sinnvoll.

2.3 Vorbereitendes Gespräch mit dem jungen Menschen und ggf. Personensorgeberechtigten

Grundsätzlich ist die Teilnahme an einer EFK mit dem jungen Menschen und ggf. seinen Personensorgeberechtigten von deren Einwilligung abhängig und in einem persönlichen Gespräch vorzubereiten. Dies gilt sowohl für den Fall, dass der junge Mensch/PSB an der Konferenz teilnimmt, als auch für den Fall, dass der JuhiS Fachkraft die Einwilligung für die Teilnahme an der EFK erteilt wird, ohne dass der junge Mensch und die Personensorgeberechtigten selbst an einer EFK teilnehmen.

Es ist dabei immer darauf hinzuweisen, dass die **Teilnahme der JuhiS als auch die der Betroffenen selbst an einer EFK freiwillig** ist!

Folgende Fragen müssen in einem Vorgespräch geklärt werden:

- Gibt es eine Schweigepflichtentbindung/Datenschutzerklärung? Wenn ja, für was genau? Welche Grenzen setzt der junge Mensch/setzen die Personensorgeberechtigten bei der Informationsweitergabe?
- Welche Bedeutung hat das Legalitätsprinzip der Strafverfolgungsbehörden für eine EFK?
- Wer lädt zu einer EFK ein und wer nimmt daran teil? Was sind die Aufgaben der beteiligten Personen und Institutionen?
- Welches Ziel wird mit der Konferenz verfolgt? Mit welcher Zielsetzung geht der junge Mensch/gehen die Personensorgeberechtigten in diese EFK? Und welches Ziel verfolgt die JuhiS?
- Was darf/sollte dort aus Sicht des jungen Menschen nicht passieren? (Sorgen und Ängste thematisieren)
- Welche Handlungsspielräume gibt es im Rahmen einer solchen EFK? Verabreden von Signalen (z.B. Handzeichen), wenn der junge Mensch z.B. Inhalte nicht versteht
- Welche Personen möchte der junge Mensch in einer EFK dabeihaben, z.B. Rechtsanwalt, Eltern, Erziehungsbeistand?
- Welche Konsequenzen bzw. Auswirkungen kann eine EFK möglicherweise auf den Fallverlauf haben?

Sollte der junge Mensch selbst nicht an einer EFK teilnehmen (wollen), so setzt es seine Einwilligung voraus, dass die JuhiS dennoch eine EFK einberuft bzw. an einer EFK durch andere Kooperationspartner teilnimmt. In diesen Fällen ist ebenso ein Vorgespräch notwendig.

Wenn eine wirksame Einwilligung durch den jungen Menschen fehlt, sollte Abstand von der Teilnahme an einer EFK genommen werden, denn durch die Übermittlungssperren gem. §§ 64 Abs. 2 und 65 SGB VIII gilt es, die anvertrauen Daten des jungen Menschen zu schützen.

2.4   Jugendhilfe im Strafverfahren lädt zu einer EFK ein

Aus Sicht der BAG JuhiS sollte die Steuerungsverantwortung einer EFK bei der JuhiS liegen. Der Fokus und die Zielsetzung basieren damit auf den Zielen der Jugendhilfe und Perspektiven für den jungen Menschen können gemeinsam erarbeitet werden.

Im Zuge der Vorbereitung einer durch die JuhiS initiierten EFK müssen, neben den Fragestellungen des Vorgespräches mit den jungen Menschen und deren Sorgeberechtigten, folgende Fragen geklärt werden:

- Welches Ziel habe wird mit der EFK verfolgt?
- Welche Themen sollen besprochen werden?
- Welche anderen Institutionen lade ich (mit Blick auf die Themen und die Zielsetzung) ein?
- Welche Aufgaben haben die anderen Institutionen?
- An welchen Punkten kann es zu Rollenkonflikten kommen?
- Wie werden Informationen dokumentiert?
- Habe ich einen ausreichend großen Raum?
- Wer soll die Moderation und Dokumentation übernehmen?

In der Konferenz sind folgende Aspekte zu beachten:

- Vorstellung des zeitlichen Rahmens
- Vorstellung des Ziels und der Themenschwerpunkte der EFK
- Vorstellung des jungen Menschen bzw. er stellt sich selbst vor
- Vorstellung der beteiligten Personen und ihrer Aufgaben
- Dokumentation der Informationen und Vereinbarungen

2.5 Jugendhilfe (Allgemeiner Sozialer Dienst bzw. JuhiS) beteiligt andere Behörden an einem Hilfeplangespräch

Im Rahmen eines Hilfeplangesprächs kann die Beteiligung anderer Behörden hilfreich sein. Dies impliziert auch beispielsweise die Beteiligung der Polizei, insbesondere, wenn diese im Rahmen ihrer Ermittlungstätigkeit über Informationen verfügt, die für die weitere Hilfeplanung relevant sein können.

Die Teilnahme anderer Behörden ist in diesem Zusammenhang auf einzelne Teile des Gespräches zu beschränken, um sensible Informationen zur Lebenssituation des jungen Menschen zu schützen. Eine Beteiligung kann auch in Form einer schriftlichen Einschätzung erfolgen, sodass eine persönliche Anwesenheit nicht zwingend notwendig ist.

Das bereits beschriebene *Vorgespräch* mit dem jungen Menschen und ggf. den Personensorgeberechtigten sowie die zu klärenden Fragen sind auch im Vorfeld des Hilfeplangespräches obligatorisch.

Weitere seitens der Jugendhilfe/JuhiS im Vorfeld zu klärende Fragen:

- Welche anderen Institutionen lade ich (mit Blick auf die Themen und die Zielsetzung) ein?
- Welches Ziel wird mit der Beteiligung anderer am Hilfeplangespräch verfolgt?
- An welchen Teilen der Hilfeplanung werden diese beteiligt?
  - Ist eine schriftliche Beteiligung im Vorfeld ggf. ausreichend?
- Welche Themen sollen besprochen werden?
- Geht es um Informationen oder um gemeinsame Absprachen?
- Welche Aufgaben haben die anderen Institutionen?
- Wo kann es zu Rollenkonflikten kommen?
- Habe ich einen ausreichend großen Raum?
- Wer übernimmt die Moderation?
- Wer übernimmt die Dokumentation?
- Wer erhält nach dem Hilfeplangespräch welche Informationen?

In der Konferenz zu beachten:

- Vorstellung des zeitlichen Rahmens
- Vorstellung des Ziels und der Themenschwerpunkte der EFK
- Vorstellung des jungen Menschen bzw. er*sie stellt sich selbst vor
- Vorstellung der beteiligten Personen und zu welchem Thema sie anwesend sind
- Klarstellung, wer welche Informationen bekommt bzw. dass Teilnahme nur zu bestimmtem Thema erfolgt?

2.6 Eine andere Behörde lädt zu einer EFK ein

In der Praxis werden EFKs häufig von anderen Behörden als der Jugendhilfe einberufen. Insbesondere im Rahmen der sog. „Intensivtäterprogramme" kommt es oftmals zu Fallkonferenzen, die durch die Polizei initiiert werden. Die Zielsetzung und Handlungshoheit liegen damit nicht mehr bei der Jugendhilfe. Die Fachkräfte der JuhiS müssen daher sehr genau prüfen, ob eine Beteiligung der JuhiS sinnvoll ist.

Im Vorfeld seitens der JuhiS zu klärende Fragen:

- Welches Ziel hat die EFK?
- Welche Institutionen nehmen teil? Und welche Ziele verfolgen die einzelnen Institutionen?
- Werden der junge Mensch und seine Personensorgeberechtigten beteiligt? Und wenn ja, in welcher Form?
- Nimmt der junge Mensch nicht an der EFK teil, gibt es dann eine Einwilligung bzw. den Wunsch des jungen Menschen, dass die JuhiS teilnimmt?

Ist der Rahmen der EFK klar, muss auch in diesem Fall seitens der JuhiS ein entsprechendes *Vorgespräch* mit dem jungen Menschen bzw. seinen Personensorgeberechtigten geführt werden.

Bei einer Teilnahme an der EFK zu beachten:

- Verdeutlichung des Auftrags und des Ziels der Jugendhilfe/JuhiS
- Verdeutlichung des Datenschutzes und zu welchem Thema Informationen weitergegeben werden
- Die JuhiS kann Handlungsempfehlungen für sich ableiten, es können aber keine verbindlichen Handlungsaufträge durch andere Behörden an die JuhiS gegeben werden.
- Nimmt der junge Mensch nicht an der EFK teil, werden danach alle Informationen an ihn weitergegeben.
- JuhiS erhält ein Protokoll der EFK.
- Bei fehlender Beteiligung des jungen Menschen und ggf. seines Personensorgeberechtigten und fehlender Einwilligung zur Teilnahme der JuhiS an der EFK, muss sich die Teilnahme an der EFK auf die passive Anwesenheit der JuhiS reduzieren. Dies bedeutet, dass seitens der teilnehmenden Fachkraft keine personenbezogenen Daten eingebracht werden.

Ablaufschema Hilfekonferenz*
unter Einbeziehung von z. B. Polizei

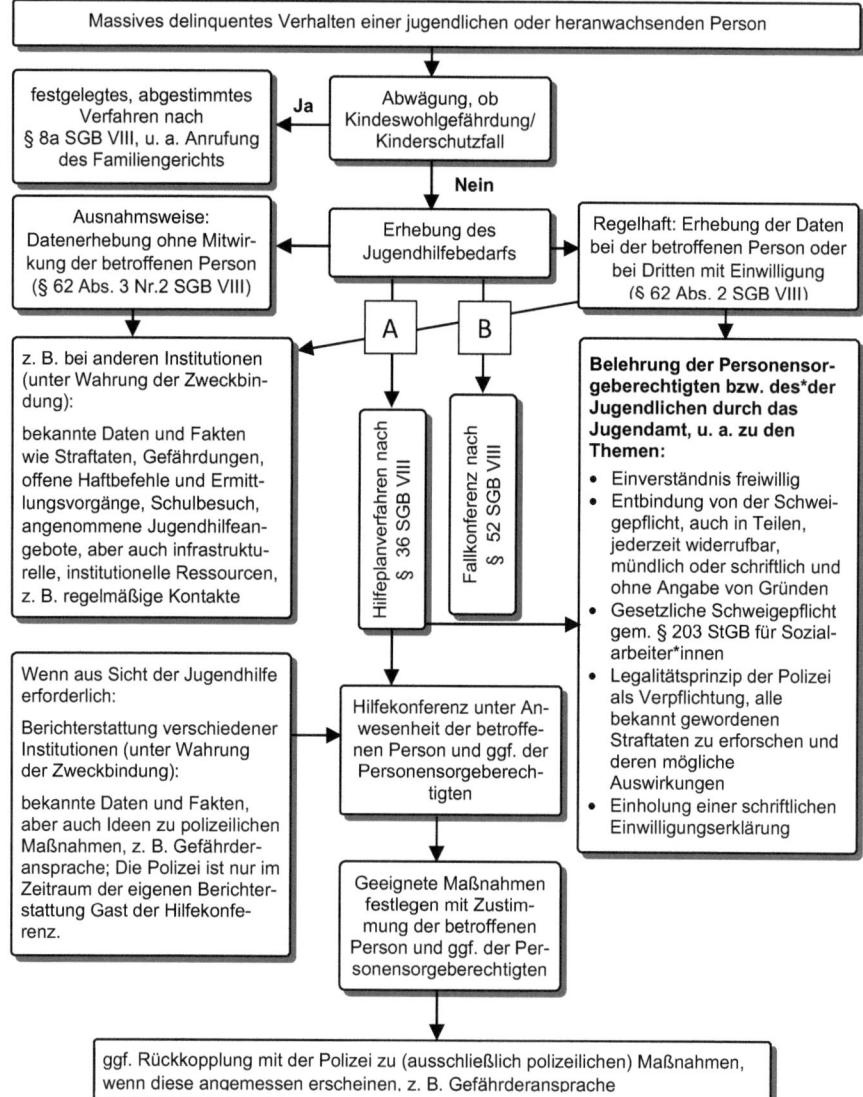

Massives delinquentes Verhalten einer jugendlichen oder heranwachsenden Person

festgelegtes, abgestimmtes Verfahren nach § 8a SGB VIII, u. a. Anrufung des Familiengerichts

Ja

Abwägung, ob Kindeswohlgefährdung/ Kinderschutzfall

Nein

Ausnahmsweise: Datenerhebung ohne Mitwirkung der betroffenen Person (§ 62 Abs. 3 Nr.2 SGB VIII)

Erhebung des Jugendhilfebedarfs

Regelhaft: Erhebung der Daten bei der betroffenen Person oder bei Dritten mit Einwilligung (§ 62 Abs. 2 SGB VIII)

A   **B**

z. B. bei anderen Institutionen (unter Wahrung der Zweckbindung):

bekannte Daten und Fakten wie Straftaten, Gefährdungen, offene Haftbefehle und Ermittlungsvorgänge, Schulbesuch, angenommene Jugendhilfeangebote, aber auch infrastrukturelle, institutionelle Ressourcen, z. B. regelmäßige Kontakte

Hilfeplanverfahren nach § 36 SGB VIII

Fallkonferenz nach § 52 SGB VIII

Belehrung der Personensorgeberechtigten bzw. des*der Jugendlichen durch das Jugendamt, u. a. zu den Themen:

- Einverständnis freiwillig
- Entbindung von der Schweigepflicht, auch in Teilen, jederzeit widerrufbar, mündlich oder schriftlich und ohne Angabe von Gründen
- Gesetzliche Schweigepflicht gem. § 203 StGB für Sozialarbeiter*innen
- Legalitätsprinzip der Polizei als Verpflichtung, alle bekannt gewordenen Straftaten zu erforschen und deren mögliche Auswirkungen
- Einholung einer schriftlichen Einwilligungserklärung

Wenn aus Sicht der Jugendhilfe erforderlich:

Berichterstattung verschiedener Institutionen (unter Wahrung der Zweckbindung):

bekannte Daten und Fakten, aber auch Ideen zu polizeilichen Maßnahmen, z. B. Gefährderansprache; Die Polizei ist nur im Zeitraum der eigenen Berichterstattung Gast der Hilfekonferenz.

Hilfekonferenz unter Anwesenheit der betroffenen Person und ggf. der Personensorgeberechtigten

Geeignete Maßnahmen festlegen mit Zustimmung der betroffenen Person und ggf. der Personensorgeberechtigten

ggf. Rückkopplung mit der Polizei zu (ausschließlich polizeilichen) Maßnahmen, wenn diese angemessen erscheinen, z. B. Gefährderansprache

* Darstellung: Konstanze Fritsch & BAG JuhiS unter Beratung von Claudia Federrath und Patrick Gössling

Ablaufschema einzelfallbezogene Fallkonferenz*

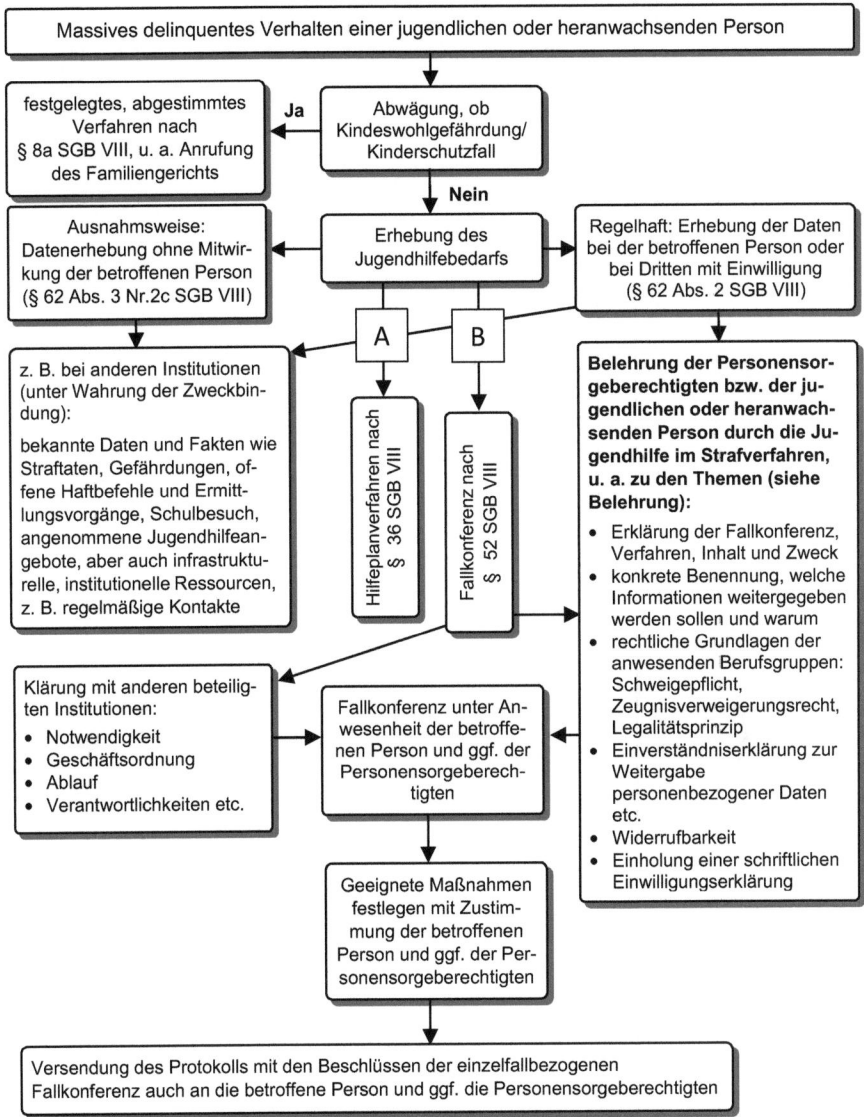

Darstellung: Konstanze Fritsch & BAG JuhiS unter Beratung von Claudia Federrath und Patrick Gössling

Vorlage für eine Geschäftsordnung/Kooperationsvereinbarung zur Durchführung von einzelfallbezogenen Fallkonferenzen zwischen Jugendhilfe, Justiz, Polizei und möglichen weiteren Akteur*innen

Sprecher*innenrat der BAG Jugendhilfe im Strafverfahren

1 Präambel

Die Durchführung von einzelfallbezogenen Fallkonferenzen gehört zum Aufgabengebiet von Jugendhilfe, Justiz und Polizei und ist in den § 52 SGB VIII, § 37a JGG und der Polizeidienstvorschrift (PDV) 382 normiert. Aufgrund der unterschiedlichen Rollen und Handlungsaufträge werden die beteiligten Akteur*innen mitunter vor vielfältige Herausforderungen gestellt. Es bedarf daher einer sorgfältigen Organisation und verbindlicher Durchführungsabsprachen. Diese Geschäftsordnung dient der Sicherung von Aufgabenklarheit und beschreibt Vorgehensweisen.

2 Anwendungsbereich

Eine einzelfallbezogene Fallkonferenz ist kein vorgeschriebenes Standardverfahren, sondern eine Kann-Regelung. Sie kann sinnvoll sein, wenn der junge Mensch multiple Problemlagen bzw. verschiedene Belastungsfaktoren aufweist, die einen umfassenden Unterstützungsbedarf durch unterschiedliche Institutionen offensichtlich machen, Freiheitsentzug in Form von Jugendstrafe als mögliche Rechtsfolge im Raum steht oder eine konkret drohende sonstige schwere Sanktion, durch die die soziale Integration und Entwicklung der jungen Menschen beeinflusst wird. Somit sind Fallkonferenzen ausgeschlossen, wenn es um ubiquitäre, bagatellhafte und episodenhafte Delinquenz geht.

3 Ziele

Die Jugendhilfe ist an die Ziele, Grundsätze und Verfahrensvorschriften des SGB VIII gebunden. In § 1 Abs. 1 SGB VIII heißt es: „Jeder junge Mensch hat ein Recht auf Förderung seiner Entwicklung und auf Erziehung zu einer selbstbestimmten, eigenverantwortlichen und gemeinschaftsfähigen Persönlichkeit." Die Mitwirkung der Jugendhilfe im Strafverfahren (JuhiS) nach § 52 SGB VIII stellt eine andere Aufgabe der Jugendhilfe dar, sodass die Fachkräfte ebenfalls an die genannten Vorrausetzungen des Sozialrechtes gebunden sind. Der Grundsatz der Partizipation, der Freiwilligkeit, der Lebenswelt sowie der Ressourcenorientierung sind darüber hinaus Handlungsmaxime, welche im Selbstverständnis der Sozialen Arbeit verankert sind.

Das Jugendgerichtsgesetz hingegen zielt nach § 2 JGG auf die Legalbewährung der jungen Menschen, wobei die Rechtsfolgen und unter Beachtung des elterlichen Erziehungsrechts auch das Verfahren vorrangig am Erziehungsgedanken auszurichten sind. Zur Förderung der Legalbewährung kann die Jugendstaatsanwaltschaft nach § 37a Abs. 2 JGG an einzelfallbezogenen Fallkonferenzen teilnehmen. Die Jugendstaatsanwaltschaft hat als Strafverfolgungs- und Strafvollstreckungsbehörde Sorge für ein rechts- und ordnungsgemäßes Ermittlungsverfahren, welches zeitgerecht durchgeführt wird, zu sorgen. Gerade bei den Fällen, welche für eine Konferenz in Betracht kommen, können Absprachen über das Tempo des Verfahrens sinnvoll sein. Wenn bereits Maßnahmen durch die Jugendhilfe eingeleitet wurden, sollte dem jungen Menschen Zeit für Veränderungsprozesse gegeben werden und somit nicht auf eine zeitnahe oder beschleunigte Hauptverhandlung hingewirkt werden.

Das Jugendgericht ist nur im Rahmen einer fallübergreifenden Zusammenarbeit nach § 37a Abs. 1 JGG zu beteiligen.

Aufgabe der Polizei ist die präventive Gefahrenabwehr sowie die öffentliche Ordnung und Sicherheit zu gewährleisten. In diesem Kontext arbeitet sie im Rahmen jugendspezifischer Präventionskonzeptionen und -programme mit anderen (originär) zuständigen Stellen zusammen. Die Polizeibeamtinnen und -beamte sind gem. § 163 StPO verpflichtet, Straftaten zu erforschen und erforderliche Anordnungen zu treffen, um deren Verdunklung zu verhüten. Sie unterliegen dem Legalitätsprinzip. Bei einem Verdacht einer Straftat, ist diese von Amts wegen aus zu verfolgen.

4   Beteiligte Akteur*innen

Das Jugendamt soll nach § 52 Abs. 1 SGB VIII auch mit anderen öffentlichen oder sonstigen Stellen zusammenarbeiten, „wenn sich deren Tätigkeit auf die Lebenssituation des Jugendlichen oder jungen Volljährigen auswirkt" und es für die Erfüllung der Aufgabe erforderlich ist. Der Gesetzgeber führt neben den

Jugendstaatsanwaltschaften die Polizeibehörden, die Schule, Ausländerbehörden und den Gesundheitsbereich an.

Die Beteiligung von weiteren Akteur*innen ist für den Einzelfall zu prüfen. Ausschlaggebendes Kriterium ist die Erreichung der vorgegebenen Ziele des SGB VIII. Die Entscheidung der Beteiligung weiterer Akteur*innen obliegt der Jugendhilfe/JuhiS.

5   Datenschutz

Die datenschutzrechtlichen Bestimmungen des SGB VIII und SGB X werden eingehalten. Die JuhiS hat dafür zu sorgen, dass die Einwilligungserklärung so konkret, vollständig und ausführlich wie möglich durch die jeweilige pädagogische Fachkraft ausgefüllt wird.

Eine Belehrung sowie das Einholen der Einwilligung zur Weitergabe personenbezogener Daten erfolgt durch die JuhiS und ist Grundvoraussetzung der Fallkonferenz. Der Austausch erfolgt im Beisein der betreffenden Personen (Jugendliche*r, ggf. Personensorgeberechtigten sowie Heranwachsende*r).

Beim Austausch ohne Beteiligung der betreffenden Personen werden die Betroffenen *vorab* umfassend informiert, belehrt und die Einwilligung zur Weitergabe personenbezogener Daten eingeholt.

Wenn eine wirksame Einwilligung durch den jungen Menschen und die Personensorgeberechtigten fehlt, sind die Voraussetzungen für eine einzelfallbezogene Fallkonferenz nicht gegeben.

6   Ablauf und Organisation einer einzelfallbezogenen Fallkonferenz

Im Vorfeld der einzelfallbezogenen Fallkonferenz ist zwingend ein Vorgespräch durch die Jugendhilfe/JuhiS mit dem jungen Menschen und ggfs. den Sorgeberechtigten zu führen, um über die unterschiedlichen Rollen, rechtlichen Grundlagen der Beteiligten und eventuelle Folgen sowie das Vorgehen aufzuklären. Dem jungen Menschen und ggfs. dessen Sorgeberechtigten ist eine Partizipation an der Zielentwicklung zu ermöglichen.

Die Einladung zu einer einzelfallbezogenen Fallkonferenz erfolgt grundsätzlich über die Jugendhilfe/JuhiS. Sofern seitens der anderen Kooperationspartner, insbesondere der Staatsanwaltschaft oder der Polizei, eine einzelfallbezogene Fallkonferenz als notwendig erachtet wird, erfolgt eine entsprechende Kontaktaufnahme zu der fallführenden Fachkraft der Jugendhilfe/JuhiS mit der Bitte um weitere Veranlassung.

Zu Beginn der einzelfallbezogenen Fallkonferenz erfolgt eine Belehrung über

- die Freiwilligkeit der Teilnahme,
- das Schweigerecht, inklusive einer Belehrung über mögliche Konsequenzen des Gesagten (Legalitätsprinzip),
- den zeitlichen Rahmen,
- die Zielsetzung sowie
- eine Vorstellung der beteiligten Akteur*innen und deren Aufgaben.

Die einzelfallbezogene Fallkonferenz wird moderiert. Die Moderation achtet auf die Einhaltung der datenschutzrechtlichen Bestimmungen und die Einbeziehung der beteiligten jungen Menschen und ggf. ihrer Vertrauensperson.

Überdies wird festgelegt, wer das Protokoll mit den Handlungsempfehlungen schriftlich festhält. Das Protokoll wird allen Beteiligten durch den*die Protokollführer*in im Anschluss der Sitzung innerhalb von 14 Tagen schriftlich zur Verfügung gestellt.

In der einzelfallbezogenen Fallkonferenz können keine verbindlichen Vereinbarungen getroffen werden, sondern es handelt sich um Handlungsempfehlungen, welche von den einzelnen Akteur*innen in ihrem beruflichen Kontext umgesetzt werden könnten.

7 Inkrafttreten, Fort- und Weiterentwicklung

Die Geschäftsordnung „einzelfallbezogene Fallkonferenzen" tritt zum tt.mm.jjjj in Kraft.

Die Teilnahme an einer einzelfallbezogenen Fallkonferenz kann erst nach der Unterzeichnung dieser Geschäftsordnung durch die teilnehmenden Institutionen ermöglicht werden.

Zur Überprüfung und ggf. Weiterentwicklung findet mindestens einmal jährlich eine Auswertung mit den beteiligten Institutionen statt. Diese wird seitens der Jugendhilfe initiiert.

Schweigepflichtentbindung und Belehrungsblatt

Konstanze Fritsch unter Beratung von Claudia Federrath und Patrick Gössling

Merkblatt zur Einwilligungserklärung zur Weitergabe personenbezogener Daten

Begriffsklärungen:

Unter **einzelfallbezogenen Fallkonferenzen** werden (auch virtuelle) Gespräche und Treffen verstanden, an denen mehrere Institutionen und Fachdisziplinen teilnehmen, die unterschiedliche gesetzliche Aufgaben und Befugnisse haben. Sie beziehen sich auf jugendliche und heranwachsende Personen, die Straftaten begangen haben. Die Vertreter*innen der Institutionen stimmen hierbei ihr Vorgehen ab, um eine positive Entwicklung der jungen Menschen zu fördern. Daher ist es wichtig, die Funktionen und Aufträge derjenigen zu verstehen, die an einer einzelfallbezogen Fallkonferenzen teilnehmen.

Nach Art. 4 Nr. 1 der Datenschutz-Grundverordnung (DSGVO) sind **personenbezogene Daten** definiert: als jede Art von Informationen zu einer Person wie z. B. Name, Geburtsdatum, Anschrift, Familienstand, Nationalität, Schul- und Berufsbildung oder Freiheitsstrafen. Besondere Kategorien personenbezogener Daten gibt es nach Art. 9 DS-GVO: zur Gesundheit, zur Religion oder zur politischen Weltanschauung.

Anvertraute Daten nach § 65 SGB VIII sind personenbezogene Daten, die einer*einem Mitarbeitenden eines Trägers der Jugendhilfe zum Zweck persönlicher und erzieherischer Hilfe anvertraut werden. Sie unterliegen einem besonderen Vertrauensschutz. Wenn eine Person einer anderen etwas anvertraut, verlässt sie sich darauf, dass das Geheimnis bewahrt wird, oder erwartet zumindest, dass die Informationen Dritten nicht zugänglich sind.

Für staatlich anerkannte Sozialarbeiter*innen, Ergotherapeut*innen, Psychotherapeut*innen, Suchtberater*innen, Psycholog*innen, Angehörige von Arztberufen sowie deren Gehilf*innen und Praktikant*innen besteht generell eine gesetzliche Schweigepflicht gem. § 203 StGB (Verletzung von Privatgeheimnissen). Ein Zeugnisverweigerungsrecht haben sie hingegen in der Regel nicht.

Die Polizei und die Staatsanwaltschaft unterliegen dem **Legalitätsprinzip**. Sie müssen jeden Verdacht auf eine Straftat anzeigen. Erfahren die Strafverfolgungsbehörden (Polizei und Staatsanwaltschaft) von einer möglichen Straftat, dann müssen sie ermitteln. Alles was die Polizei herausfindet, wird an die Staatsanwaltschaft übergeben. Dies betrifft auch Informationen zu Straftaten (z. B. bei häuslicher Gewalt) von, durch und unter Dritte(n) (Eltern, Freund*innen etc.).

Angehörige anderer Berufsgruppen haben verschiedene Mitteilungspflichten. Welche das im konkreten Fall sind, erklärt der*die Sozialarbeiter*in der Jugendhilfe im Strafverfahren. Über Ausnahmen informieren die Mitarbeiter*innen der Jugendhilfe im Strafverfahren ebenso.

Die beteiligten Institutionen dürfen aber nur diejenigen Daten austauschen, die unbedingt notwendig sind, um den unten genannten Zweck zu erfüllen. Es dürfen hingegen keine Daten ausgetauscht werde, nur weil sie interessant oder nützlich erscheinen. Es darf auch nur der Einzelfall betrachtet werden und keine anderen Umstände oder Personen.

Belehrung:

- Dieses Einverständnis erfolgt freiwillig. Eine Verweigerung der Unterschrift zieht keine Ablehnung der Beratung oder andere negative Konsequenzen nach sich. Eine Pflicht zur Mitwirkung besteht nicht.
- Eine Weitergabe zur Nutzung aller geäußerten und auf mich bezogenen Mitteilungen oder anderweitig bekannt gewordenen Lebensumstände an Einzelpersonen, Arbeitgeber, Schule, Institutionen oder Behörden außerhalb dieses Einverständnisses findet ohne meine Zustimmung nicht statt.
- Die Einwilligungserklärung verbleibt bei der Jugendhilfe im Strafverfahren und darf nicht weitergegeben werden, damit (z. B. aus den nicht weiterzugebenen Informationen) keine ungewollten Rückschlüsse gezogen werden können.
- Nach Abschluss der Fallkonferenz erstellt .... (Name eintragen) ausführliche Protokolle (evtl. einschließlich therapeutischer und medizinischer Feststellungen und Beurteilungen), welche an die zuständigen Leistungsträger der Maßnahme weitergeleitet werden, nämlich an ....
- Die Einwilligung kann, auch in Teilen, jederzeit widerrufen werden, mündlich oder schriftlich und ohne Angabe von Gründen. Sie endet automatisch nach der Versendung des Protokolls der einzelfallbezogenen

Fallkonferenz. Für ein eventuelles weiteres Treffen muss eine neue Einverständniserklärung eingeholt werden.

- Es gilt die Anzeigepflicht bei geplanten, schweren Straftaten. Straftaten, die in der Vergangenheit begangen wurden, unterliegen hingegen der Schweigepflicht.

Belehrt durch

_____   _____
Name Mitarbeiter*in   Unterschrift

Den vorstehenden Text habe ich selbst gelesen und die Tragweite der Einwilligung verstanden.

☐   Der Text ist mir ins .... übersetzt worden.

_____   _____
Name belehrte Person   Unterschrift

Einwilligungserklärung zur Weitergabe personenbezogener Daten (verbleibt bei der Jugendhilfe im Strafverfahren und darf nicht weitergegeben werden)

Name:		geboren am:	

wohnhaft in:	

von Person bekannt, erklärt in der Angelegenheit

(nur bei Minderjährigen/gesetzlich Betreuten auszufüllen) für die Person	in der Funktion ☐ als Personensorgeberechtigte*r ☐ als gesetzliche*r Vertreter*in

Die Erlaubnis zur Datenweitergabe gilt für die Fallkonferenz am ....

Es nehmen teil (Name und Institution):

In der Fallkonferenz am .... soll es um folgenden konkreten Sachverhalt gehen:

Diese konkreten Inhalte und Fakten sollen in der Fallkonferenz weitergegeben werden:

Der Datenaustausch ist zu folgendem Zweck **notwendig** (Beschreibung und Ziel):

(konkrete einzelfallbezogene Beschreibung)

Ich willige ein, dass folgende Personen Daten und Informationen, die mich betreffen, weitergeben dürfen:

Person/Funktion/Institution	Konkrete Benennung inhaltlicher Schwerpunkte der Informationen

Ich entbinde zusätzlich folgende Personen von der Schweigepflicht (Berufsgeheimnisträger*innen):

Person/Funktion/Institution	Konkrete Benennung inhaltlicher Schwerpunkte der Informationen

Ich bin einverstanden, dass anvertraute Daten über mich weitergegeben werden.

☐ ja
☐ nein

Wenn ja, nämlich folgende:

(konkrete einzelfallbezogene Beschreibung)

Folgende Informationen dürfen **nicht** weitergegeben werden:

(konkrete einzelfallbezogene Beschreibung)

Ich erkläre mich einverstanden, dass die Datenweitergabe in schriftlicher und/oder mündlicher Form (Protokoll) erfolgen darf.

Den vorstehenden Text habe ich selbst gelesen und die Tragweite der Einwilligung verstanden.

☐ Der Text ist mir ins .... übersetzt worden.

Diese Ermächtigung zur Datenweitergabe bzw. zur Entbindung von der Schweigepflicht endet nach der Fallkonferenz inkl. Protokoll automatisch. Sie kann aber, auch in Teilen, für die Zukunft jederzeit widerrufen werden, mündlich oder schriftlich und ohne Angabe von Gründen.

_____   _____
Ort, Datum   Ort, Datum

_____   _____
Unterschrift der belehrenden Person   Unterschriften des jungen Menschen

                                  _____
                                  und ggf. der Personensorgeberechtigten

Anhang

Glossar

andere Aufgaben gem. des SGB VIII

Neben den *Leistungen* umfasst die Jugendhilfe *andere Aufgaben* zugunsten junger Menschen und Familien. Darunter fallen die §§ 42 bis 60 SGB VIII. Somit stellt die Mitwirkung im Verfahren nach dem Jugendgerichtsgesetz gemäß § 52 SGB VIII eine sog. *andere Aufgabe* dar, welche von den Trägern der öffentlichen Jugendhilfe selbst wahrgenommen wird und in bestimmten Fällen an Träger der freien Jugendhilfe übertragen werden kann. Es handelt sich hierbei um einen hoheitlichen Tätigkeitsbereich, sodass es keiner Antragstellung bedarf und die Jugendhilfe von Amtswegen tätig zu werden hat.

⇨ § 2 Sozialgesetzbuch (SGB) – Achtes Buch (VIII) – Kinder- und Jugendhilfe

⇨ z. B. Trenczek, T. & Goldberg, B. (2016). Jugendkriminalität, Jugendhilfe und Strafjustiz. Mitwirkung der Jugendhilfe im strafrechtlichen Verfahren. Stuttgart: Richard Boorberg Verlag, S. 177.

Ambulante sozialpädagogische Angebote (ASA)

Ambulante sozialpädagogische Angebote (ASA) sind pädagogisch ausgestaltete Unterstützungsangebote für junge Menschen, die als Weisung gem. § 10 JGG im Rahmen eines Jugendstrafverfahrens auferlegt werden können. Sie beziehen sich auf die Lebenssituation oder auf bestimmtes Verhalten der jungen Menschen. Zu den ASA zählen z. B. der Täter-Opfer-Ausgleich (§ 10 Abs. 1 Nr. 7 JGG), die Betreuungsweisung (§ 10 Abs. 1 Nr. 5 JGG) oder der Soziale Trainingskurs (§ 10 Abs. 1 Nr. 6 JGG), aber auch begleitete Arbeitsstunden. Der Weisungskatalog in § 10 JGG ist dabei nicht abschließend. Das SGB VIII und das JGG sind auf Verzahnung angelegt, so finden sich mit der Betreuungsweisung und dem Sozialen Trainingskurs Entsprechungen in den §§ 30 und 29 SGB VIII (Erziehungsbeistand/Betreuungshelfer, Soziale Gruppenarbeit), die somit bei entsprechenden Leistungsvoraussetzungen auch als Hilfen zur Erziehung (HzE) erbracht werden können.

⇨ § 10 Jugendgerichtsgesetz (JGG)

⇨ https://bag-asa.dvjj.de/bag-asa/

anvertraute Daten

Anvertraute Daten sind personenbezogene Daten, die einer*einem Mitarbeitenden eines Trägers der Jugendhilfe zum Zweck persönlicher und erzieherischer Hilfe anvertraut werden. Sie unterliegen einem besonderen Vertrauensschutz. Wenn eine Person einer anderen etwas anvertraut, verlässt sie sich darauf, dass das Geheimnis bewahrt wird, oder erwartet zumindest, dass die Informationen Dritten nicht zugänglich sind.

⇨ § 65 Sozialgesetzbuch (SGB) – Achtes Buch (VIII) – Kinder- und Jugendhilfe

Bagatelldelikte

Bagatelldelikte sind Straftaten, denen nur geringe strafrechtliche Bedeutung beigemessen wird. Dies kann sein, weil der Schaden oder die Intensität der Tat gering sind. Die Voraussetzungen für Bagatelldelikte sind an den § 153 StPO – Absehen von der Verfolgung bei Geringfügigkeit – angelehnt. Danach liegt ein Bagatelldelikt dann vor, wenn es sich um ein Vergehen handelt (in Abgrenzung zum Verbrechen), die Schuld der Täterin*innen als gering anzusehen ist und kein öffentliches Interesse an der Verfolgung besteht.

⇨ § 153 Strafprozessordnung (StPO)

Delinquenz

Delinquenz bezeichnet die abweichenden, gegen strafrechtliche Normen verstoßenden, Verhaltensweisen, unabhängig vom Alter bzw. der strafrechtlichen Verantwortbarkeit. Jugenddelinquenz ist ubiquitär und episodenhaft. Sie weicht quantitativ und qualitativ von der Delinquenz Erwachsener ab.

⇨ z. B. AK HochschullehrerInnen Kriminologie (Hrsg.) 2022: Kriminologie und Soziale Arbeit. Weinheim: Beltz-Verlag.

Devianz

Devianz ist die Abweichung von der Norm. Hierbei geht es nicht nur um strafrechtlich relevante Abweichung, sondern auch um alle anderen (wie jugendliche Subkulturen, Trebegang, Schuldistanz, Esstörungen, früher auch Homosexualität). Welches Verhalten als deviant beschrieben wird, ändert sich im Kontext gesellschaftlicher Entwicklungen. Bei der Betrachtung von Devianz spielen soziale Wahrnehmung und soziale Kontrolle eine große Rolle.

⇨ z. B. Kaiser, G., Kerner, H.-J., Sack, F. & Schellhoss, H. (Hrsg.) (1993). Kleines Kriminologisches Wörterbuch. Heidelberg: utb C. F. Müller.

einzelfallbezogene Fallkonferenz (EFK)

Unter einzelfallbezogenen Fallkonferenzen werden institutionenübergreifende multidisziplinäre Gespräche verstanden, die sich auf Jugendliche und Heranwachsende beziehen und bei denen eine oder mehrere Straftaten das auslösende Moment sind oder die damit in Zusammenhang stehen. In der Praxis werden unterschiedliche Bezeichnungen verwendet.

⇨ Definition: Ministerium für Justiz und Gleichstellung des Landes Sachsen-Anhalt, Geschäftsstelle der Justizministerkonferenz (Hrsg.) (2011). 82. Konferenz der Justizministerinnen und Justizminister am 18. Und 19. Mai 2011 in Halle (Saale). TOP II.2 Behördenübergreifende Zusammenarbeit und Datenschutz. Magdeburg, S. 6.

Haus des Jugendrechts

Die Häuser des Jugendrechts bieten die Leistungen von Polizei, Staatsanwaltschaft, Jugendhilfe im Strafverfahren/Jugendgerichtshilfe sowie freien Trägern in der Regel im gleichen Haus an. Damit sollen die kurzen Wege für Informationen eine schnelle Reaktion auf delinquentes Verhalten ermöglichen. Die Durchführung von Fallkonferenzen stellt einen wichtigen Bestandteil der Häuser des Jugendrechts dar. Problematisiert wird, dass junge Menschen die unterschiedlichen Berufsbereiche und ihre Aufgaben durch das gemeinsame Auftreten nach außen nicht sicher unterscheiden können und durch die Nähe die Einhaltung des Datenschutzes erschwert ist.

⇨ z. B. Ministerium der Justiz Rheinland-Pfalz: https://jm.rlp.de/de/themen/jugendstrafrecht/haeuser-des-jugendrechts/

Hilfeplanung, Hilfeplanverfahren und Hilfeplan

Die *Hilfeplanung* ist der Oberbegriff für die verschiedenen Elemente eines längeren Hilfeprozesses und umfasst die Beratung, Beteiligung, die Bedarfsfeststellung als auch die Aufstellung eines Hilfeplans. Das *Hilfeplanverfahren* bezieht sich auf die methodische Gestaltung und Umsetzung der Hilfe zur Erziehung.

Der *Hilfeplan* ist das Protokoll des Hilfeplangespräches. In ihm werden die Bedarfe, welche Art von Hilfeangeboten und welche Leistungen der Jugendhilfe damit einhergehen, beschrieben und festgelegt. Der Hilfeplan definiert überdies die Zusammenarbeit zwischen der Kinder- und Jugendhilfe und allen anderen beteiligten Personen und Institutionen und dient der Kontrolle von Zielen und Handlungsschritten.

⇨ § 36 Sozialgesetzbuch (SGB) – Achtes Buch (VIII)– Kinder- und Jugendhilfe

⇨ Bundesarbeitsgemeinschaft der Landesjugendämter (2015). Empfehlungen Qualitätsmaßstäbe und Gelingensfaktoren für die Hilfeplanung gemäß § 36 SGB VIII. Kiel, S. 11.

Hilfen zur Erziehung als Leistung gem. SGB VIII

Junge Menschen haben ein Recht auf Erziehung und Förderung ihrer Entwicklung. Ist eine dem Wohl des Kindes entsprechende Erziehung nicht mehr gewährleistet, haben Personensorgeberechtigte einen Anspruch auf Unterstützung durch das Jugendamt in Form von Hilfen zur Erziehung. Diese richten sich nach dem individuellen Bedarf und können in ambulanter als auch in stationärer Form geleistet werden. Es handelt sich hierbei i. d. R. um eine intensive und längerfristige Unterstützungsleistung, mit dem Ziel, das Wohlergehen von Kindern und Jugendlichen auch in schwierigen Lebenssituationen zu sichern und Eltern bei der Bewältigung von Problemlagen zu unterstützen.

Auch junge Volljährige haben einen Anspruch auf Unterstützung durch die Jugendhilfe, wenn sie im Rahmen ihrer Persönlichkeitsentwicklung für eine selbstbestimmte, eigenverantwortliche und selbständige Lebensführung noch der Hilfe bedürfen.

⇨ § 27 und § 41 Sozialgesetzbuch (SGB) – Achtes Buch (VIII) – Kinder- und Jugendhilfe

⇨ https://www.unterstuetzung-die-ankommt.de/de/das-machen-wir/fuer-eltern/hilfen-zur-erziehung/

Jugendsachbearbeitung

Die bundesweit gültige *Polizeidienstvorschrift 382 – Bearbeitung von Jugendsachen* (Ausgabe 1995) weist unter Ziffer 1.2 an: „Mit der Bearbeitung von Jugendsachen sind besonders geschulte Polizeibeamte (Jugendsachbearbeiter) zu beauftragen. Soweit solche nicht zur Verfügung stehen, sind andere geeignete Polizeibeamte einzusetzen". Die Struktur der polizeilichen Jugendsachbearbeitung und die Ausgestaltung der Schulung sind in den Bundesländern unterschiedlich.

⇨ Polizeidienstvorschrift (PDV) 382 – Bearbeitung von Jugendsachen

Kinderschutz

Jedes Kind hat das Recht, sicher und gesund aufzuwachsen. Kind ist im Sinne der UN-Kinderrechtskonvention jeder junge Mensch unter 18 Jahren.

Gewaltfrei und unterstützt durch Erziehung, Bildung und Förderung sollen Kinder und Jugendliche ihre Persönlichkeit und ihre Stärken entwickeln können. Wenn Eltern ihre Erziehungsverantwortung grob vernachlässigen oder missbrauchen, muss der Staat Kinder und Jugendliche schützen. Diese Aufgabe erfüllen die Jugendämter und die Familiengerichte. Straftaten können ein Hinweis auf eine Kindeswohlgefährdung sein.

⇨ UN-Kinderrechtskonvention
⇨ Das Jugendamt. Unterstützung, die ankommt. https://www.unterstuetzung-die-ankommt.de/de/das-machen-wir/fuer-alle/kinderschutz/#was-bedeutet-kinderschutz

Kooperation

Das Ziel von Kooperation ist, Ressourcen für definierte Bereiche oder einzelne Vorhaben zu bündeln. Dabei ist das Resultat der gemeinsamen Bemühungen zu sehen, nicht aber die jeweiligen Einzelleistungen der Bestandteile: Welcher Strang die Stabilität gibt, handlungs-

leitend oder besonders aktiv war, ist dem Ergebnis oft nicht zu entnehmen. Die Beteiligten handeln also nicht nur im Eigeninteresse,
sondern beziehen die Interessen der anderen Partner*innen mit ein.
Dazu müssen sie bereit und fähig sein, einen Perspektivwechsel zu
vollziehen, der dies überhaupt möglich macht. Vor dem Hintergrund
der Vielfältigkeit (und zum Teil auch Gegensätzlichkeit) der beteiligten Berufsgruppen stellt dies in der Jugendstrafrechtspflege eine
zentrale Herausforderung dar. Der Grad der Freiwilligkeit zur Teilnahme entscheidet darüber, wie gemeinsame Zielsetzungen festgelegt und Leistungen ausgetauscht werden. Kooperationen bezeichnen
meist eine längerfristige Zusammenarbeit auf der Arbeitsebene.

Koproduktion

In dieser Form der Zusammenarbeit erbringt jede*r Partner*in einzelne Leistungen, die zusammengesetzt ein gemeinsames Ergebnis
bilden. Das hat den Vorteil, dass die Beteiligten in ihrem eigenen Aufgabenbereich, in dem sie sich am besten auskennen, handeln. Ihre
eigenen Ergebnisse können sie sowohl für sich als auch als Teilergeb-
nisse (Puzzleteil) des Ganzen (fertiges Puzzle) verwenden. Die Verantwortung für den eigenen Teil bleibt bei ihnen. Alle Beteiligten
bringen so ihre Ressourcen in die Prozesse ein und gestalten ein gemeinsames Gesamtergebnis. „Dabei sollen keine zusätzlichen neuen
Strukturen auf kommunaler Ebene implementiert werden, sondern
mit den bestehenden öffentlichen und privaten Trägern sowie den gesellschaftlichen Gruppen zu einer neuen koproduktiven Praxis
[ge]kommen [werden]. Die lokalen Akteure gehen ein Bündnis ein
und setzen dieses Bündnis unter gemeinsam entwickelten Leit- bzw.
Oberzielen ein." (Brocke, 2003, S. 10) Eine Koproduktion ist in der
Regel ein freiwilliger Zusammenschluss von verschiedenen Partner*innen.

⇨ z. B. Brocke, H. (2003). Soziale Arbeit als Koproduktion. In: Stiftung
   Sozialpädagogisches Institut (SPI) (Hrsg.), Jahresbericht 2002/2003
   (S. 8–21). Berlin: SPI.

Kriminalität

Kriminalität umfasst alle strafrechtlich relevanten Verstöße in einer
Gesellschaft. Die Bezeichnung als „kriminell" ist eine Zuschreibung,

die sich auf bereits begangene Straftaten bezieht und eine Erwartung in das zukünftige Verhalten impliziert. Deshalb wird es häufig als Synonym für verfestigte Delinquenz verwendet.

Jugendkriminalität ist ubiquitär, transitorisch, eher spontan und oft gruppenbezogen. Sie verweist nicht nur auf Jugendliche als Täter, sondern auch als Geschädigte. Der Großteil wiederholter und schwerer Straftaten wird durch eine kleine Gruppe junger Menschen verübt, die in der Regel komplexe Problemlagen aufweist.

⇨ z. B. Dollinger, B. & Schmidt-Semisch, H. (2018). Sozialpädagogik und Kriminologie im Dialog. Einführende Perspektiven zum Ereignis „Jugendkriminalität". In B. Dollinger & H. Schmidt-Semisch (Hrsg.), Handbuch Jugendkriminalität. Interdisziplinäre Perspektiven (3. Aufl.) (S. 3–16). Wiesbaden: Springer.

Legalitätsprinzip

Das Legalitätsprinzip verpflichtet die Strafverfolgungsbehörden (Staatsanwaltschaft und Polizei) bei dem Verdacht einer Straftat, diese von Amts wegen zu verfolgen. Polizeibeamtinnen und -beamte sind gem. § 163 StPO verpflichtet, Straftaten zu erforschen und erforderliche Anordnungen zu treffen, um deren Verdunklung zu verhüten. Voraussetzung ist der Anfangsverdacht einer rechtswidrigen, verfolgbaren Straftat, welcher auf zureichenden tatsächlichen Anhaltspunkten basiert. Es genügt bereits, wenn kriminalistische Erfahrung es als möglich erscheinen lässt, dass überhaupt eine Straftat begangen wurde. (Matzke & Schramm, 2009, S. 2)

⇨ z. B. Matzke, M. & Schramm, C. (2009). Legalitätsprinzip aus juristischer Sicht und Bedeutung für die Jugendhilfe. In Clearingstelle Jugendhilfe/Polizei (Hrsg.): Infoblatt Nr. 47. Berlin.
⇨ §§ 152, 160, 163 Strafprozessordnung (StPO)

Mehrfach- und Intensivtäter*innen

Eine bundesweit einheitliche Definition für den Begriff „Intensivtäter" gibt es nicht. „Die Bezeichnung [...] stammt aus der polizeilichen Praxis und findet üblicherweise bei Personen Anwendung, die über einen festgelegten Zeitraum hinweg für eine bestimmte Anzahl von Delikten als Tatverdächtige identifiziert wurden." (Walsh, 2018, S. 7) Neben der im Vergleich zu anderen Konstellationen der ubiquitären

Jugenddelinquenz erhöhten Deliktsbelastung gelten diese Mehrfach-
und Intensivtäter*innen auch aufgrund ihrer Sozialprofile als belastet.

Die Begriffe sind keine der Jugendhilfe. Von ihr werden aus Gründen
des labeling approach eher multiple Problemlagen in den Fällen definiert.

⇨ Walsh, M. (2018). Effekte von Ansätzen und Maßnahmen im Um-
   gang mit jungen „Intensiv"- und Mehrfachtätern. Systematische
   Übersichtsarbeit zu den Methoden und Ergebnissen von Studien
   zur Evaluation von Präventionsansätzen. Berichte des Nationalen
   Zentrums für Kriminalprävention, Nr. 2. Bonn: Nationales Zentrum
   Kriminalprävention.

Netzwerk

John A. Barnes fand 1954 bei einer Untersuchung der Sozialstruktu-
ren auf einer norwegischen Insel eine Organisationsform, die bis da-
hin nicht beschrieben war – das Netzwerk. Es beschrieb einen Zusammenschluss ohne klare, eindeutige und leicht zugängliche Strukturen. Es gäbe eine Vielzahl von Akteur*innen mit verschiedenen
Verbindungen zueinander, Ansprechpersonen und Regeln sind von
außen nicht klar erkennbar. Dabei könnten die Anzahl, Dichte und
Intensität der Beziehungen stark variieren. (Barnes, 1969) Die Verantwortung für Einzelthemen ist dezentral verortet. Koordination des
Netzwerks, Kooperationen zu Einzelthemen, Aktivitäten und Verfahren sind nicht zwangsläufig festgelegt und zum Teil informell. Bei
Netzwerken ist das persönliche Engagement wichtiger als das institutionelle Interesse, da flache Hierarchien und eine transparente Kommunikation wesentliche Merkmale sind. Ein Netzwerk handelt gemeinsam zu einem vereinbarten Thema. Ideal sind Netzwerke mit
„einem ausgewogenen Verhältnis zwischen starken und schwachen
Beziehungen, damit die jeweiligen Vorteile genutzt und Nachteile
vermieden werden können. Optimal ergibt sich ein Gleichgewicht
zwischen Vertrautem und Neuem, Ähnlichkeit und Verschieden-
heit." (Quilling, Nicolini et al., 2013, S. 16)

⇨ Barnes, John A. (1969). Graph theory and social networks. Sociology, 3, S. 215–232.

⇨ Quilling, E., Nicolini, H. J., Graf, C. & Starke, D. (2013). Praxiswissen Netzwerkarbeit. Gemeinnützige Netzwerke erfolgreich gestalten. Wiesbaden: Springer VS.

Opportunitätsprinzip

Bei der Verfolgung von Ordnungswidrigkeiten ist Polizeibeamtinnen und- beamten grundsätzlich ein Ermessensspielraum zugestanden, ob (Handlungsermessen) und wie (Auswahlermessen) im Falle von ordnungswidrigem Verhalten oder Zuständen eingegriffen werden kann. Dabei kann sich dieser Ermessensspielraum auf null reduzieren, je schwerwiegender und gefahrenträchtiger sich die jeweilige Verfehlung darstellt.

⇨ §§ 47, 53 OWiG

personenbezogene Daten

Grundsätzlich fallen alle Daten unter die personenbezogenen Daten, mit deren Hilfe ein Personenbezug hergestellt werden kann.

Der Begriff personenbezogene Daten wird in Artikel 4 der DSGVO als „alle Informationen, die sich auf eine identifizierte oder identifizierbare natürliche Person [...] beziehen" beschrieben. Damit ist die Zuordnung einer Person „zu einer Kennung wie einem Namen, zu einer Kennnummer, zu Standortdaten, zu einer Online-Kennung oder zu einem oder mehreren besonderen Merkmalen, die Ausdruck der physischen, physiologischen, genetischen, psychischen, wirtschaftlichen, kulturellen oder sozialen Identität dieser natürlichen Person sind" gemeint.

⇨ Artikel 4 DSGVO
⇨ § 46 Abs. 1 Bundesdatenschutzgesetz (BDSG)

Schweigepflicht

Für staatlich anerkannte Sozialarbeiter*innen, deren Gehilf*innen, Praktikant*innen und andere im Berufsfeld der Sozialen Arbeit Tätigen besteht generell eine gesetzliche Schweigepflicht gem. § 203 StGB (Verletzung von Privatgeheimnissen).

⇨ § 203 Strafgesetzbuch (StGB)

Steuerungsverantwortung

Die Leistungserbringung von sozialpädagogischen Unterstützungsleistungen (u. a. Hilfen zur Erziehung gem. § 27 ff SGB VIII) obliegt dem öffentlichen Träger der Jugendhilfe. Die Bewilligung, Durchführung und Kostenerstattung sind gesetzlich normiert und gemäß der sozialrechtlichen Fachstandards zu prüfen. Nur wenn die Leistungsvoraussetzungen des SGB VIII vorliegen, ist der öffentliche Träger der Jugendhilfe verpflichtet und dazu berechtigt Erziehungshilfe zu leisten.

Es besteht keine Weisungsbefugnis durch Gerichte oder andere Behörden.

⇨ § 36 a Sozialgesetzbuch (SGB) – Achtes Buch (VIII) – Kinder- und Jugendhilfe
⇨ Trenczek, T. & Goldberg, B. (2016). Jugendkriminalität, Jugendhilfe und Strafjustiz. Mitwirkung der Jugendhilfe im strafrechtlichen Verfahren. Stuttgart: Richard Boorberg Verlag, S. 180 und 444.

Subsidiaritätsprinzip

Nach dem Subsidiaritätsprinzip soll eine (staatliche) Aufgabe soweit wie möglich von der unteren Ebene bzw. der kleineren Einheit wahrgenommen werden. Bei staatlichen Aufgaben sind zuerst und im Zweifel untergeordnete, lokale Glieder wie Stadt, Gemeinde oder Kommune (also z. B. das Jugendamt) für die Lösung und Umsetzung zuständig, während übergeordnete Glieder nachrangig sind. Der Subsidiaritätsgedanke tritt unter dem Vorbehalt ein, dass das untergeordnete Glied in der Lage ist, die Aufgaben autonom zu lösen. Sollte die andere Behörde (z. B. das Jugendamt) nicht rechtzeitig eingreifen können, geht die Eilfallzuständigkeit an die Polizei, bis die eigentlich zuständige Behörde ihre Aufgabe erfüllen kann. Sollten die Mittel der anderen Behörde nicht ausreichen, um zur Gefahrenabwehr tätig zu werden, gibt es eine Notzuständigkeit. In der Paxis heißt das zum Beispiel: Die Erziehung ist die Pflicht der Eltern. Bei Bedarf erhalten sie Unterstützung durch Hilfeangebote. Freie Träger übernehmen Aufgaben, bevor das Jugendamt das selbst tut. In der Jugendkriminalrechtspflege fällt dies unter die Schlagworte „Erziehung statt Strafe", „Jugendhilfe vor Jugendstrafrecht" und „Informelle anstatt formeller Erledigung".

Verankert z. B. in:

⇨ Artikel 6 Grundgesetz für die Bundesrepublik Deutschland
⇨ § 4 Abs. 2 Sozialgesetzbuch (SGB) – Achtes Buch (VIII) – Kinder- und Jugendhilfe
⇨ Polizeidienstvorschrift (PDV) 382 – Bearbeitung von Jugendsachen

Verhältnismäßigkeitsgrundsatz (im Gefahrenabwehrrecht)

„Das Übermaßverbot [Verhältnismäßigkeit im weiteren Sinne] stellt einen wichtigen rechtsstaatlichen Grundsatz dar, der sich auch aus den Grundrechten ableiten lässt. Im Übermaßverbot enthaltene Untergrundsätze sind der Grundsatz der *Geeignetheit des Mittels*, der *Grundsatz des geringsten Eingriffs* – auch als Grundsatz des mildesten Mittels oder der *Erforderlichkeit* bezeichnet – sowie der Grundsatz der Verhältnismäßigkeit *im engeren Sinn* – auch als *Angemessenheit* bezeichnet. Die Reihenfolge dieser Prinzipien drückt eine Steigerung der den Gefahrenabwehrbehörden auferlegten Rechtsschranken aus." (Graulich, 2021, Rn.36)

⇨ Graulich, K. (2021). Das Handeln von Polizei- und Ordnungs-behörden zur Gefahrenabwehr, Rn. 36. In Lisken/Denninger (Hrsg.), Handbuch des Polizeirechts. (7. Aufl.) München: C. H. Beck.

Zeugnisverweigerungsrecht

Sozialarbeiter*innen müssen als Zeug*innen in einem Strafverfahren wahrheitsgemäße Angaben machen und dürfen nichts verschweigen, da sie nicht zu einer der in § 53 StPO (Zeugnisverweigerungsrecht) aufgeführten Berufsgruppen gehören. Ausnahmen gibt es nur für Mitarbeitende in anerkannten Beratungsstellen nach § 3 des Gesetzes über Aufklärung, Verhütung, Familienplanung und -beratung und der Drogenberatung.

Eine Pflicht zur Aussage besteht grundsätzlich nur gegenüber der Staatsanwaltschaft und dem Gericht.

⇨ § 53 in Verbindung mit § 53a Strafprozessordnung (StPO)

Verzeichnis der Mitwirkenden

Atasoy, Beyza — Dipl. Sozialarbeiterin, Kommunaler Sozialer Dienst, Gruppenleitung Jugendhilfe, Mülheim an der Ruhr.
beyca.atasoy@muelheim-ruhr.de

Borchert, Bill — Jurist, Sprecher der BAG der Jugendanstaltsleitungen und besonderen Vollstreckungsleitungen der DVJJ. bill.borchert@jsa.berlin.de

Busse, Pamela — Dipl. Sozialarbeiterin, Mediatorin in Strafsachen, Kinderschutzfachkraft, Kommunaler Sozialer Dienst, Koordination Jugendhilfe im Strafverfahren, Mülheim an der Ruhr. pamela.busse@muelheim-ruhr.de

Bramkamp, Henning — B. A. Sozialarbeit/Sozialpädagogik, M. A. Sozialmanagement, Schulsozialarbeit, Schulzentrum Blumenthal, Bremen.
henning.bramkamp@schulverwaltung.bremen.de

Brüggemann, Ulrich — Dipl. Politikwissenschaftler, Dipl. Sozialwissenschaftler, Leitung Regionales Beratungs- und Unterstützungszentrum Bremen Nord bei der Senatorin für Kinder und Bildung Bremen.
ulrich.brueggemann@rebuz.bremen.de.

Drießen, Stephan — Dipl. Sozialarbeiter, Casemanagement – U 25, Mülheim an der Ruhr. stephan.driessen@muelheim-ruhr.de

Federrath, Claudia Dr.[in] — Leiterin der Abteilung II beim Berliner Beauftragten für Datenschutz und Informationsfreiheit.
federrath@datenschutz-berlin.de

Fritsch, Konstantin — Diplom-Pädagoge, Kinder- und Jugendlichenpsychotherapeut in Berlin. fritsch@familienpraxis-friedrichshain.de

Fritsch, Konstanze — Diplom-Pädagogin, Diplom-Kriminologin, Mediatorin, Organisationsentwicklerin, Geschäftsbereichsleiterin bei der Stiftung SPI in Berlin. konstanze.fritsch@berlin.de

Glück, Stefanie — B. A. Erziehungs- und Sozialwissenschaften, M. A. Kriminologie, Mitarbeiterin der Jugendhilfe im Strafverfahren in Bremen. stefanie.glueck@afsd.bremen.de

Gössling, Patrick — Referent für öffentliches Gesundheitswesen, Soziales und Kinder- und Jugendhilfe beim Berliner Beauftragten für Datenschutz und Informationsfreiheit. goessling@datenschutz-berlin.de

Goldberg, Brigitta Prof.in Dr.in iur. — Diplom-Sozialarbeiterin und Juristin, Professorin für Jugendhilferecht, (Jugend-)Strafrecht und Kriminologie an der Ev. Hochschule Rheinland-Westfalen-Lippe in Bochum. goldberg@evh-bochum.de

Häßler, Frank Prof. Dr. med. habil. — Facharzt Kinder- und Jugendpsychiatrie, Psychiatrie und Neurologie, Psychotherapeut, Chefarzt der Tagesklinik für Kinder- & Jugendpsychiatrie in Rostock. frank.haessler@ggp-gruppe.de

Kundt, Daniela — Dipl. Sozialpädagogin (BA), Kriminologie und Polizeiwissenschaft (M. A.), Dienststellenleitung Ambulante Maßnahmen der Jugendhilfe im Strafverfahren beim Jugendamt Stuttgart. daniela.kundt@stuttgart.de

Kusserow, Jürgen — Dipl. Sozialarbeiter, Coach, Stadt Waltrop. juergen.kusserow@gmail.com

Lampe, Dirk — M. A. Internationale Kriminologie, Wissenschaftlicher Referent im Projekt „Jugend(hilfe) im Strafverfahren – neue Gesetzeslage, veränderte Aufgaben und die Perspektive der jungen Menschen" am Deutschen Jugendinstitut e. V. in München. lampe@dji.de

Las Casas dos Santos, Sebastian — Soziale Arbeit B. A., Ambulante Betreuung im Jugendstrafverfahren der Arbeiterwohlfahrt für die Region Osnabrück e. V., Haus des Jugendrechts Osnabrück. lascasas@osnabrueck.de

Riekenbrauk, Klaus Prof. Dr. jur. — Rechtsanwalt, em. Professor für (Jugend-)Strafrecht, Jugendhilferecht und Menschenrechte an der Hochschule Düsseldorf. klaus.riekenbrauk@hs-duesseldorf.de

Reckfort, Michael — Diplom Sozialpädagoge, Jugendhilfe im Strafverfahren Kreis Coesfeld. michael.reckfort@kreis-coesfeld.de

Schmidt, Andrea — Dipl. Sozialpädagogin (FH), Kriminologie und Polizeiwissenschaft (M. A.), Jugendhilfe im Strafverfahren Stadtjugendamt Erlangen. andrea.schmidt@stadt.erlangen.de

Schmoll, Annemarie Dr.[in] iur. — Diplom-Juristin, B. A., ist Wissenschaftliche Referentin im Projekt „Jugend(hilfe) im Strafverfahren – neue Gesetzeslage, veränderte Aufgaben und die Perspektive der jungen Menschen" am Deutschen Jugendinstitut e. V. in München. schmoll@dji.de

Seel, Corinna — B. A. Soziale Arbeit, Bewährungshelferin bei der Bewährungs- und Gerichtshilfe Baden-Württemberg, spezialisiert auf die Arbeit mit Jugendlichen innerhalb der Bewährungshilfe in Stuttgart. corinna.seel@bgbw.bwl.de

Speckin, Verina — Rechtsanwältin, Fachanwältin für Strafrecht, Rostock. info@sns-partner.de

Tanne, Thomas — Teamleiter ABH Mülheim an der Ruhr. thomas.tanne@muelheim-ruhr.de

Wantzen, Maxi — Staatsanwältin, Diplom-Kriminologin, Staatsanwaltschaft Itzehoe. maxi.wantzen@staiz.landsh.de

Wesely, Tilman — Kriminalhauptkommissar, Mitarbeiter in der Zentralstelle Jugendsachen des Landeskriminalamtes Niedersachsen. tilman.wesely@polizei.niedersachsen.de.

Positionspapier der DVJJ zu sogenannten Fallkonferenzen*

Beschlossen vom Vorstand der DVJJ im Januar 2014

Seit einiger Zeit wird über die Sinnhaftigkeit und Zulässigkeit von sogenannten Fallkonferenzen im weiteren Kontext von Jugendstrafverfahren intensiv diskutiert. Dabei wird auch die Frage nach der Notwendigkeit einer ausdrücklichen gesetzlichen Regelung gestellt. Sowohl die Justizministerkonferenz (JuMiKo) als auch die Jugend- und Familienministerkonferenz (JFMK) fordern von den jeweiligen Ministerien Vorschläge zu klarstellenden gesetzlichen Regelungen.[1] Grundlage dieser Forderung ist der im September 2012 vorgelegte Abschlussbericht der gemeinsamen Arbeitsgruppe „Behördenübergreifende Zusammenarbeit und Datenschutz", in dem einige Problembereiche aufgezeigt werden und vorgeschlagen wird, mit Regelungen im SGB VIII und JGG „klar[zu]stellen, dass einzelfallbezogene Fallkonferenzen wie fallübergreifende Kooperationen zum zulässigen Instrumentarium der Jugendhilfe und der Jugendstrafrechtspflege (unter Beachtung der durch die Erfordernisse der richterlichen Unabhängigkeit und Unbefangenheit gesetzten Grenzen) gehören und dabei im Rahmen der geltenden Datenschutzvorschriften auch personenbezogene Daten übermittelt werden dürfen." (S. 12).

Die Praxis der Fallkonferenzen ist ausgesprochen heterogen: Die Konzepte unterscheiden sich beispielsweise darin, in welcher Weise und mit welchem Ziel konkrete Einzelfälle besprochen werden – ein auch für die rechtliche Bewertung zentraler Punkt – und darin, welche Institutionen beteiligt sind und bei wem die Federführung liegt. Der Begriff „Fallkonferenzen" wird für sehr unterschiedliche Konzepte verwendet, daher ist hier ausdrücklich von „sogenannten" Fallkonferenzen die Rede.

---

* Das Positionspapier wird hier im Originalwortlaut ohne sprachliche oder formale Anpassungen abgedruckt, um den Lauf der Diskussion in den letzten Jahren zu dokumentieren.

1 Beschlüsse der Justizministerkonferenz (JuMiKo) vom 12./13. Juni 2013 und der Jugend- und Familienministerkonferenz (JFMK) vom 6./7. Juni 2013

I.   Fallübergreifende Konferenzen

Eine intensive Zusammenarbeit, regelmäßige und verbindliche Kooperation
zwischen den am Jugendstrafverfahren beteiligten Institutionen und Kenntnis
der jeweiligen Arbeitsweisen und Personen sind von großer Bedeutung für eine
fachlich gute Praxis. Konferenzen – etwa in Form Runder Tische, kleiner und
großer Runden oder Arbeitskreise, die stattfinden, ohne dass ein konkretes
Problem oder ein konkreter Fall der Anlass sind, bereiten auch den Boden für
gute Kooperation und um gegebenenfalls auftretende Einzelprobleme lösen zu
können. Es ist wichtig, dass diese Form der Zusammenarbeit von den jeweiligen
Institutionen bzw. Dienstherren gewollt ist und unterstützt wird. Sie ist auch in
den Arbeitszeitberechnungen vorzusehen. Fachliche Gründe gegen eine fallübergreifende, regelmäßige, institutionalisierte Zusammenarbeit werden nicht
vorgebracht. Datenschutzprobleme stellen sich hier nicht, da keine personenbezogenen oder personenbeziehbaren Daten ausgetauscht werden. Als förderlich
sind insbesondere folgende Faktoren anzusehen:

- Unterstützung durch die Leitungsebene, aber keine Verordnung, sondern
  Ermöglichung und Nutzung gewachsener Strukturen
- personelle Kontinuität
- Rollenklarheit
- Keine (formelle oder informelle) hierarchische Struktur zwischen den Kooperationspartnern
- Zielklarheit und Respektierung unterschiedlicher Ziele (z.B. Verfahrensbeschleunigung ist nicht immer und nicht für alle Akteure richtig und
  wichtig)

Einer ausdrücklichen gesetzlichen Grundlage für eine solche Zusammenarbeit
bedarf es nicht, teilweise existieren für die Jugendhilfe und die Polizei Regelungen, die allgemein eine strukturelle Zusammenarbeit vorsehen.[2] Für die Justiz

---

[2]   Im Vorwort der Polizeidienstvorschrift (PDV) 382 – Bearbeitung von Jugendsachen – heißt
      es: „Für die Polizei gilt besonders im Jugendbereich der Grundsatz: „Prävention geht vor
      Repression". Deshalb arbeitet die Polizei auch im Rahmen jugendspezifischer Präventions-
      konzeptionen und -programme mit anderen (originär) zuständigen Stellen eng zusam-
      men." Nach § 81 Nr. 2, Nr. 9 SGB VIII hat die Jugendhilfe insbesondere auch mit den
      Jugendgerichten und Staatsanwaltschaften sowie den Polizeibehörden im Rahmen ihrer
      Aufgaben und Befugnisse zusammenzuarbeiten. § 3 KKG - Rahmenbedingungen für ver-
      bindliche Netzwerkstrukturen im Kinderschutz – sieht vor, dass die verbindliche Zusam-
      menarbeit als Netzwerk durch den öffentlichen Träger der Jugendhilfe organisiert wird,

finden sich gelegentlich Regelungen in den Diversionsrichtlinien.[3] Auch ohne ausdrückliche Regelung werden Zulässigkeit und Notwendigkeit fallübergreifender Konferenzen soweit ersichtlich nicht in Frage gestellt.

II.   Einzelfallbezogene Konferenzen

Weitaus schwieriger zu beurteilen als fallübergreifende Konferenzen sind einzelfallbezogene Konferenzen, nicht zuletzt vor dem Hintergrund einer sehr unterschiedlichen Praxis. Eine sinnvolle Diskussion über die Frage von sogenannten Fallkonferenzen erfordert daher immer eine klare Verständigung über die Frage, was in diesem Rahmen genau von wem zu welchem Zeitpunkt mit welchem Ziel besprochen werden soll.

Vielfach, aber nicht ausschließlich, werden als Anwendungsbereich „Intensivtäter" oder Multiproblemfälle angegeben, es finden sich mitunter deutliche Unterschiede in der Zielsetzung. Folgende Ziele / Zwecke werden z.B. in Praxisbeschreibungen/Konzeptdarstellungen genannt:

- „wirksame Bekämpfung von Jugendkriminalität" (AG behördenübergreifende Zusammenarbeit)
- Beschleunigung von Jugendstrafverfahren
- Weniger Informationsverlust
- Vermeidung weiterer Straftaten
- Vermeidung weiterer Gefährdung
- Vermeidung von Jugendstrafe
- Vollständiges Bild, abgestimmtes Gesamtkonzept

Entsprechend unterscheidet sich auch die Ausgestaltung. Häufig liegt die Federführung bei der Polizei oder der Staatsanwaltschaft, seltener bei der Jugendhilfe. Teilweise werden weitere Akteure (Schule, Ausländerbehörde...) ebenfalls eingebunden. Die Beteiligung der betroffenen jungen Menschen und der Sorgeberechtigten scheint eher die Ausnahme zu sein – dass in diesen Fällen gegebe-

---

sofern Landesrecht keine andere Regelung trifft. Grundsätze für eine verbindliche Zusammenarbeit sollen die Beteiligten in Vereinbarungen festlegen, auf vorhandene Strukturen soll zurückgegriffen werden.

3   z.B. Richtlinien für die Bearbeitung von Ermittlungsverfahren in Jugendstrafsachen bei jugendtypischem Fehlverhalten (Diversionsrichtlinien) Gem. RdErl. d. MJ, d. MI u. d. MS v. 4. 6. 2012 – 4210 - 403. 103 – (– VORIS 33310 –); 3.1 und 3.2

nenfalls strafprozessuale Belehrungen zu erfolgen haben, wird in den publizierten Konzeptpapieren häufig nicht problematisiert.

Einheitlich wird entsprechend der eindeutigen Rechtslage offenbar gesehen, dass eine Fallkonferenz keine verbindlichen Entscheidungen treffen, sondern nur Empfehlungen aussprechen kann für die jeweiligen Akteure (Polizei, Jugendhilfe, Justiz...), die weiterhin innerhalb ihrer jeweiligen Verfahren und Handlungsformen agieren müssen. Was dies für die Praxis bedeutet, dürfte wesentlich von den konkreten Bedingungen vor Ort abhängen: Wo ohnehin gut kooperiert wird, die jeweiligen Personen, Bedingungen und Strategien gegenseitig bekannt sind und akzeptiert werden, stellt sich die Frage, welchen Mehrwert eine formalisierte Fallkonferenz erzeugen kann. Wo diese Bedingungen aber nicht bestehen, werden Entwicklung und Umsetzung von gemeinsam getragenen Empfehlungen wenig realistisch sein.

Zwei konkrete rechtliche Problemfelder sind von besonderer Relevanz: der Datenschutz und die Gewährleistung rechtsstaatlicher Verfahrensgarantien des Strafrechts. Ihre Lösung erscheint – je nach Art des Konzepts – allerdings deutlich schwieriger als dies gelegentlich suggeriert wird.[4]

Datenschutz

Datenschutzrechtliche Probleme im Kontext einzelfallbezogener Fallkonferenzen ergeben sich insbesondere zwischen der Jugendhilfe einerseits und Polizei bzw. Justiz andererseits. Unbestritten ist, dass Fallkonferenzen nur im Rahmen der geltenden Datenschutzregeln durchgeführt werden dürfen und diese nicht überwinden.

Für die Jugendhilfe ist – wie immer im Datenschutz – zwischen der Erhebung und der Übermittlung von Sozialdaten zu unterscheiden. Für die Datenerhebung durch die Jugendhilfe im Rahmen von Fallkonferenzen gelten die allgemeinen Grundsätze des SGB VIII, insbesondere der Zweckbindungs- und Erforderlichkeitsgrundsatz (§§ 62 I, 63 I, 64 I SGB VIII) sowie das Prinzip der Erhebung beim Betroffenen (§ 62 II SGB X). Die Erforderlichkeit der Daten-

---

4   „...die klarstellen, dass einzelfallbezogene Fallkonferenzen wie fallübergreifende Kooperationen zum zulässigen Instrumentarium der Jugendhilfe und der Jugendstrafrechtspflege **(unter Beachtung der durch die Erfordernisse der richterlichen Unabhängigkeit und Unbefangenheit gesetzten Grenzen)** gehören und dabei im Rahmen der geltenden Datenschutzvorschriften auch personenbezogene Daten übermittelt werden dürfen." Bericht der gemeinsamen Arbeitsgruppe „Behördenübergreifende Zusammenarbeit und Datenschutz", S. 12, eigene Hervorhebung

erhebung muss sich dabei immer auf die jeweils konkrete Aufgabe der Jugendhilfe (häufig: Jugendhilfe im Strafverfahren, § 52 SGB VIII, und/oder Leistungsgewährung, §§ 27 ff. SGB VIII) beziehen. Sie wird oftmals gegeben sein, darf
aber keinesfalls schematisch angenommen werden – Einzelheiten strafrechtlicher Vorwürfe beispielsweise mögen für die Jugendhilfe zwar interessant sein,
können aber durchaus für die Frage der Leistungsgewährung unnötig sein.
Auch die Frage, ob ein Ausnahmefall vom Grundsatz der Erhebung beim Betroffenen (§ 62 III SGB VIII) vorliegt, weil etwa die Erhebung beim Betroffenen
nicht möglich ist oder die jeweilige Aufgabe nach ihrer Art eine Erhebung bei
anderen erfordert, bedarf sorgfältiger Prüfung im Einzelfall. Im Einzelfall kann
auch der Ausnahmetatbestand des § 62 II Nr. 2 d SGB VIII (Erforderlichkeit für
die Erfüllung des Schutzauftrags bei Kindeswohlgefährdung nach § 8a SGB
VIII) vorliegen – diese Norm darf aber keinesfalls zur Umgehung des Datenschutzes missbraucht werden.

Ähnlich gelagerte Probleme ergeben sich für die Datenübermittlung durch
die Jugendhilfe. Diese darf nach § 67 b I, II SGB X nur mit Einwilligung durch
den Betroffenen erfolgen (vorher, ausdrücklich, schriftlich, auf Grundlage umfassender Information; gegebenenfalls durch Sorgeberechtigte, wenn nicht
selbst einwilligungsfähig) oder nach § 69 I Nr. 1 SGB X ohne Einwilligung, „soweit sie erforderlich ist für die Erfüllung der Zwecke, für die sie erhoben worden
sind oder für die Erfüllung einer gesetzlichen Aufgabe der übermittelnden Stelle
nach diesem Gesetzbuch...". Für die Zwecke der Aufgabenerfüllung nach dem
SGB dürfte die Übermittlung von Daten aus dem Bereich der allgemeinen Jugendhilfe im Rahmen von Fallkonferenzen in aller Regel nicht erforderlich und
häufig auch aufgrund von § 64 II SGB VIII (Gefährdung einer Leistung nach
SGB VIII) oder § 65 SGB VIII (anvertraute Daten) unzulässig sein. Aber auch
im Kontext der Jugendhilfe im Strafverfahren (Jugendgerichtshilfe, §§ 38 JGG,
52 SGB VIII) kann keinesfalls generalisierend angenommen werden, dass die
Übermittlung von Daten im Rahmen einer Fallkonferenz – also gerade außerhalb des Strafverfahrens – zu den Aufgaben nach SGB VIII/JGG gehört.[5]

Wenn der Bericht der gemeinsamen Arbeitsgruppe „Behördenübergreifende Zusammenarbeit und Datenschutz" formuliert, der Datenschutz sei „an
sich kein Hinderungsgrund für die Durchführung einzelfallbezogener Fallkonferenzen", es bestünden allerdings „vor allem bei Fachkräften immer wieder

---

[5] Anders die Anlage zum Bericht der gemeinsamen Arbeitsgruppe „Behördenübergreifende
Zusammenarbeit und Datenschutz", S. 4: „Daten, die zum Zweck der Jugendgerichtshilfe
erhoben wurden, dürfen daher regelmäßig in Fallkonferenzen an die Justiz übermittelt
werden, weil dies der Ermittlungsaufgabe der Jugendgerichtshilfe entspricht."

Unsicherheiten über die Befugnisse und Grenzen der Informationsübermittlung" (S. 8 f.), so mutet dies daher sehr optimistisch an im Sinne der Zulässigkeit der Datenerhebung und -übermittlung und scheint die Verantwortlichkeit für das Nicht-Zustandekommen von Fallkonferenzen bei fehlenden Kenntnissen in der Jugendhilfe zu suchen.

Rechtsstaatliche Verfahrensgarantien im Strafrecht

Ein weiterer neuralgischer Punkt ist die Frage, ob die rechtsstaatlichen Verfahrensgarantien des Strafrechts im Rahmen von einzelfallbezogenen Fallkonferenzen gewahrt bleiben.

In der Praxis werden die betroffenen Jugendlichen (und/oder ihre Sorgeberechtigten) eher selten unmittelbar an Fallkonferenzen beteiligt. Für den Fall einer Beteiligung fragt sich, wie und ob ausreichend sichergestellt ist, dass durch das besondere Setting keine Umgehung von Verfahrensrechten – insbesondere Belehrungen, etwa über das Schweigerecht – stattfindet. Dem Jugendlichen (und/oder Sorgeberechtigten) muss außerdem die Stellung der Beteiligten (z.b. Legalitätsprinzip für Polizei, Staatsanwaltschaft) unmissverständlich klar sein. Die ungewöhnliche, häufig auch unklare Situation einer Fallkonferenz wird im Sinne des § 70 a I JGG in besonderer Weise erforderlich machen, dass eine genaue Belehrung über Rechte und Pflichten erfolgt. Ebenso muss die Möglichkeit eingeräumt werden, einen Verteidiger hinzuzuziehen.

Jugendrichterinnen bzw. Jugendrichter werden häufig nicht in den Teilnehmerkreis der sogenannten Fallkonferenzen einbezogen, problematisiert werden in diesem Zusammenhang die Fragen der richterlichen Unabhängigkeit und der Unparteilichkeit.

Die richterliche Unabhängigkeit ist nur dann betroffen, wenn es sich bei der Mitwirkung an den sogenannten Fallkonferenzen um rechtsprechende Tätigkeit handelt. (Nur) Soweit es um die Rechtsprechung geht, sind Richterinnen und Richter nicht an Weisungen gebunden. Der rechtsprechenden Tätigkeit werden auch mittelbar damit zusammenhängende, etwa vorbereitende Handlungen zugerechnet. Insofern können Fallkonferenzen, die – wie meist – im Vorfeld des Gerichtsverfahrens stattfinden, durchaus als Bestandteil der Rechtsfindung gesehen werden bzw. ausgestaltet sein, wenn etwa die Fallkonferenz (auch) der Vorbereitung der gerichtlichen Entscheidung dient. Eine entsprechende Verpflichtung von Richterinnen und Richtern zur Teilnahme bedürfte daher einer gesetzlichen Grundlage, an einer freiwilligen Teilnahme hindert die richterliche Unabhängigkeit selbstverständlich nicht.

Gewichtiger erscheint das Problem der Unvoreingenommenheit. Der Jugendrichter bzw. die Jugendrichterin ist in anderer Weise als der Strafrichter in das gesamte Verfahren eingebunden, was hohe Anforderungen an die Professionalität im Sinne der Fähigkeit zur Rollentrennung stellt: So nimmt er / sie häufig auch ermittlungsrichterliche Aufgaben wahr und ist als Vollstreckungsleiter/in zuständig für die Vollstreckungsentscheidungen, außerdem sollen (was in der Praxis selten vorkommt) dem Jugendrichter bzw. der Jugendrichterin für die Jugendlichen die familiengerichtlichen Erziehungsaufgaben übertragen werden. Das gesetzgeberische Ziel dieser Regelungen ist, den/die fachlich besonders kompetente/n (§ 37 JGG!) Jugendrichter/in in das gesamte Verfahren einzubinden, gerade auch im Hinblick auf die Folgen der getroffenen Entscheidungen. Trotz dieser Durchbrechungen der richterlichen Rolle als vom sonstigen Verfahren abgeschottete unabhängige Instanz gilt der Grundsatz, dass auch im Jugendstrafverfahren Anspruch auf einen Richter bzw. eine Richterin besteht, der/die keinen Anlass zur Besorgnis der Befangenheit gibt. Eine Besorgnis der Befangenheit ist jedenfalls dann berechtigt, wenn bezogen auf die Schuldfrage Festlegungen vor der Hauptverhandlung erfolgen und damit außer Acht bleibt, dass die Unschuldsvermutung erst mit Rechtskraft der Verurteilung endet. Die Beteiligung des Richters bzw. der Richterin an einer Fallkonferenz, die bisher nicht abgeurteilte Taten zum Gegenstand hat, steht daher strukturell immer in der Gefahr, eine solche Besorgnis zu erzeugen.

III. Fazit

Die fachliche und rechtliche Beurteilung sogenannter Fallkonferenzen bedarf der sorgfältigen Klärung, um genau welche Art der Konferenz es sich handelt. *Fallübergreifende* Konferenzen sind fachlich wünschenswert und rechtlich zulässig. Eine fruchtbare und funktionierende Institutionalisierung von Kooperation wird durch bestimmte Bedingungen erleichtert.

Einzelfallbezogene Konferenzen hingegen begegnen gravierenden fachlichen und rechtlichen Einwänden, jedenfalls dann, wenn – wie häufig – zentral oder auch Ermittlungsanliegen verfolgt werden. Sehr sorgfältig muss geklärt werden, welche Funktion bzw. welches Ziel einzelfallbezogene Fallkonferenzen haben sollen. Häufig zeigt sich, dass die Schwierigkeiten, die Anlass für die Einführung dieses Instruments sind, auf sehr viel einfachere und unproblematischere Weise gelöst werden können. Generelle Probleme der Zusammenarbeit oder in bestimmten Verfahrenskonstellationen bedürfen keines neuen Instruments, das als solches für den Ausnahmefall gedacht ist. Für das Ziel einer effektiven und rechtsstaatlichen Strafverfolgung ist das förmliche (Jugend)Strafverfahren der angemessene Rahmen, dessen geeigneter Grad an Beschleunigung nicht durch einzelfallbezogene Fallkonferenzen, sondern durch gute Schnittstellen in den verschiedenen Verfahrensstadien zu erreichen ist. Fraglich ist auch, ob in einzelfallbezogenen Konferenzen den betroffenen Jugendlichen die unterschiedlichen Rollen der Beteiligten gut vermittelt werden können. So sehr wünschenswert ist, dass die Jugendlichen nicht den Eindruck haben, die Akteure würden gegeneinander arbeiten oder könnten gegeneinander ausgespielt werden, so ist auch problematisch, wenn die Jugendlichen sich einer einheitlichen Front gegenüber sehen, deren Rollen verschwimmen.

Die genannten Bedenken gegenüber institutionalisierten einzelfallbezogenen Fallkonferenzen bedeuten nicht, dass Absprachen unter den professionellen Akteuren mit angemessener Beteiligung der Betroffenen nicht sinnvoll und richtig sein können. Es bedarf jedoch immer einer genauen Überlegung im Einzelfall, wer hier mit genau welchem Ziel zu welcher Frage wann einzubeziehen ist. Besteht eine funktionierende fallübergreifende Zusammenarbeit, sind diese Fragen auch mit vertretbarem Aufwand zu klären. So können z.B. gemeinsame Absprachen zweckmäßig und rechtlich unproblematisch sein, wenn es im Kern um die Phase der Vollstreckung von bereits entschiedenen Maßnahmen geht, etwa im Rahmen der Ausgestaltung einer Bewährungszeit oder auch im Kontext der Diversion. Hier kann es sinnvoll sein, die konkret eingebundenen Akteure gemeinsam mit dem Jugendlichen und den Sorgeberechtigten an einen Tisch zu holen, um Abläufe zu besprechen. Auch ob im Rahmen einer Hilfeplankonferenz (§ 36 II SGB VIII) unter Federführung der Jugendhilfe im Einzelfall auch eine Einbindung der Akteure des Strafrechtssystems sinnvoll sein kann, ist eine andere Frage. Aus Sicht der Jugendhilfe ist immer die Frage zu stellen, genau welcher Nutzen im Sinne ihrer gesetzlichen Aufgaben nach dem SGB VIII sich aus der Zusammenarbeit ergibt.

Zusammenarbeit der Verfahrensbeteiligten im Jugendstrafverfahren ist – diese Erkenntnis ist unbestritten – überaus wichtig. Der Teufel liegt, wie so häufig, im Detail. Noch so gute (Zusammen)Arbeit kann aber nicht verhindern, dass manche Fälle kompliziert und langwierig sind. Es gibt bisher keine Anhaltspunkte, die Anlass zu der Annahme geben, dass das einzelfallbezogenen gemeinsamen Fallkonferenzen innewohnende Versprechen, in schwierigen Fällen durch diese Form der Zusammenarbeit den sprichwörtlichen gordischen Knoten zu zerschlagen, einlösbar ist. Die soweit ersichtlich bisher einzige systematischere Evaluation des Instruments[6] kommt insoweit auch zu überaus zurückhaltenden Einschätzungen. Insgesamt erscheint daher eine gesetzliche Regelung, die einzelfallbezogene Konferenzen ausdrücklich ermöglicht bzw. deren Zulässigkeit klarstellt, ein falsches Signal: Es würde suggeriert, dass es sich um eine Art Regelverfahren für bestimmte Fallkonstellationen handelt, das generell vor Ort vorzusehen und in klaren Ablaufplänen zu regeln ist. Der Fokus würde sich damit verschieben von der unerlässlichen institutionalisierten fallübergreifenden Kooperation, die schon jetzt flexible einzelfallbezogene Kooperation ermöglicht, zu einer sehr spezifischen, in ihren bisherigen Modellen oft rechtlich nicht unproblematischen Sonderform.

---

[6] http://www.epb.uni-hamburg.de/files/Evaluation%20,HALT'%20Abschlussbericht%202 78_8_10.pdf. S. 388 ff. siehe auch Sturzenhecker/Karolczak/Braband, ZJJ 2011, S. 305 ff.

Positionspapier der DVJJ zu sogenannten Fallkonferenzen*

Stellungnahme des Vorstands und der Geschäftsführung der Deutschen Vereinigung für Jugendgerichte und Jugendgerichtshilfen e.V. (DVJJ), Stand 4. August 2022

Dieses Positionspapier aktualisiert und ergänzt das Positionspapier, welches im Januar 2014 vom damaligen Vorstand der DVJJ beschlossen wurde.[1] Damals wurde über Sinnhaftigkeit und Zulässigkeit von sogenannten Fallkonferenzen und die Frage der Notwendigkeit einer gesetzlichen Regelung kontrovers diskutiert. Am 10.06.2021 sind als Teil des KJSG (Gesetz zur Stärkung von Kindern und Jugendlichen) eine Ergänzung des § 52 SGB VIII sowie ein neuer § 37a JGG in Kraft getreten, die die sogenannten Fallkonferenzen gesetzlich regeln.[2]

Im neuen § 37a JGG regelt Abs. 1, dass Jugendrichter*innen und Jugendstaatsanwält*innen zum Zweck der abgestimmten Aufgabenwahrnehmung fallübergreifend mit öffentlichen Einrichtungen und sonstigen Stellen, deren Tätigkeit sich auf die Lebenssituation junger Menschen auswirkt, zusammenarbeiten können, insbesondere durch Teilnahme an gemeinsamen Konferenzen und Mitwirkung an vergleichbaren Gremien. Nach Abs. 2 sollen Jugendstaatsanwält*innen an derartiger einzelfallbezogener Zusammenarbeit teilnehmen, wenn damit aus ihrer Sicht das Erziehungsziel nach § 2 Abs. 1 JGG gefördert wird. In § 52 SGB VIII wurden dem Abs. 1 die Sätze 2 und 3 hinzugefügt, wonach das Jugendamt im Rahmen seiner Mitwirkung in Jugendstrafverfahren auch mit anderen öffentlichen Einrichtungen und sonstigen Stellen zusammenarbeiten soll, wenn sich deren Tätigkeit auf die Lebenssituation der*des Jugendlichen oder jungen Volljährigen auswirkt und dies zur Erfüllung ihrer*seiner ihr*ihm dabei obliegenden Aufgaben erforderlich ist. Diese behördenübergreifende Zusammenarbeit kann im Rahmen von gemeinsamen Konferenzen, vergleich-

---

*   Das Positionspapier wird hier im Originalwortlaut ohne sprachliche oder formale Anpassungen abgedruckt, um den Lauf der Diskussion in den letzten Jahren zu dokumentieren.

1   Online verfügbar unter: https://www.dvjj.de/wp-content/uploads/2019/06/Positionspapier-Fallkonferenzen.pdf (letzter Abruf am: 01.08.2022).

2   Die Stellungnahme der DVJJ zum Referentenentwurf ist online verfügbar unter: https://www.bmfsfj.de/resource/blob/163548/9be3c92795b704e1f493433a4bc4b003/deutsche-vereinigung-fuer-jugendgerichte-und-jugendgerichtshilfen-e-v--data.pdf (letzter Abruf am: 01.08.2022). Teile des vorliegenden Positionspapiers wurden bereits in der Stellungnahme von 2014 und in dieser Stellungnahme veröffentlicht.

baren gemeinsamen Gremien oder in anderen nach fachlicher Einschätzung geeigneten Formen erfolgen.

Die Praxis der Fallkonferenzen war und ist ausgesprochen heterogen: Die Konzepte unterscheiden sich beispielsweise darin, in welcher Weise und mit welchem Ziel konkrete Einzelfälle besprochen werden – ein auch für die Bewertung zentraler Punkt – und darin, welche Institutionen beteiligt sind und bei wem die Federführung liegt. Der Begriff „Fallkonferenzen" wird für sehr unterschiedliche Konzepte verwendet. Auch das Gesetz vermeidet den Begriff, daher ist hier von „sogenannten" Fallkonferenzen die Rede.

Die gesetzlichen Regelungen haben, was sehr hilfreich für eine differenzierte Debatte ist, deutlicher gemacht, dass fallübergreifende und einzelfallbezogene Konferenzen verschiedene Dinge sind: Sie dienen unterschiedlichen Zwecken und unterliegen unterschiedlichen rechtlichen Rahmenbedingungen.

I.   Fallübergreifende Konferenzen

Der neue § 37a Abs. 1 JGG benennt die fallübergreifende Zusammenarbeit als Aufgabe von Jugendrichter*innen und Jugendstaatsanwält*innen und entspricht in Formulierung und Zuschnitt der schon seit Langem geltenden Fassung des § 81 Nr. 3 und Nr. 10 (bis 31.12.2019 wortgleich Nr. 9) SGB VIII.[3] § 37a Abs. 1 JGG ist insoweit klarstellend und markiert die Zusammenarbeit nicht als Frage persönlicher Präferenz einzelner Personen, sondern als – auch bei der Berechnung von Pensen – zu berücksichtigende originäre Aufgabe, die institutionell zu unterstützen ist.

Eine intensive Zusammenarbeit, regelmäßige und verbindliche Kooperation zwischen den am Jugendstrafverfahren beteiligten Institutionen und Kenntnis der jeweiligen Arbeitsweisen und Personen sind von großer Bedeutung für eine fachlich gute Praxis.[4] Konferenzen – etwa in Form Runder Tische, kleiner und großer Runden oder Arbeitskreise –, die stattfinden, ohne dass ein konkretes Problem oder ein konkreter Fall der Anlass sind, bereiten auch den Boden für gute Kooperation und um ggf. auftretende Einzelprobleme lösen zu können.

---

[3]   Auch die seit 1995 geltende, derzeit in Überarbeitung befindliche Polizeidienstvorschrift (PDV) 382 – Bearbeitung von Jugendsachen – verweist auf die Zusammenarbeit mit „anderen (originär) zuständigen Stellen" (Vorwort), „anderen für Jugendfragen zuständigen Stellen" (1.3) bzw. „mit der Staatsanwaltschaft und der Jugendgerichtshilfe" (3.1.2).

[4]   Eine Arbeitshilfe für die Praxis zu diesem Thema durch die BAG Jugendhilfe im Strafverfahren (JuhiS) ist in Vorbereitung.

Dies ist seit den 2019 in Kraft getretenen Neuregelungen des JGG besonders deutlich und praktisch wichtig geworden. Wo solche Arbeitsformen nicht existieren, erweist sich die Umsetzung der Neuregelungen als besonders schwierig. Datenschutzprobleme stellen sich hier nicht, da keine personenbezogenen oder personenbeziehbaren Daten ausgetauscht werden. Als förderlich sind insbesondere folgende Faktoren anzusehen:

- personelle Kontinuität (hohe Fluktuation und zu breite Zuständigkeitszuschnitte sind hier klare Hemmnisse),
- Rollenklarheit,
- keine (formelle oder informelle) hierarchische Struktur zwischen den Kooperationspartnern und
- Zielklarheit und Respektierung unterschiedlicher Ziele (z. B. Verfahrensbeschleunigung ist nicht immer und nicht für alle Akteur*innen richtig und wichtig).

Auch ohne ausdrückliche Regelung wurden Zulässigkeit und Notwendigkeit fallübergreifender Konferenzen nicht in Frage gestellt. Es ist zu hoffen, dass die gesetzlichen Regelungen sowie die praktischen Notwendigkeiten hier zu einer Ausweitung und Stabilisierung von Kooperationsgremien beitragen.

I. Einzelfallbezogene Konferenzen

Weitaus schwieriger zu beurteilen als fallübergreifende Konferenzen sind einzelfallbezogene Konferenzen, nicht zuletzt vor dem Hintergrund einer sehr unterschiedlichen Praxis. Auch die neuen Regelungen haben zu den schwierigen Fragen wenig Klärung gebracht. Ausdrücklich festgeschrieben ist allein die Möglichkeit solcher Konferenzen.

§ 52 Abs. 1 S. 2 und 3 SGB VIII ist ebenso wie § 37a Abs. 2 JGG als Soll-Vorschrift ausgestaltet, § 37a Abs. 2 JGG richtet sich nur an Jugendstaatsanwält*innen, § 52 SGB VIII an das „Jugendamt" also praktisch die für die Jugendhilfe im Strafverfahren zuständigen Fachkräfte. Beide Normen verpflichten die angesprochenen Akteur*innen auf ihre jeweiligen Ziele, die durch die Zusammenarbeit gefördert werden müssen: Die Jugendstaatsanwält*innen auf das Erziehungsziel des § 2 JGG, die Jugendhilfe auf die ihr „dabei obliegenden Aufgaben", also die Mitwirkungsaufgabe mit dem letztlichen Ziel der Förderung der selbstbestimmten, eigenverantwortlichen und gemeinschaftsfähigen Persönlichkeit (§ 1 SGB VIII).

All dies macht deutlich, dass keine ganz neuen Aufgaben oder Kompetenzen geschaffen wurden, sondern nur eine Klarstellung möglicher und ggf. im Einzelfall angezeigter Formen der Zusammenarbeit. Eine sinnvolle Diskussion über die Frage des Anwendungsbereichs und der Rahmenbedingungen von sogenannten Fallkonferenzen erfordert daher weiterhin eine klare Verständigung über die Frage, was in diesem Rahmen genau von wem zu welchem Zeitpunkt mit welchem Ziel besprochen werden soll. Vielfach, aber nicht ausschließlich, werden als Anwendungsbereich „Intensivtäter*innen" oder Multiproblemfälle angegeben; es finden sich mitunter deutliche Unterschiede in der Zielsetzung. Folgende Ziele/Zwecke werden z. B. in Praxisbeschreibungen/Konzeptdarstellungen genannt:

- wirksame Bekämpfung von Jugendkriminalität,
- Beschleunigung von Jugendstrafverfahren,
- weniger Informationsverlust,
- Vermeidung weiterer Straftaten,
- Vermeidung weiterer Gefährdung,
- Vermeidung von Jugendstrafe und
- ein vollständiges Bild bzw. abgestimmtes Gesamtkonzept.

Je nach Konzept unterscheidet sich auch die Ausgestaltung. Häufig liegt, wie die o. g. Ziele erkennen lassen, die Federführung bei der Polizei oder der Staatsanwaltschaft, seltener bei der Jugendhilfe. Teilweise werden weitere Akteur*innen (z. B. Schule, Ausländerbehörde etc.) ebenfalls eingebunden. Die Beteiligung der betroffenen jungen Menschen und der Sorgeberechtigten scheint eher die Ausnahme zu sein. Dass in diesen Fällen ggf. strafprozessuale Belehrungen zu erfolgen haben, wird in den publizierten Konzeptpapieren häufig nicht problematisiert. Ob und inwieweit die neuen Regelungen zur notwendigen Verteidigung, insbesondere der frühe Bestellungszeitpunkt, hier in der Praxis wirken, ist bisher, soweit ersichtlich, noch nicht zum Thema gemacht worden. In der Regel dürfte bei der Gruppe hoch belasteter junger Menschen, wenn es sich um ein laufendes Ermittlungsverfahren handelt, ein Fall der notwendigen Verteidigung vorliegen, sodass auch die Rolle der Verteidigung zu bedenken ist.

Unzweifelhaft ist, dass eine Fallkonferenz keine verbindlichen Entscheidungen treffen, sondern nur Empfehlungen für die jeweiligen Akteur*innen (Polizei, Jugendhilfe, Justiz...) aussprechen kann, die weiterhin innerhalb ihres originären Auftrages sowie ihrer jeweiligen Verfahren und Handlungsformen agieren und entscheiden müssen. Was dies für die Praxis bedeutet, dürfte wesentlich von den konkreten Bedingungen vor Ort abhängen: Wo ohnehin gut kooperiert wird, die jeweiligen Personen, Bedingungen und Strategien gegenseitig bekannt sind und akzeptiert werden, stellt sich die Frage, welchen Mehrwert eine formalisierte Fallkonferenz erzeugen kann. Wo diese Bedingungen aber nicht bestehen, werden Entwicklung und Umsetzung von gemeinsam getragenen Empfehlungen wenig realistisch sein.

Zwei konkrete rechtliche Problemfelder sind von besonderer Relevanz: der Datenschutz[5] und die Gewährleistung rechtsstaatlicher Verfahrensgarantien des Strafrechts. Ihre Lösung ist möglich, aber nicht trivial.

1. Datenschutz

Datenschutzrechtliche Probleme im Kontext einzelfallbezogener Fallkonferenzen ergeben sich insbesondere zwischen der Jugendhilfe einerseits und Polizei bzw. Justiz andererseits. Unbestritten und durch die gesetzliche Regelung klargestellt ist, dass Fallkonferenzen nur im Rahmen der geltenden Datenschutzregeln durchgeführt werden dürfen und diese nicht überwinden.

Für die Jugendhilfe ist – wie immer im Datenschutz – zwischen der Erhebung und der Übermittlung von Sozialdaten zu unterscheiden. Für die Datenerhebung durch die Jugendhilfe im Rahmen von Fallkonferenzen gelten die allgemeinen Grundsätze des SGB VIII, insbesondere der Zweckbindungs- und Erforderlichkeitsgrundsatz (§§ 62 Abs. 1, 63 Abs. 1, 64 Abs. 1 SGB VIII) sowie das Prinzip der Erhebung bei der*dem Betroffenen (§ 62 Abs. 2 SGB VIII). Die Erforderlichkeit der Datenerhebung muss sich dabei immer auf die jeweils konkrete Aufgabe der Jugendhilfe (häufig: Jugendhilfe im Strafverfahren § 52 SGB VIII und/oder Leistungsgewährung §§ 27 ff. SGB VIII) beziehen. Sie wird oftmals gegeben sein, darf aber keinesfalls schematisch angenommen werden – Einzelheiten strafrechtlicher Vorwürfe beispielsweise mögen für die Jugendhilfe zwar interessant sein, können aber durchaus für die Frage der Leistungsgewährung unnötig sein. Auch die Frage, ob ein Ausnahmefall vom Grundsatz der Erhebung bei der*dem Betroffenen (§ 62 Abs. 3 SGB VIII) vorliegt, weil etwa die Erhebung bei der*dem Betroffenen nicht möglich ist oder die jeweilige Aufgabe nach ihrer Art eine Erhebung bei anderen erfordert, bedarf sorgfältiger Prüfung im Einzelfall. Im Einzelfall kann auch der Ausnahmetatbestand des § 62 Abs. 3 Nr. 2 lit. d SGB VIII (Erforderlichkeit für die Erfüllung des Schutzauftrags bei Kindeswohlgefährdung nach § 8a SGB VIII) vorliegen – diese Norm darf aber keinesfalls zur Umgehung des Datenschutzes missbraucht werden.

---

5   Ausführlich hierzu auch die Gesetzesbegründung, BT-Drucksache 19/26107, S. 105 f.

Ähnlich gelagerte Probleme ergeben sich für die Datenübermittlung durch die Jugendhilfe. Diese darf nach § 67b Abs. 1 und 2 SGB X nur mit Einwilligung durch die*den Betroffenen erfolgen (vorher, ausdrücklich, schriftlich, auf Grundlage umfassender Information; ggf. durch Sorgeberechtigte, wenn nicht selbst einwilligungsfähig) oder nach § 69 Abs. 1 Nr. 1 SGB X ohne Einwilligung, „soweit sie erforderlich ist für die Erfüllung der Zwecke, für die sie erhoben worden sind oder für die Erfüllung einer gesetzlichen Aufgabe der übermittelnden Stelle nach diesem Gesetzbuch...". Für die Zwecke der Aufgabenerfüllung nach dem SGB dürfte die Übermittlung von Daten aus dem Bereich der allgemeinen Jugendhilfe im Rahmen von Fallkonferenzen in aller Regel nicht erforderlich und häufig auch aufgrund von § 64 Abs. 2 SGB VIII (Gefährdung einer Leistung nach SGB VIII) oder § 65 SGB VIII (anvertraute Daten) unzulässig sein. Aber auch im Kontext der Jugendhilfe im Strafverfahren (§ 52 SGB VIII, § 38 JGG Jugendgerichtshilfe) können Übermittlungssperren gelten, sodass keinesfalls generalisierend angenommen werden kann, dass die Übermittlung von Daten im Rahmen einer Fallkonferenz – also gerade außerhalb des Strafverfahrens – zu den Aufgaben der Jugendhilfe im Strafverfahren gehört.

2. Rechtsstaatliche Verfahrensgarantien im Strafrecht

Ein weiterer neuralgischer Punkt ist die Frage, ob bzw. wie die rechtsstaatlichen Verfahrensgarantien des Strafrechts im Rahmen von einzelfallbezogenen Fallkonferenzen gewahrt bleiben können. Die Schwierigkeit ergibt sich daraus, dass der strafrechtliche Anteil einer Fallkonferenz nicht immer ganz klar ist und sich im Laufe einer Konferenz sehr schnell verändern kann.

In der Praxis werden die betroffenen Jugendlichen (und/oder ihre Sorgeberechtigten) eher selten unmittelbar an Fallkonferenzen beteiligt. Für den Fall einer Beteiligung ist fraglich, wie und ob ausreichend sichergestellt ist, dass durch das besondere Setting keine Umgehung von Verfahrensrechten – insbesondere Belehrungen, etwa über die Freiwilligkeit der Teilnahme und das Schweigerecht – stattfindet. Der*dem Jugendlichen (und/oder Sorgeberechtigten) muss außerdem die Stellung der Beteiligten (z. B. Geltung des Legalitätsprinzips für Polizei und Staatsanwaltschaft) unmissverständlich klar sein. Die ungewöhnliche, häufig auch unklare Situation einer Fallkonferenz wird in besonderer Weise erforderlich machen, dass eine genaue Belehrung über Rechte und Pflichten erfolgt. Ebenso muss ggf. die Möglichkeit eingeräumt werden, eine*n Verteidiger*in hinzuzuziehen. Wie oben bereits erwähnt, sind einschlägige Fälle ohnehin wahrscheinlich solche der notwendigen Verteidigung.

Die früher im Hinblick auf Unabhängigkeit und Unbefangenheit gelegentlich umstrittene Frage der Rechtmäßigkeit der Teilnahme von Jugendrichter*innen an einzelfallbezogenen Konferenzen ist durch die gesetzliche Regelung geklärt. Während § 37a Abs. 1 JGG die Teilnahme an fallübergreifenden Konferenzen ausdrücklich zur Aufgabe von Jugendrichter*innen und Jugendstaatsanwält*innen erklärt, richtet sich § 37a Abs. 2 JGG zu den einzelfallbezogenen Konferenzen ausschließlich an Jugendstaatsanwält*innen.

II. Fazit

Die neue Rechtslage (§ 37a JGG, § 52 SGB VIII) hat nur insoweit Klarheit geschaffen, als dass zwischen fallübergreifender und einzelfallbezogener Kooperation im Zusammenhang mit Jugendstrafverfahren unterschieden werden muss und dass beide Formen zum Aufgabengebiet sowohl von Justiz als auch von Jugendhilfe gehören. Diese Klärung ist auch für alle anderen an den verschiedenen Kooperationsformen Beteiligten, insbesondere die Polizei, von Bedeutung.

Die fachliche und rechtliche Beurteilung sogenannter Fallkonferenzen bedarf über diese grundsätzliche Klarstellung weiterhin der sorgfältigen Prüfung. Wesentlich ist dabei, um genau welche Art der Konferenz es sich handelt. Fallübergreifende Konferenzen sind fachlich wünschenswert und rechtlich zulässig. Eine fruchtbare und funktionierende Institutionalisierung von Kooperation wird durch bestimmte Bedingungen erleichtert.

Einzelfallbezogene Konferenzen hingegen begegnen fachlichen und rechtlichen Einwänden, jedenfalls dann, wenn – wie häufig – zumindest auch Ermittlungsanliegen verfolgt werden. Sehr sorgfältig muss geklärt werden, welche Funktion bzw. welches Ziel einzelfallbezogene Fallkonferenzen haben sollen. Häufig zeigt sich, dass die Schwierigkeiten, die Anlass für die Einführung dieses Instruments sind, auf sehr viel einfachere und unproblematischere Weise gelöst werden können. Generelle Probleme der Zusammenarbeit oder in bestimmten Verfahrenskonstellationen bedürfen keines neuen Instruments, das als solches für den Ausnahmefall gedacht ist. Für das Ziel einer effektiven und rechtsstaatlichen Strafverfolgung ist das förmliche (Jugend-)Strafverfahren der angemessene Rahmen, dessen geeigneter Grad an Beschleunigung nicht durch einzelfallbezogene Fallkonferenzen, sondern durch gute Schnittstellen in den verschiedenen Verfahrensstadien zu erreichen ist. Fraglich ist auch, ob in einzelfallbezogenen Konferenzen den betroffenen Jugendlichen die unterschiedlichen

Rollen der Beteiligten gut vermittelt werden können. So sehr es wünschenswert ist, dass die Jugendlichen nicht den Eindruck haben, die Akteur*innen würden gegeneinander arbeiten oder könnten gegeneinander ausgespielt werden, so ist auch problematisch, wenn die Jugendlichen sich einer einheitlichen Front gegenübersehen, deren Rollen verschwimmen.

Die genannten Bedenken gegenüber institutionalisierten einzelfallbezogenen Fallkonferenzen bedeuten keineswegs, dass Absprachen unter den professionellen Akteur*innen unter angemessener Beteiligung der Betroffenen nicht sinnvoll und richtig sein können. Es bedarf jedoch immer einer genauen Überlegung im Einzelfall, wer hier mit genau welchem Ziel zu welcher Frage wann einzubeziehen ist. Besteht eine funktionierende fallübergreifende Zusammenarbeit, sind diese Fragen auch mit vertretbarem Aufwand zu klären. So können z. B. gemeinsame Absprachen zweckmäßig und rechtlich unproblematisch sein, wenn es im Kern um die Phase der Vollstreckung von bereits entschiedenen Maßnahmen geht, etwa im Rahmen der Ausgestaltung einer Bewährungszeit oder auch im Kontext der Diversion. Hier kann es sinnvoll sein, die konkret eingebundenen Akteur*innen gemeinsam mit der*dem Jugendlichen und den Sorgeberechtigten an einen Tisch zu holen, um Abläufe zu besprechen. Auch ob im Rahmen einer Hilfeplankonferenz (§ 36 Abs. 2 SGB VIII) unter Federführung der Jugendhilfe im Einzelfall auch eine Einbindung der Akteur*innen des Strafrechtssystems sinnvoll sein kann, ist eine andere Frage. Aus Sicht der Jugendhilfe ist immer die Frage zu stellen, genau welcher Nutzen im Sinne ihrer gesetzlichen Aufgaben nach dem SGB VIII sich aus der Zusammenarbeit ergibt. Aus Sicht der Justiz bildet der Erziehungsgedanke den maßgeblichen Bezugspunkt.

Zusammenarbeit der Verfahrensbeteiligten im Jugendstrafverfahren ist – diese Erkenntnis ist unbestritten – überaus wichtig. Der Teufel liegt, wie so häufig, im Detail. Noch so gute (Zusammen)Arbeit kann aber nicht verhindern, dass manche Fälle kompliziert und langwierig sind. Es gibt bisher keine Anhaltspunkte, die Anlass zu der Annahme geben, dass das einzelfallbezogenen gemeinsamen Fallkonferenzen innewohnende Versprechen, in schwierigen Fällen durch diese Form der Zusammenarbeit den sprichwörtlichen gordischen Knoten zu zerschlagen, einlösbar ist. Die, soweit ersichtlich, bisher einzige systematischere Evaluation des Instruments[6] kommt insoweit auch zu überaus

---

[6] Online verfügbar unter: https://www.ew.uni-hamburg.de/ueber-die-fakultaet/personen/ buddeberg/files/evaluation.pdf, S. 388 ff. (letzter Abruf am: 01.08.2022), siehe auch Sturzenhecker, Karolczak & Braband, ZJJ 2011, S. 305 ff.

zurückhaltenden Einschätzungen. Die nun bestehende gesetzliche Regelung, die einzelfallbezogene Konferenzen ausdrücklich ermöglicht bzw. deren Zulässigkeit klarstellt, darf keinesfalls dahingehend missverstanden werden, dass es sich um eine Art Regelverfahren für bestimmte Fallkonstellationen handelt, das generell vor Ort vorzusehen und in klaren Ablaufplänen zu regeln ist. Der Fokus würde sich damit verschieben von der unerlässlichen institutionalisierten fallübergreifenden Kooperation, die schon jetzt flexible einzelfallbezogene Kooperation ermöglicht, zu einer sehr spezifischen, in ihren bisherigen Modellen oft rechtlich nicht unproblematischen Sonderform.

Festzuhalten bleibt zuletzt, dass die Frage der angemessenen Form konkreter einzelfallbezogener und fallübergreifender Zusammenarbeit sich unabhängig davon stellt, wie die beteiligten Institutionen allgemein organsiert sind. Egal ob die engste Form der institutionellen Zusammenarbeit gewählt wird, also räumlich in Häusern des Jugendrechts,[7] oder eine Zwischenform in virtuellen Häusern des Jugendrechts oder ohne solche Institutionalisierung: Fallübergreifende und einzelfallbezogene Zusammenarbeit muss sorgfältig organsiert und gestaltet werden, wenn sie ihre vielfältigen Zwecke erreichen soll.

---

[7] Auch hier gilt wie für Fallkonferenzen, dass der Begriff für sehr unterschiedliche Konzepte verwendet wird, sodass genau geklärt werden muss, was gemeint ist. Das Positionspapier der DVJJ vom 26. September 2012 (Online verfügbar unter: https://www.dvjj.de/wp-content/uploads/2019/08/Positionspapier-DVJJ-H%C3%A4user-des-Jugendrechts.pdf (letzter Abruf am: 01.08.2022)) wird demnächst aktualisiert.

Bundesarbeitsgemeinschaft Jugendhilfe im Strafverfahren (BAG JuhiS) der DVJJ e. V.

Die BAG JuhiS

- berät bei Fragen aus der Praxis,
- richtet regelmäßig verschiedene praxisrelevante Fortbildungen aus,
- fördert damit u. a. das berufliche Selbstverständnis des Arbeitsbereiches und
- bringt die Sichtweisen der JuhiS im Verbund mit dem Gesamtverband DVJJ in die kriminalpolitische Diskussion ein.

Im dreijährigen Turnus richtet die BAG gemeinsam mit der BAG der Ambulanten Sozialpädagogischen Angebote zudem den Bundeskongress der Jugendhilfe im Strafverfahren und der Ambulanten Sozialpädagogischen Angebote für straffällig gewordene junge Menschen aus. Dabei stehen die Auseinandersetzung mit aktuellen Fragen und neuen wissenschaftlichen Erkenntnissen sowie der fachliche Austausch im Mittelpunkt.

Das ausführende Organ der BAG ist der Sprecher*innenrat. Der Sprecher*innenrat der BAG wird beim Berufsgruppentreffen auf dem alle drei Jahre stattfindenden Jugendgerichtstag gewählt und besteht neben den dort gewählten Personen aus Fachspartenvertreter*innen und dem/der 1. Stellvertreter*in der Vorsitzenden der DVJJ.

Die Deutsche Vereinigung für Jugendgerichte und Jugendgerichtshilfen e. V. (DVJJ)

Die DVJJ ist Deutschlands Fachverband für Jugendkriminalrecht. Sie fördert die interdisziplinäre Zusammenarbeit der am Jugendstrafverfahren beteiligten Professionen und fungiert als unabhängiges Beratungsorgan für kriminalpolitische und praxisrelevante Fragestellungen. Der Verband hat rund 1.500 Mitglieder aus allen Berufsgruppen, die am Jugendstrafverfahren beteiligt sind oder sich wissenschaftlich mit Jugenddelinquenz und dem Jugendkriminalrecht befassen.

Die Ursprünge der DVJJ liegen in der Jugendgerichtsbewegung, die sich ab Ende des 19. Jahrhunderts für eine altersadäquate Behandlung von straffällig gewordenen Jugendlichen einsetzte und wesentlichen Anteil an der Einführung des Jugendgerichtsgesetzes im Jahre 1923 hatte. Prägend war die von Franz von Liszt begründete Moderne Schule. 1909 fand in Berlin der erste Jugendgerichtstag statt. Auf dem 4. Jugendgerichtstag im Jahre 1917 gab sich die Jugendgerichtsbewegung mit der Gründung der DVJJ in Charlottenburg bei Berlin einen organisatorischen Rahmen.

Aktuelle Informationen, Stellungnahmen, Dokumente und Materialien finden Sie auf der Homepage der DVJJ, www.dvjj.de.

Vernetzung und Austausch

In allen Bundesländern gibt es aktive **Landes- und Regionalgruppen**, die sich mit den spezifischen regionalen Entwicklungen befassen und über ihre Veranstaltungen ein gutes Forum für den fachlichen Austausch bieten. Hier finden Sie Kolleg*innen, mit denen Sie sich fachkundig über die Probleme und Entwicklungen vor Ort austauschen können.

Die DVJJ hat außerdem vier institutionalisierte **Bundesarbeitsgemeinschaften**:

- BAG Ambulante Sozialpädagogische Angebote für straffällig gewordene junge Menschen
- BAG Jugendhilfe im Strafverfahren
- BAG Justiz und Anwaltschaft
- BAG Polizei

Die BAGen befassen sich mit den berufsspezifischen Belangen, veranstalten in regelmäßigen Abständen Praxistagungen und entwickeln die jeweilige Fachlichkeit fort.